# 抗倭英雄
# 俞大猷传

吕笔活 著

中国文史出版社
CHINA CULTURAL AND HISTORICAL PRESS

图书在版编目（CIP）数据

抗倭英雄俞大猷传 / 吕笔活著 . -- 北京：中国文史出版社，2023.12
ISBN 978-7-5205-4511-2

Ⅰ.①抗… Ⅱ.①吕… Ⅲ.①俞大猷（1504-1580）
—传记 Ⅳ.① K825.2

中国国家版本馆 CIP 数据核字（2023）第 230259 号

责任编辑： 徐玉霞

出版发行：中国文史出版社
社　　址：北京市海淀区西八里庄路 69 号院　　　邮　　编：100142
电　　话：010-81136606 81136602 81136603（发行部）
传　　真：010-81136655
印　　装：廊坊市海涛印刷有限公司
经　　销：全国新华书店
开　　本：787mm×1092mm　1/16 开
印　　张：20.75
字　　数：300 千字
版　　次：2025 年 3 月北京第 1 版
印　　次：2025 年 3 月第 1 次印刷
定　　价：62.00 元

# 自 序

　　俞大猷（1504-1580），字志辅，号虚江，福建泉州人。俞大猷既是中国历史上杰出的抗倭英雄、军事将领，又是位儒将，文治武功兼备。俞大猷为人正直清廉，一心为国为民，其精神值得后人学习。俞大猷出仕区域横跨福建、江浙、两广及北方等地，抗倭寇、击海盗、剿山匪，为国家的安宁作出了突出的贡献，功勋卓著，青史留名。

　　本人在中学学习历史时，就了解了些俞大猷的抗倭事迹，但并未深入。大学时，我在位于泉州的华侨大学读书，周末乘坐公交前往位于洛江区马甲镇的仰恩大学找同学玩，走到河市镇路段时看到一旁赫然立着写有"俞大猷公园"的牌坊，才知道原来大名鼎鼎的俞大猷是泉州河市人，离我母校如此之近，不由得激动起来，后来就专门到俞大猷公园探访，进一步了解他的事迹。

　　虽然俞大猷与戚继光有着"俞龙戚虎"之称，地位同样重要，但是我经过搜索，发现关于戚继光的著作和影视剧很多，而关于俞大猷的著作和影视剧相对少了很多，特别是以他为主人公的长篇小说更是凤毛麟角。于是，我决定要写本关于俞大猷的长篇小说，为宣传俞大猷尽点绵薄之力。后来，我前往暨南大学学习中国史专业，其间写的几篇论文均与俞大猷相关，并阅读了俞大猷著作《正气堂全集》，查找了《明史》《明实录》《明史纪事本末》《筹海图编》《日本史》《俞大猷年谱》《戚少保年谱耆编》等相关史料，拜读了范中义老师的《俞大猷传》、曾纪鑫老师的《大明雄风：俞大猷传》、张显清老师的《祸国宰相严嵩》、纪红建老师的《明朝抗倭二百年》、胡凡老师的《嘉靖传》、卞利老师的《胡宗宪传》、赵相如老师的《抗倭名将戚继光》等著作及《俞大猷研究论文集》等，比较深入地了解了俞大猷的丰功伟绩、所处的时代背景及联络交往的人物，这为写好本部小说打下坚实的基础。

本人于 2014 年就开始动笔写该部小说，后由于生病而暂停，身体好转后继续挤时间写作，终于到 2021 年 8 月把小说写完，时间跨度长达七年，深感要写好一部历史小说确实不容易。当作品完稿之际，本人长舒一口气，感觉心情倍爽，觉得付出再多也值得。当然也热切期盼小说能够成功出版，甚至梦想能够被拍成电视剧或电影，以此更好地宣传俞大猷。也希望大家能够更好地传承和弘扬历史上仁人志士的爱国精神，铭记历史，珍爱和平，居安思危，以史为鉴、开创未来，以更强大的实力捍卫国家主权，维护国家安全，加强中华儿女大团结，汇聚起实现中华民族伟大复兴的磅礴力量！

要说明的是，本人按照"大节不虚、小节不拘"的原则撰写此作，大的历史事件和主要人物均取之于史册，同时出于文学艺术需要，在具体故事和细节上加以适当虚构，让小说更加精彩。由于本书篇幅有限，故主要写俞大猷抗倭方面的故事，而对其社会治理、北方建功等方面则一笔带过。为了增强小说的可读性，本书除了写俞大猷这位主人公，还写了包括戚继光、朱纨、张经、胡宗宪、卢镗、邓城、欧阳深等抗倭名将，以及以严嵩为代表的奸臣、以辛五郎为代表的倭寇、以王直和徐海为代表的海盗，各种矛盾激烈冲突，从而提高小说的可读性，希望读者喜欢。

本书能够出版，我要感谢出版社的赏识，感谢陈红晓作家集团的推荐，感谢编辑的辛勤付出，感谢各位老师和前辈的指教，还要感谢广大读者的支持，感谢所有关心我的人！

由于个人能力有限，小说难免存在疏漏之处，敬请读者批评指正。

# 目录

# 第一章　遭遇倭寇

明朝嘉靖二十三年（1544）初春的一天黎明，东方刚露出鱼肚白，福建省泉州府同安县域内万籁俱寂，大地被白茫茫的云雾笼罩，那村庄像睡美人躺在白纱帐下若隐若现，那群山似漂浮着的岛屿十分梦幻。随着海平线亮光越来越明显，晨曦徐徐拉开帷幕，新的一天渐渐到来。

此时尚早，大部分人仍在睡梦中，但在同安东孚村的一户人家里，有一位老者、一位中年壮汉，以及二位年轻人已经起床，并来到后院。

该后院位于山脚下，环境清幽，空地阔大，已然成为绝佳的练武场。只见练武场靠山居中位置摆着两个箭靶，左侧摆着几个专门练拳用的木人桩，右侧则长着一棵参天的大榕树，树下的一个架子插满了枪、棍、剑、刀等各式的武器，地上还放着两个用花岗岩打造的重达百斤的哑铃。虽然这时节春寒料峭、冷风袭人，但他们浑然不畏寒冷，早早地就起来习武，先是深深呼吸一下新鲜的空气，又用山上流下的冷泉水洗了把脸，再舒展舒展腰肢，活络活络筋骨。

"师父，昨夜睡得可好？"中年壮汉问候道。该壮汉乃俞大猷，其身材魁梧，膀宽臂粗，面容刚毅，眼似朗星，近日他带着儿子等人从泉州老家来到同安拜会师父。

"师父我年纪大了，睡两个时辰则足矣。倒是你睡得不怎么沉，说了不少的梦话，似乎带着愤慨之气，可否告知师父你做了什么梦呢？"老者和蔼地问道。

老者名叫李良钦，年近花甲，两鬓斑白，但精神矍铄。他少任侠结客，年轻时得过神秘僧人的武艺真传，特别是精于剑术，学得世上极少人会的荆楚剑法，已臻化境，成为剑术高手，但他并未出仕，常年在同安家里过着农耕习武的隐居生活。其间，有不少人闻其名而欲拜师，但他看不上那些求学者，认为他们要么品行不端、学武目的不正，要么不是学武的料，因此统统拒绝。但有一天，当看到前来拜师求学的俞大猷时，他顿时欣喜不已，觉得对方气度不凡，英姿勃发，功底深厚，加上之前对俞大猷就有所耳闻，知道他是个正人君子，襟怀磊落，为人可取，经过一番交谈，更感投合，便爽快收之为徒，毫不保留地将荆楚剑法向其传授。

"是啊是啊，我们也听到了。"二位朝气蓬勃的英俊青年也附和道。

他们乃俞大猷的大儿子俞咨岳、二儿子俞咨荣，今年分别只有十八岁、十六岁。他们对武术十分感兴趣，此次趁着父亲拜会师父之际，便央求跟随而来学个一招半式。他们手上各执模样相同的兄弟宝剑，剑柄处分别刻着"精忠""报国"字样。

"昨晚我是做了梦，现今仍记忆犹新。那我就直说吧。我梦见自己前往京师拜访朝廷诸位大人，申辩冤屈，只求恢复职位，以便报国，却吃了闭门羹，因此愤慨。当今朝廷奸臣当道，黑白不分，徒儿有力无处使，现在人近中年了，还一事无成，报国无门，更别说平天下了，唉……"俞大猷长长叹息一声，并迅速抽出利剑，用力地朝地上深深地刺了下去，以发泄心中怨气。

原来，俞大猷多年前就考上武进士，后负责守御金门。在任上，他驱除占领金门的倭寇，深受百姓爱戴。同时，他发现军队存在诸如战斗力不强、抗倭策略不妥等问题，为此十分担忧，特意向福建的金都御史陈伍山写信反映问题，提出自己的建言，不料却遭受"武人何以书为"的蔑视，更严重的是竟被夺职，成为平民百姓，不得不赋闲在家。但是他报国的热情不减，之后基于大明北边受到鞑靼侵扰，他满怀热忱到边塞想抗敌建功，但仍然不受待用，只好再次赋闲在家。有志无处报，有力无处使，所以悲愤长叹。

李良钦安慰道："莫悲叹，师父我知道你遭受挫折，但要坚信，世上自有正义在，正义终将战胜邪恶，你看，就像刚才的暮色再浓，还不是照样被阳光所驱散，迎来黎明。故只要信心在，并做好准备，相信属于你的机会随时都会到来的。"

俞大猷说道："嗯，但愿如此。多谢师父教诲。"他听后心情转好，那就不去计较了，还是进入练武正题吧："师父，咱们可以练剑了吧？"

"好，开始吧。"李良钦抽出一把寒光闪闪的利剑，顺口说道，"你要持之以恒，常常练习，掌握过硬武艺，杀敌报国，保护百姓，做一个让百姓称道的人，也不枉师父一片苦心。"

俞大猷恭敬回道："会的，绝不辜负师父期望。"然后扭头对俩儿子说道："你们两兄弟也要谨遵师祖的教诲，好好看，好好学，学了真本事以后才能杀敌报国。"

"是。"俞咨皋、俞咨荣异口同声道，并睁大眼睛观看马上就要到来的高手过招。

随即俞大猷和师父练起剑来。李良钦想看徒弟剑法长进了没，因此先动手。他的剑法重在一个"击"字，囊括诸多击剑的艺术和技巧。

这不，话刚毕，一把寒光闪闪的利剑如闪电般直朝俞大猷击来。说时迟那时快，俞大猷立即用剑尖挑开，两剑触碰时，发出铿锵有力的撞击响声。

此次俞大猷算是及时防守到位，否则只要稍稍晚那么一会儿，要害必被击中无疑。这一挑，也赢得师父的叫好。

接着，俞大猷主动进攻，把手里的剑舞得像风卷梨花一般，呼呼作响，意在让人虚实难辨，看似要直击胸部，但突然来个转移目标，往下一偏，朝腹部袭击。李良钦也算是高手，虽然有些仓促，但还是及时用剑挡住了俞大猷的剑。

紧接着，李良钦似乎也要如法炮制，剑尖刺出时不住颤动，意让对方不明剑尖到底攻向何处，就在剑靠近身体的瞬间，突然剑法一变，整个人高高跃起，来了个高空掣电，剑如霹雳一般从头上袭来，此招叫作"长虹贯日"。

俞大猷见状，说时迟那时快，赶忙横剑抵挡，瞬间一道火星闪过，他的手臂觉得隐隐酸麻，充分感受到剑的力道十足，但幸好躲过危险。可以想象，哪怕晚那么一点点，可能头颅就会分成两半了。

随后，两人一来一去继续舞着剑，一道一道的剑光、一朵一朵的剑花不断在空中出现，那种舞剑的境界已经是出神入化了。

这也让在一旁观战的俞咨岳、俞咨荣钦佩不已，不住地叫好，也趁机记下一招半式。

舞了好一阵子，李良钦先收了手，他满面春风，竖起大拇指高兴道："好！你长进了，剑法不错，为师感到高兴。"然后他瞄了下放在一旁的两根长棍，便问："徒儿，平日有没有好好习棍？"

俞大猷回道："有的，师父，不瞒你说，我觉得棍挺适合对倭寇的实战。想当年，我在金门带领兄弟们打倭寇，开始时也叫弟兄练剑，但剑比较'柔'，技艺不深的话难以对抗倭寇的大刀，后来我教大家练棍，还对棍进行加长，足有一丈，用到战场后发现能够很好地克制倭寇的大刀，出击时又狠又准，而倭寇的刀却无法近我们的身。"

李良钦将将自己黑里带白的长胡须，笑着点头道："说得有道理。这就是各种器械各有所长嘛，所谓一寸长一寸强，一分短一分险，关键看怎么运用。比如剑长于'柔'，柔性足，柔似水，攻击速度快，花样多，能攻坚强者莫之能胜，不过刚性不足；刀则显得'刚'，气势足，力道大；棍则狂猛，气势凶悍，攻法大张大合，可以很好地攻击对方的刀；对了，还有枪，既有棍的狂霸，还有剑的锐利，我觉得也很适合打倭寇，今后可以多加研究运用。"

"对，对，确实如此。"俞大猷赞同道。

李良钦要看看俞大猷的棍法长进如何，于是跟他对练起来，俞大猷舞起棍来节奏明快，飒飒生风，呼呼作响，煞是威风，如一阵阵强风袭来一般，气势生猛，一会儿从空中落下，直击脑袋，其力万钧，威力极大，连李良钦抵挡得都有些吃力；一会儿又从腿部横扫，快速勇猛，幸好李良钦赶忙后退，要是非高手，这棍扫得足以让人断腿，足以横扫一大片。

李良钦虽然有点吃力，但暗自高兴，说道："好！你已经学到棍法精髓，为师我感到高兴。只是有一点我有些不解，你的棍法不全是出自为师，徒儿能否告知其中奥秘？"

"哈，师父过奖了。不瞒师父，我确实还向其他师父学习棍法……"

原来，俞大猷为了学到更多的武艺，便拜了多个师父，包括向泉州一位名叫赵本学的名士学了少林棍法和拳法。

赵本学乃是宋太祖赵匡胤第十八世嫡孙。金人入主中原后，宋太祖部分后裔便南迁到泉州定居，赵本学乃是其中一员。当年赵匡胤与少林关系深厚，热衷于少林棍法和拳法，技艺精湛，掌握精髓，自成体系，在宗室内代代相传。原本其宗室一般不外传此武艺，但赵本学器重俞大猷，于是慷慨相传，实属难得。

此后多年，俞大猷还将少林武功真诀回传少林寺，让诸多少林弟子重新掌握少林武艺的精髓，促进少林武功的发展，当然这是后话。

此外，俞大猷还向泉州名师王宣、林福等学习《易经》和兵法，将《易经》和兵法相结合，可谓博众家之长集于一身。

听完徒儿的介绍后，李良钦点头道："原来如此。"

他认识徒儿说的这些名师，也有过来往，对徒儿的好学感到由衷的钦佩和骄傲，只希望他以后学有所用，建功立业，报效国家。

这时突然阵阵狂风吹来，飞沙走石，空中烟尘弥漫，树木随风急剧摇曳，嘎嘎作响。天空的黑云越来越浓，突然一道霹雳划过天际，紧接着一阵惊雷轰然炸响，随之豆大的雨点儿从天而降，很快就如帘布一般密密麻麻，使大地的一切都变得朦朦胧胧。

这鬼天气破坏了两人的练武。不过，两人也算练得差不多了，现今口也渴了，便回屋喝起茶水来。正喝间，突然大门"砰砰砰"地被敲响。

"谁？"李良钦问道。

"我——李杜。"李杜回应道。

他是俞大猷的同窗和挚友，这次随俞大猷一起来同安，因李良钦家里房间有限，昨夜他被安排在位于村口的另一处房屋休息。接着他声音急促地说道："快开门，倭寇来了，到村口了。"

"什么？"李良钦、俞大猷及儿子均十分震惊，再也无心喝茶了，原本坐着的他们像是屁股上安了弹簧一般马上站了起来。俞大猷则快步上前把门打开，让已经被淋得像落汤鸡一般的李杜请进屋来，然后问他怎么回事。

李杜说："我还在睡觉时，就听到有人喊倭寇来了，我透过窗户一看，果然有一群留着怪头、穿着异域衣服、手握着弯刀的倭寇冲进村来，见人就杀，见财物就抢，连鸡鸭都捉，惨不忍睹，我从后窗跳了出来，就赶紧来报信。李师父、志辅兄，你们说怎么办？"

俞大猷一听倭寇进村杀人劫掠，就满腔怒火，对倭寇充满仇恨，不忍心百姓遭此劫难，恨不得立即飞到村口打倭寇救百姓，他拿起一把剑，说道："倭寇欺人太甚，师父，徒儿不能坐视不管，我去灭灭倭寇的威风。"

李良钦赞同道："好！"为慎重起见，他又问李杜倭寇有多少人，李杜说有数百人。

　　李良钦想，如果单枪匹马迎敌，恐怕胜少败多，于是他以最快的速度把家人、族人和邻里召集起来，大家拿起锄头、铁耙、扁担、棍棒等当武器，前往抵抗倭寇。有功夫高手带头，平日闻倭色变的百姓们此时胆子大了起来。

　　俞大猷和李良钦带着大家大步流星跑向村口，看到了前面的一群倭寇。

　　这群野兽额头以上的头发剃得光光的，头顶如陶瓷制的缸盖一般贼光贼亮，后脑勺和耳朵两旁的头发则留着，有的还在后脑勺扎个发髻，嘴里吐着叽里呱啦的语言，眼睛发着凶光，手上拿着利器，整个人如狼一般凶狠，正发着兽性在疯狂作恶。

　　其中一倭寇举起刀正要砍向一位欲夺回猪的百姓，忽的一把利剑飞了过来，倭寇还没反应过来，手掌心已经被利剑所刺，血流如注，刀自然掉落，百姓得救，倭寇感到剧痛大声惨叫起来。

　　原来此剑是俞大猷所击，他见百姓危险便飞快出剑，在一刹那间救下百姓。

　　当俞大猷欲再来一剑结果该倭寇时，那人赶紧跪下，用大明官话求饶道："壮士饶命，我是假倭，不是真倭，我本是大明人，是被迫加入他们的，请壮士饶我一命，我再也不敢了。"

　　俞大猷听到他会讲官话，想必他说的是真的，他又问道："那你会说闽南语吗？"

　　对方连忙用闽南话说道："会的，会的，我也是同安县人，是被迫为他们带路的。我罪该万死，恳请壮士饶我一命，我以后再也不干坏事了，专干好事。"

　　俞大猷知道确实有些百姓被俘虏，被逼专干烧杀抢掠的勾当。他心生怜悯，那就暂且不杀，吩咐百姓将此人先绑了押回去再定。随后，俞大猷又去抵御其他倭寇，连救几位百姓。

李良钦也施展高超的剑法，接连诛杀好几个倭寇。俞咨岳、俞咨荣亦奋勇杀敌。

突然，俞咨岳听到一女生求救声，他顺着声音找到一处房屋，原来是一个倭寇正对一位少女施暴，少女极力反抗，并高声呼救，但倭寇浑然不管，非要得逞不可。

俞咨岳见状，冲了上去，一剑从倭寇背后刺进去。不料倭寇竟然不死，立马转过身来，拿着刀欲反扑，连朝俞咨岳砍了几次，但都被躲过。

突然间，俞咨岳端出一脚踢向倭寇的命根子处，痛得他"哇哇"大叫，等他再举刀要砍人时，俞咨岳瞧准了，挥出一剑划过倭寇的脖子，留下一道鲜红的血印，鲜血汩汩流出，随即倭刀"哐当"一声掉落，倭寇随即倒地身亡。

少女因此获救。惊魂的少女安了安神，看了看长得英俊的俞咨岳，感激道："谢谢壮士！谢谢，非常感谢！"

俞咨岳瞧了瞧少女的脸蛋，长得挺漂亮的，但他还要杀倭寇，没那么多时间关照对方，便说道："不必客气。你多保重。我去外面杀敌了。"便冲出屋子到外面继续抵御倭寇。

倭寇们发现俞大猷等身手不凡、连杀数名自己的兄弟，便群起攻击俞大猷几人。俞大猷和师父及儿子站在一块，合力杀倭寇。虽然倭寇彪悍凶狠，且倭刀锋利，但他们哪里是俞大猷等人的对手。

俞大猷沉着应对，身手敏捷，剑术高超，只见他快速地舞着剑，剑影纷飞，让倭寇眼花缭乱，都不知如何防范，还没等倭寇出手，瞬间又有几个倭寇相应倒地，一命呜呼。

身后的其他大群倭寇见状，吓得胆怯了，根本不敢向前，而且你看我我看你，暗自做好逃跑的准备。

这时，倭寇队伍中有人用日本语大喊一声说道："谁敢后退，格杀勿论！"原来是一个叫辛五郎的将领在下令，震慑兵士，避免溃败。

接着，另一个光头将领先是用日本语附和大吼，然后用大明官话复述道："听到了没有？快顶住，顶住！"

令人感到奇怪的是，这个人说的官话十分标准，让人感觉此人不像日本人。

随即，三个将官模样的人站到倭寇队伍前面，其中站在中间位置的就是辛五郎，现为倭寇头领，其人高马大，身穿铠甲，头戴钢盔，手握武士刀，胡子拉碴，面目狰狞，目光像把利剑般吓人。此人还有个身份，乃是日本大隅国领主的弟弟。时倭国处于战国时代，群雄割据，相互攻伐，各群雄都想在乱世中扩张势力，为了增强自己的实力，大隅国领主辛太郎便授命辛五郎来到大明，名义上是开展贸易，实质是侵略，获取巨额财富，助其在群雄逐鹿中占据优势。

站在辛五郎左边的将官，其服饰、头发则完全与众倭寇不一样，他穿着大明人士一样的衣服，衣冠楚楚且十分华贵，头顶头发未剃掉，而是留着扎起来，其身材高大，国字脸，不留胡子，手上拿着把宝剑，倒有几分达官贵人风范，只可惜当了杀人越货的海盗。

站在辛五郎右边的则是刚才讲官话十分标准的那个，此人最明显的特征是一发不留，剃了个贼亮光头，身材比众倭彪悍，肥头大耳，目光犀利，手握着一根又长又粗的铁棍。

光头气势汹汹地对俞大猷等人喝道："你们是什么人？敢挡我们的道，是不是想找死？"

俞大猷越发感到此人官话纯正，料想其可能是个大明子民，后背叛大明进入倭寇行列干坏事了。他想了解对方的底细，于是有意试探："这明明是我们的道，何时变成你们的道了。我们是这里的百姓，我叫俞大猷，敢问你们是什么人？你似乎不像倭人？"

对方哈哈大笑，笑毕，光头又轻蔑地"哼哼"几声，说道："什么大鱿鱼小鱿鱼的，哼，无名小辈吧，谁认识啊？不过，算你有种，武功不错，勇气可嘉，是条汉子。本大爷和你一样是大明人，也是条好汉，行不改名坐不改姓，那我就直接告诉你吧，小心吓破你的胆。本人是徐海，大名鼎鼎的天差平海大将军。"

然后他指了指左边那位，说道："这位是我大哥王直大将军，号五峰船主。"

又指了下正中的那位，说道："还有这位是日本国号令三军、杀人不眨眼的辛五郎大将军，吓着你了吧？"

俞大猷听后不由怔了下，万万没料到对方来头竟然这么大，对于从戎多年的俞大猷而言，他自然对这徐海、王直两个名字非常熟悉，这两人可是大海盗，在朝廷黑名单中可是排在前几位的。

先说王直，此人是徽州人，少年不得志，但有任侠之气，不满大明法度森严，便出海进行走私贸易而牟取暴利。他头脑精明，智谋多，号召力强，手段高超，充分获得海盗赫赫有名人物许栋的信任，成为得意门生，故升得快，担当了大任，经摸爬滚打，成为海盗大头领。

再说那徐海，也是徽州人氏，后在杭州西湖岸边的寺庙当和尚，称为明山和尚，只是佛根不净，听说自己的叔父、海盗知名人物徐惟学与王直搞贸易赚大钱后，便不当和尚而跟随叔父去当海盗了，其圆滑狡诈，性格倔强，身强力壮，获得叔父的充分信任，也成为海盗的大头领。

俞大猷是见过世面经历过诸多场面的，虽然知道对方势强力盛，但是他很快保持平静，十分郑重地责问对方："既然你们是大明子民，为何甘愿被倭人驱使，来到大明土地滥杀无辜的同胞呢？你们心里不觉得受到良心的谴责吗？我劝你们放下屠刀，回头是岸，徐海你是当过和尚的，这个道理你应该最懂。"

村民们听了这些话，纷纷附和道："就是。"

他们受到倭寇的侵扰，对这些杀人不眨眼、披着人皮的狼十分痛恨，心里藏着怒火，恨不得把对方杀了报仇雪恨。

不过，徐海听了不但不接受，反而恼羞成怒，一副张牙舞爪的样子，一把举起长长的铁棍，气势汹汹地说："你算老几，竟敢教训本大爷，找死是不是？让大爷教训教训你，让你尝尝大爷少林棍的滋味。"

说毕，徐海独自炫耀起棍法来，先是看似十分利索地转了几圈，舞得铁棍"呼呼"作响，赢得众倭寇一片叫好，然后又来几个花哨动作，随后便握着粗粗的铁棍朝俞大猷直袭而来。

一旁的李杜知道俞大猷擅长棍术，赶忙向其扔了根真正的少林木棍，俞大猷稳稳地接住后，立即迎敌。

徐海先从左侧来一棍，那力道十足，又沉又猛，但被俞大猷伸出的棍挡住了。徐海又横着挥棍袭来，意欲击俞大猷的腰，但俞大猷眼疾手快，又挡住了。反复几次，徐海都没得手，不禁怒火燃起。他想，对方木棍肯定没我铁棍硬，看我怎么把你的木棍砸断，把你的脑袋砸烂，于是使出浑身力气，高高跃起，双手挥棍从半空落下。俞大猷则双手举棍横着顶住，他确实感到对方这一棍下来势大力沉，自己的木棍有些经受不了，如果一直这样势必抵挡不住。不过，经过这么几回的交战，他已摸出徐海的棍法力有余而技不行，根本就没学到家，自称的什么少林棍法根本就是吓唬一般人的。

他想到师父曾经的教导："刚在他力前，柔乘他力后，彼忙我静待，知拍任君斗。"何不放弃跟他硬拼，而来个智取呢？于是，就在徐海还一直使力往下压时，俞大猷突然抽身出来，还没等徐海反应过来，他又使出一旋风棍，直扫徐海的双腿。徐海准备不足，双腿被击，"哎哟"一声倒下，就在俞大猷前面跪了下来。

正当俞大猷要加一棍让他脑袋开花时，那王直见徐海危险便迅速跳了出来欲搭救，也不喊一声就挥舞着利剑从后面偷袭而来。俞大猷听到身后传来一股风的声音，加上百姓见危险而提醒道："小心暗剑。"

俞大猷立即侧身躲避，由此自然无法继续朝徐海击打了，算是让徐海逃过一命。不过，徐海算是真正领教了俞大猷的厉害，自知不是他的对手，从此记住了俞大猷这个名字。

俞大猷先是用棍跟王直过了几招，不分上下，他感受到王直的剑法还是挺强的。不过，他已找到了王直剑法的弱点，那就是出手的速度还不算快，他有把握比王直快，从而在快中取胜。趁着一个后退，他从李杜手中接过了自己的爱剑。宝剑在手，他迅速高超地舞起剑来，每一次出剑都比王直快那么一点点，由此占得上风。

王直自知剑术不如对方，出了多招终被俞大猷化解，渐渐地疲于防守，觉得难有取胜的希望，但他不甘失败，否则太没面子了，怎么办？他脑筋一转，想到阴招，先是用脚踢了一把地上的泥浆，直朝俞大猷的脸面飞去，意欲让俞大猷睁不开眼睛，但俞大猷迅速反应，往下一蹲便躲过了这阴招。危险还在后头，紧接着，王直又从小腿部抽出一把飞镖，狠狠地朝俞大猷投去。俞大猷赶紧侧身一躲，好险，飞镖就贴着肩膀滑过，真是好险！

对于这种奸诈小人，俞大猷怒了，百姓们看得也怒了，恨不得直接杀了他。

王直见占了上风，得意扬扬，要趁机一鼓作气，杀了俞大猷，于是提剑主动出击。然而，俞大猷速度更快，还没等王直的剑袭来，他的剑如一阵风似的从王直的身上划过，顿时胸前裂开一个口子，鲜血涌出。王直自知危险，如果继续下去，很可能丧命，怎么办呢？三十六计走为上计，于是，他赶紧往后退回倭寇队伍中。

而辛五郎见二位武艺高强的能将都失败了，心里不禁发寒，士气不由下降几分。但碍于面子，不愿败退，便挥着武士刀上前迎战俞大猷，俞大猷感觉到他用的力达千钧，十分威猛，俞大猷连退几步，而且有意退到一棵树下，这时对方劈得过猛，人没劈到，反倒是刀陷进树干中。

正当他用力拔刀之际，俞大猷的剑已经迅速朝他握刀的手袭去。辛五郎虽然赶紧躲避，但还是有一个手指头分身了，他见状赶紧弃刀而逃，手下赶紧上来护卫。辛五郎见势头不对，便下达撤退命令。

百姓见到俞大猷把倭寇打得受伤，纷纷拍手大喊："好好！"他们原本就受倭寇的气，满腔仇恨，只是苦于无力还击，现在终于算是出了口气。

见倭寇撤退，李良钦率先大吼一声："乡亲们，上，狠狠打倭寇。"

于是百姓举着各式的农具喊声震天地杀向倭寇，还有沿路原本躲避的百姓也鼓起勇气加入杀倭队伍，倭寇见势不妙再也无心恋战，只顾撒腿跑，能跑多快就跑多快。

俞大猷则率领众百姓一路追赶，一路上看到被倭寇蹂躏的村庄惨状：房屋被烧，剩下残垣断壁，更让人悲痛的是，死伤者随处可见，鲜血染红土地，特别是幸存者在被杀死的家属身旁痛哭，眼泪汪汪，痛不欲生，哀号声感天动地……

倭寇往南边逃跑，很快便跑到海沧的九龙江畔。那么令人疑惑的是，倭寇为何要跑向九龙江？倭寇此次行动意欲何为呢？

# 第二章　惊天内幕

九龙江是福建第二大河流，流域广泛，上游水流湍急，但到了接近出海口的下游，则江宽水稳，适合航船。

这里地理位置险要，自古以来，"戍闽者屯兵于龙溪，阻江为界，插柳为营"。海沧对岸就是漳州府龙溪县的月港，月港是大明十分繁华的港口，显然，倭寇退到海沧的江畔是有意图的，他们已事先做好了准备，在这备了船只，现今一时落败，赶紧逃回船，升帆摇橹，迅速驶向对岸。百姓们一时无船可用，俞大猷等只能望洋兴叹。

这时，俞大猷突然想到什么，便回到村子里，来到关押俘虏的房子，把抓到的自称假倭的人叫来问话。

俞大猷问道："你叫什么名字？同安哪里人？"

对方说道："我叫王大海，是隔壁灌口人。我真的不是倭寇，只是冒充的，不信你们可以去我村子问。求你们别杀我。"

俞大猷在人群中找了个灌口老乡，对王大海仔细辨认，事实果然如他所言。

俞大猷问道："那你为何要混进倭寇队伍？"

王大海答道："朝廷不让百姓下海，我为了饭碗就偷偷地到海里打鱼，不料遭遇一群海盗，他们见我身强力壮、驾船技术好，便把我抓了逼着跟他们一起当海盗，否则要杀我。我没办法只好服从了。我只是小兵一个，身不由己，我头头叫去哪就跟着去哪。"

俞大猷又想印证之前徐海所言是否真实，便问道："那我问你，你们几个头头分别叫什么名字？是不是有叫王直、徐海的？"

王大海回道："对，是的，他们跟我一样都是大明人。还有个倭寇头头叫辛五郎。"

俞大猷点下头："嗯。那你们是从哪里来的？他们逃到哪里去？"

王大海回道："我们是从月港来的，他们肯定也是逃到月港。他们把月港占了，当大本营了。"

俞大猷说："哦，这样，那你知道他们此行的意图吗？"

王大海回道："我是小兵，只知道听从命令，说是多占地盘，扩大战果，多劫掠多收获，至于更深的意图，我不清楚，他们也不会告诉我们这些小兵的。"

俞大猷问得差不多了，便让人把王大海先放了回家去，嘱咐今后要好好做人。王大海感激得连连磕头。

这一仗后，俞大猷父子及李良钦等帮百姓做些力所能及的事，组织人员救治受伤的百姓，帮忙恢复家园，让百姓十分感激。

当俞咨皋正在忙碌的时候，突然背后传来女孩子轻声细语的招呼声："俞哥哥。"

俞咨皋扭头一看，这不就是他所救下的那位女孩吗？今天的她衣着整洁，整个人经过梳妆，更加美丽了。

只是俞咨皋有些诧异对方竟然知道自己的姓氏："妹子好，你怎么知道我姓俞呢？"

"是李良钦叔公告诉我的。"原来对方提前做了功课了。

"哦，那我该怎么称呼你呢？"

"我叫李玉妹。"

"玉妹，你找我有什么事吗？"

"你救了我，我来感谢你报答你！如果没有你的搭救，估计我就不会活在这世上了，所以我的命是你给的。"说毕，李玉妹拿起一篮子鸡蛋递给俞咨岳，继续说道，"请你务必收下，这是我的一点心意。"

俞咨岳推了推不敢收，并说道："何必这么客气，你拿回去补补自己身体吧。"

"不，请你收下，而且我还有件事求你。你就好事做到底吧。"

"何事？"

"能否教我功夫，我也要杀倭寇。"

俞咨岳有点诧异也有点为难："这个……"

这时李良钦和俞大猷走了过来，李良钦见状问道："玉妹，你这是？"

李玉妹便将俞咨岳救她一命的事向大家说了下，并说道："我也要学武功，杀倭寇。"

俞大猷说道："可是你是一位女孩子，这种事还是交给我们男人吧。"

李玉妹撇撇嘴，说道："不，古有木兰从军，女孩子也可以练武杀倭寇嘛。你们都这么厉害，一人各教一些武功给我吧，我就不怕倭寇了。"

"哈哈……"众人笑了。

李良钦告诉俞大猷，李玉妹挺不容易的，父母双亡，都是死于倭寇之手。俞大猷不由得同情起来。

李良钦还看出来，李玉妹似乎对俞咨岳有好感，而且两人年纪相仿，似乎挺有缘的，便做个顺水人情，说道："好，那我说就由咨岳先教你吧。咨岳，你可要认真教哈……"

俞咨岳心里是愿意的，只是面对众人有点害羞，红着脸答应下来："这……好吧。"

俞大猷心里清楚，当前，倭寇虽然退却，但他深知这只是暂时的，更大的危机还在后面。现今月港被倭寇占据，这背后反映出诸多深层次的问题，很可能倭寇接下来会有更大的行动，他不禁为之思虑深深且想尽其所能做些什么。

俞大猷问李良钦："师父，你了解月港情况吗？那里不是有我们的军队驻扎吗？他们去哪里了？"

李良钦长叹一声，解释道："徒儿有所不知，前段日子倭寇已经占领月港了，我们那些军队啊，唉，说来让人心寒，竟然不战而退，真是孬种，朝廷白养这些人了。"

"啊！"俞大猷大吃一惊，原来这样，难怪一路上都没见到军队，正因如此，倭寇才能像入无人之境一样到处侵扰。

这时，他想起了师弟邓城，其在镇海卫当百户，负责带兵。他知道邓城具有很强的正义感和报国之志，是个好汉，被人称为黑虎将，爱憎分明，武艺高超，也是个倔汉，不会轻易服输，其应该不会不战而退吧？于是开口问道："师父，那你知道邓城师弟的情况吗？他怎么样？"

李良钦回道："最近没他的消息，不知去哪里了，我也有考虑这个问题。但愿他不会是孬种。"

俞大猷沉吟了片刻，说："师父，什么时候我们去找找他。"

李良钦说："行，我们先打听打听他的下落。"

接下来，俞大猷和李良钦打探起邓城的下落，终于获知邓城的军队驻扎在漳州府城外的鹤鸣山下、九龙江畔的一个地方。俞大猷决定亲自找师弟了解情况。一天早晨，他带上两个儿子和李杜出发了。

俞咨岳最近努力教李玉妹基本功，累并快乐着，不过知道父亲要带他办要紧事，他十分想去，便让李玉妹自个练习。

由于两地相邻不过几十里路，约莫一个时辰，俞大猷等人便到了目的地。

他们看到，在一山脚下的连片荒地上，有军队驻扎，军营里旌旗飘飘，军帐一个接着一个，四周被栅栏围着，营门处有几位兵士一丝不苟地在值守。

俞大猷等人一接近军营，就有军兵提着刀敏感地走上前来，意欲盘问一番，不料，其中竟有二位兵士认得俞大猷等人，十分惊喜十分尊敬地打招呼："俞伯伯、李叔叔、咨岳、咨荣，你们怎么来了？"

原来他们是邓城的两个儿子，哥哥叫邓铨，弟弟叫邓钟，前者双手各拿着把大铁锤，后者拿着把红缨枪，两人意气风发，有其父之风范。

俞大猷高兴地说道："几年不见，你们俩都长大成人啦！我差点没认出你们俩呢。我们找你爹，他在这吗？"

"在，在里面，我带你们进去吧。"邓铨、邓钟乐滋滋地说道。

在邓铨、邓钟的带领下，俞大猷在军帐中见到了穿着铠甲、雄伟魁俊的黑虎将邓城。

据悉，邓城臂力超绝，能举起几百斤重的大石磨，技艺精巧，特别是刀法、棍法精湛，常使一把偃月刀，有着关公之勇猛。

只见军帐里摆着把偃月刀，刀背有青龙图案，刀头有回钩，钩尖似枪，锐利无比，刀背有凸出锯齿状利刀。邓城自小就崇拜关羽，苦学所传的刀法二十余载，对偃月刀劈、砍、磨、撩、削、裁、展、挑、拍、挂、拘、割等用法十分娴熟。

邓城见大哥来了，喜出望外，赶忙请大哥上座，并倒水给大家喝。只是，他有些纳闷，大哥怎么突然亲自到访呢？有何要事呢？邓城问道："大哥，你从哪里来呢？"

"我从同安师父那来。"俞大猷回道。

"哦，见到师父了？他可安好？"邓城关心道。

"身体还硬朗。只是家乡最近遭到倭寇侵扰，死的死伤的伤，损失甚大，这个你可知否？"俞大猷有意提高音量。

"啊……唉……"邓城先是吃了一惊，然后又长叹一声，举起手有些无奈地拍打了下椅子的扶手。

李杜把话说开，义愤填膺地说道："邓将军，你知道不？倭寇进村后烧杀抢掠，连老人小孩都不放过，还奸淫妇女，无恶不作，而后堂而皇之地逃向月港。可是，我大明朝军队却无一兵一卒出现，只有靠师父、俞大哥和百姓在拼杀。试问，我们的军队是不知道倭情吗？还是明知而不战，故意躲到这里所谓的安全地带来？"

李杜还想责问，你一个黑虎将，身强力壮，武艺高强，曾经在金门抗倭战斗中勇猛无敌，怎么现在也会做缩头乌龟？但碍于交情，一时不敢把话说得那么难听。

邓城听了后，一方面感到羞愧万分，恨不得挖个洞钻进去，身为军人却未能在战场上杀敌保家卫国，确实无颜面；另一方面他也有苦衷，自己也不愿意袖手旁观倭寇的侵略，是有隐情的。他一脸无奈地说："大哥、李兄，我得知你们杀了倭寇的锐气，取得大捷，我很高兴，说实话，我也想出去杀倭寇，杀得倭寇片甲不留，才不违背我从军的初衷，现在我也是有劲使不出，着实难受，你可知道这是为何吗？"

俞大猷知道这个师弟的为人，现在通过一番谈话，知道他有难处，问道："师弟，看来我们误会你了，抱歉，你能否说说实情？到底是怎么回事？"

"这是机密，不过，我还是告诉你们。"邓城压低声音说话，只是还不放心，又走到门口观察下周边情况，见无可疑人员后，才回到座位，并向俞大猷和李杜招了招手，示意他们走近前来，然后说了番悄悄话。

俞大猷和李杜均大吃一惊，同时愤愤不平道："哼，他们怎么能这样？简直伤天害理！"

原来，邓城告知俞大猷和李杜，他带兵撤退是执行上级的命令，即要漳州、泉州下辖的各卫所不要抵抗倭寇，也不要发动百姓抵抗。而且这个上级不一般，他是福建都指挥使罗龙文，此人还是当今皇上宠臣、如日中天的内阁次辅严嵩的心腹。福建官员知道这层关系，哪敢不听他下的令？

俞大猷轻声地问："他为何要下这样的命令呢？"

邓城又耳语一番，这下，俞大猷惊得目瞪口呆，紧紧地握起拳头，关节"咯咯"直响，然后重重地捶击桌面，怒道："这些人太无耻了，对得起朝廷对得起百姓吗？忠心良知被狗吃了。"

原来，邓城告知，罗龙文等人与倭寇进行勾结。

俞大猷又有个疑问："知道他们勾结的意图和详情吗？"

"这个……"邓城摇摇头，继续说道，"具体我不知，我也曾想打探此消息，但他们高度保密，不让像我们这样的下级将官知道。"

俞大猷有些失望。

但稍过片刻，邓城又说："不过，他们对我下达一项十分重要的守卫命令，据了解，是罗龙文他们要与倭寇举行密会，应该是将商谈勾结事宜。"

俞大猷听了十分震惊，官将竟然与倭寇举行密会，真是罕见，但他更对会谈涉及的内情感兴趣，想了解，他脑子一转，想到了个主意，先问道："师弟，确定是你负责守卫？"

"是的。"

"好，那将在什么地方举行？"

"在山上的寺庙里。"邓城回答道。

"能否带我去看看？"俞大猷问。

邓城脑子有个大大的问号，大哥咋问这些呢？"可以是可以，只是，大哥，你的意图是？"

"看了再跟你说。"

"那好吧。"

于是邓城带着俞大猷、李杜等几人沿着鹤鸣山石头铺就的小路往上爬。山上不时有白鹤在空中飞翔，着实可爱；从山麓到峰巅，层层叠叠堆砌的花岗岩石形态各异，玲珑奇特，有的宛如老君，面目慈祥，有的宛如一只兔子，惟妙惟肖；嶙峋的怪石还形成诸多的岩洞，大的可容千人，幽深寂静，充满神秘色彩，其中一石洞，据说天将降雨时，云雾从洞中飘出，雨霁天晴，云雾又飘回洞里，名为"云洞岩"，令人神往。一路上还看到诸多名人题写的摩崖石刻，书法高超，值得欣赏。但是俞大猷暂时无心欣赏这些，为了让大好河山不被倭寇践踏，他不知疲倦尽快登山。

过了一阵子，几人来到一座背靠巨岩峭壁、三面绿树环绕的寺庙。俞大猷机警地查看周围和寺庙内情况，当他看到大雄宝殿一神龛下有个木柜时，产生了兴趣，上前拉开了门，发现柜子内空间够大，于是面露笑容，对邓城说："师弟，到时候，我想躲在这里听他们谈话，你觉得如何？"

此刻邓城恍然大悟，原来大哥的意图是要偷听他们谈话，他爽快答应了："好，这个可行，那就这么定了。"

几日后的一天早上，大地笼罩在柔和的晨光中，小鸟在树上欢快地歌唱，田间有农民在劳作，孩子们在一旁的草地上追逐游戏。这时九龙江上几艘船鱼贯溯江而上，有农民看到那船上悬挂的"八幡大菩萨"的旗帜，就知道那是倭寇的船，因害怕倭寇来侵略，赶忙扔掉农具，抱起孩子，急匆匆往家里赶。不过，倭船并没有停下的意思，而是继续溯江而上，直至鹤鸣山下的江畔处停泊靠岸。

在这里，已有多名官员等候迎接，一副低眉哈腰的样子，其中领头的那人就是罗龙文，他四十余岁的样子，人长得倒是英俊，面庞清秀，髯须飘飘，皮肤白皙，表面看似是个文官，但此人的真正职务是福建都指挥使，是个武职，只是他没有征战沙场的沧桑感，现今连铠甲都没穿，而是穿着华贵的长袍。他身后则跟着漳州府、龙溪县的若干官员及卫所的武将，按官级依序排开。

先从倭船下来的是倭寇首领，叫辛五郎，穿着一身武士服，腰挎着把武士刀。而其身后，则是王直、徐海、日向彦太郎、辛六郎等一拨将兵，有海盗也有日本武士、浪人等，一个个提着刀，一副威严凶猛、气势逼人的样子。

罗龙文见他们到来，赶忙迎上前去作揖，满面笑容地问好。徐海因认识罗龙文，且他既懂倭语又懂汉语，因此兼任翻译，主动上前帮忙介绍双方人员姓名和官职。

徐海为何会认识罗龙文呢？这也是有来由的，当年徐海在杭州当和尚，但并不耐心修行，经常到市井晃荡；而罗龙文也在杭州，在酒楼喝酒时结识了徐海，一聊才知彼此是同乡，且两人兴趣爱好相投，很有共同话题，很快就成了好朋友。

在此次活动中，徐海还是主要的联络人，在前期准备工作中奔走于双方之间，促成今日的会谈。

众人朝山上的寺庙走去。此时江岸直至鹤鸣山上，一路均有重兵把守，全副武装，全神贯注地站好岗，一方面防倭寇狡猾突然生变，能够起到震慑作用；另一方面不让不相关的人靠近，严防会谈机密泄露，就连寺庙的僧侣，也全部赶走。

而俞大猷已经在凌晨时分悄悄躲进了寺庙神龛的柜子里，为了能够看到外面的情况，特意将柜子打开一个小缝，同时为了避免他人产生嫌疑，特意让邓城在柜子门扇上加了把锁。

在黑暗而狭小的空间等待着实难熬，等呀等，终于，俞大猷看到有一群人走进了大殿，有官员也有倭寇，大家依次入席，随即就有若干仆人端出一盘盘的山珍海味及一坛坛的美酒。

在酒倒好后，罗龙文站起身来，端着酒杯说："承蒙诸位将军的赏脸和厚爱，故我们今日此时才能在此举行盛宴，让我们举起杯来，为今日和谈的顺利举行、为我们长期愉快合作干杯！"众人纷纷响应，站起来高呼"合作愉快"，并举杯共饮。然后，众倭寇狼吞虎咽地吃起来。

俞大猷听了罗龙文的讲话，愤懑不已，明明倭寇侵我大明朝，怎么能说成赏脸和厚爱呢？这是多么严重的奴颜婢膝啊？而且还把今日不可告人的密谋说成和谈，好会用词啊！当然，他更关心所谓的"合作"到底是什么。

很快，这个答案就要揭晓。吃喝了一阵后，辛五郎对一旁的王直叽里呱啦地说了番话，王直不住地点头。交代完毕后，王直作了揖，对罗龙文说道："罗大人，我们该进入正题了。"

"好，您请说。"罗龙文放下筷子，端正地坐着，静听对方发话。

"那我也就不绕弯子了。第一，我们可以化干戈为玉帛，不再攻击漳州、泉州等府县，不再占据更大的地盘，但有个条件，就是要允许我们的人长期在月港驻扎，你们也不许攻击我们，而且要管束好地方百姓，避免他们自发对我们进行袭击或骚扰。"

原来倭寇前阶段侵袭同安就是想扩大战果，在谈判中增添砝码。只是被俞大猷等打怕了，故提出要管束好百姓的要求。

王直接着说："第二，我们可以不取百姓财物，但是得允许我们在月港与大明商贾通商，你们不能禁止，当然我不会亏待诸位大人，会给你们好处以酬谢。"

说毕，王直示意让手下抬出几个大箱子，然后一一打开，只见里面全是金银财宝、珍珠翡翠，价值连城，让人看了直流口水。

王直笑着说道："只要合作成功，这些就是诸位大人的了。"

俞大猷清清楚楚看到这一切，听到这些话，非常震惊，倭寇提的这两个条件太过分了，一者，倭寇继续驻扎月港，这是不是想要占为己有、蚕食大明疆土呢？这可非同小可呀！二者，朝廷实行海禁，严禁百姓与倭寇通商和接触，现在倭寇提出允许通商，这不是触犯朝廷禁令吗？三者，这不是公然行贿我大明官员吗？现在令人担心的是，罗龙文等人真的就答应了吗？他真想跳出来，对诸官员说明利害关系，并责骂倭寇的行径，可是又不行，必须保持冷静。

诸官员听了王直提出的条件后，顿时私下互相交谈起来，有说好的，也有分析其中利害的，但又不敢自作主张。也有职位较高的官员与罗龙文低声交谈了一番，罗龙文点点头。

随后，罗龙文轻咳几声，众人十分识相地安静下来，罗龙文说道："你们提的条件我们基本上可以接受，但是我们也有条件。"

王直恭敬道："请说。"

罗龙文继续说道："第一，允许你们驻扎月港，但也要让百姓继续在月港居住生活，各方面秩序保持原样，否则，一旦造成诸多流民，我生怕有些人会到朝廷告我们的状，抓我们的把柄，这于你于我都不好。第二，通商的事我们私下不禁止，但也希望贵方不要到处宣扬，毕竟朝廷还未放开海禁。而且，通商后，贵方每年都要缴纳不少于本次这些的酬金，这不是我罗某人贪心，而是要用这些钱打点各方官员，默许我们通商，甚至解除海禁之令。第三，帮我们做一件事，当今海盗陈思盼占据我漳州铜山岛，为非作歹，朝廷多次催促我们剿灭，却一直未能如愿，希望你们帮我们完成这个任务，我也好向朝廷交差，届时说不定朝廷会改变对你们的看法，利于今后我们进一步合作。你们说是不是呢？"

罗龙文话毕，王直便将他的话向辛五郎翻译。辛五郎向王直和徐海征求意见，他们俩觉得可行。辛五郎本人也答应，说着："吆西吆西。"然后跟王直叽里咕噜地说了几句。

于是，王直笑容满面地对罗龙文说道："罗大人，我们的首领答应您提的条件了，这些财宝归诸位大人了。"于是，吩咐手下将几箱财宝搬给对方，罗龙文笑纳了，让手下搬进里屋并看管好。

　　王直说口说无凭，应立字为证，双方应签订密约。罗龙文虽有些疑虑，但最终还是答应了。于是命人拿出纸笔，写了若干条款，双方签字画押，各执一份，握手言欢。

　　辛五郎开心得乐开了花，提议为和谈的成功和双方愉快合作干杯。罗龙文也笑逐颜开："好，合作愉快，干杯！"

　　寺庙里的十八罗汉佛像见证了这一切，它们一个个怒目圆睁，似乎表达对这一切的不满。俞大猷看到这一切，对大明官员的行为出奇的愤怒，发出无声的怒吼。

　　所谓的和谈还没有结束。众人觉得光喝酒似乎还缺点什么，缺啥呢？原来是缺少美女。其实，罗龙文早已准备好了，他拍了拍手，于是有几位年轻貌美的女子如仙女下凡般从侧门迈着轻盈的步子走进来，伴随着乐工的音乐奏起，一场美妙的歌舞就此上演。

　　其中位于前排中间位置的领舞女子叫王翠翘，姿色最佳，瓜子脸，皮肤白如雪，神采奕奕，柔媚无比，且舞跳得最好，简直是出神入化；还有一位叫绿珠，也是姿色非凡，舞艺高强。

　　众人欣赏着如此曼妙的歌舞，盯着美若天仙的女子，不禁心花怒放，眉飞色舞，恨不得将美女揽入怀中。特别是那徐海，因曾入佛门之故至今未有家室，对女性的渴求极其强烈，看着这些美女他的嘴角不禁流出了口水。

　　罗龙文看到徐海的与众不同，他了解徐海的个人情况，等到舞蹈结束，他便笑着说道："徐老弟，你还没有家室吧？"

　　徐海"嗯嗯"地点点头。那王直听出了什么，有意说道："难道罗大人要做媒不成？"

　　罗龙文大笑道："哈，是这个意思，徐老弟，你看中哪位女子任你选。"

　　"噢，有这等好事？！"徐海简直不敢相信自己的耳朵。

　　"是的。不过除了这位之外。"罗龙文指了指王翠翘。

徐海原本就看中王翠翘，现在又来个"除这位之外"，便问道："这是为何？"

一位官员赶忙过来解释："因为她是罗大人的夫人。"其实是妾，只是说得体面点罢了。

那么，为何王翠翘会成为罗龙文的妾呢？这也是有缘由的。王翠翘本是山东临淄农家女子，因家庭变故和受人欺骗而沦为秦淮河的风尘女子，由于姿色出众，加上能歌善舞，因此受到富商巨贾的青睐。老鸨收到富商给的巨额金钱后，逼着她嫁给一个年老的富商当妾，但王翠翘并不甘愿，于是在夜里和丫鬟绿珠逃走了。她们逃到嘉兴后，在湖岸边徘徊。罗龙文恰好在湖畔溜达，见王翠翘姿色不凡，于是上前搭话，王翠翘也急着想找个人依靠，两人便情投意合，没有多久便成婚了，但罗龙文早有家室，她只能当了个小妾。那时，徐海已经离开杭州从事海盗了，故不认得王翠翘。

徐海忙拱手抱歉道："原来如此，小弟不知也，今多有冒犯，望见谅。"

罗龙文说："没事没事。"

排除王翠翘之后，徐海自然看上了同样姿色出众的绿珠，罗龙文一口答应。那绿珠一个弱女子身不由己，只好依了。

从此之后，绿珠便成了徐海的夫人，但徐海念念不忘柔媚的王翠翘，为之魂牵梦绕，甚至嫉妒罗龙文能够拥有她。

若干年后，或许是天注定，他最终还是把王翠翘娶上了，并演绎了一场感天动地、足以影响海盗史的经典故事，当然这是后话。

# 第三章 海禁与通商之困

宴会结束，众人离去，大雄宝殿临时摆放的桌椅已被收走，但仍然能够看到地面上的酒液痕迹，仍然能闻到散发着的酒味。在戒酒的寺庙狂饮酒，真是莫大的讽刺。

邓城扫视四周无人后，便带着儿子、李杜、俞咨岳、俞咨荣来到大雄宝殿内，拿出钥匙打开了柜子。俞大猷钻了出来，问道："人都走了吧？"

"都走了。绝对安全。大哥，他们说的内容你都听到了吧？"

"听到了，实在令人愤怒。他们怎么能这样？唉，真是无耻，耻辱。"俞大猷跺跺脚气愤道。

邓城也气愤道："就是，我在一旁守卫时也听到了，太令人震惊了。大哥，你说怎么办？"

俞大猷踱着步思索着，半晌后说："我想见见罗龙文。"

俞咨荣插话道："爹，是不是找罗龙文算账？我也去。让我的剑教训教训这个狗官。"

邓铨也跟着说道："狗官跟倭寇密会，竟然让我们守卫，我真受不了这气，我也去教训这个姓罗的，让他尝尝我铁锤的滋味。"

邓钟、俞咨岳也跟着说："对，我也去。"

李杜比较冷静，摆摆手打住道："不可不可，不可意气用事。"

邓城对俞大猷说道："大哥，那你找罗龙文干吗？你不会想把今天密谈的内容跟他提吧？那可不行，这是机密，捅出来风险太大。"

俞大猷说道："放心，不会的。我懂得如何把握。"

经过打探，俞大猷获知罗龙文暂在漳州府衙下榻。为了赶在他回福州前见到他，俞大猷在第二天便前往漳州府。

来到府衙门口，只见这里戒备森严，多名卫兵在此守卫，当俞大猷一走近前，就有卫兵横出枪来阻拦，其中一位小头领口气重重地问："你干吗？"

俞大猷说："我找罗大人。"

那人打量下俞大猷，衣着朴素，不像当大官的，便不屑道："罗大人是你随便见的吗？快走快走。"

俞大猷说："烦通报下，本人乃俞大猷，守御过金门，现有重要军情禀报。"

对方说道："禀报可以，按规矩，起码得赏点喝酒钱嘛，你有吗？"

俞大猷明白对方故意索钱，他最讨厌这样的人了，也恨透了这样的风气，因此有钱也不想给他们，说道："我出来太急，一时忘了带钱。此次军情事关重大，如果贻误军情，你我可担当不起。"

那人虽不太情愿，但怕有军情要担责，还是去通报了。

过了一阵子，小头领走了出来，说罗大人有请。俞大猷在他的带领下，来到了一个客厅，这里摆放着大气高贵的桌椅，桌椅油过上等的漆，雕刻着美轮美奂的图案；墙上挂着几幅字画，其中一幅还是岳飞的《满江红》诗词。

俞大猷等了许久，罗龙文才慢慢地走进来。俞大猷恭敬地打了招呼。罗龙文打量了下俞大猷，问道："你就是俞大猷？"

"是的。"

"听说你去了京城和宣府，怎么会来这里？"看来，罗龙文的消息还真灵通。俞大猷确实是去了京城参加将才的选拔，然后被推荐到宣大总督翟鹏处，但未被重用，无奈之下只好离开。

俞大猷说："在下本次来是有重要军情向大人禀报。"

"噢，什么军情？"

俞大猷说："这阵子我在同安东孚居住，各地村庄遭遇倭寇侵略，百姓死的死伤的伤，家园被毁，财物被抢，惨不忍睹，后来我们经了解，发现倭寇以月港为据点，现正有大批倭寇驻扎在那，恳请大人派兵剿灭倭寇，夺回我月港，让百姓可以过上太平日子，百姓将会永远记住您的大恩大德。"

俞大猷已经说得够委婉的了，压根就没提一丁点关于罗龙文和倭寇密谈的事，更没有揭罗龙文的短，但即便如此，罗龙文仍十分恼火，心里暗自道："什么军情，原来是这个屁事，你一个已经无职在身的俞大猷管那么多闲事干吗？"

但他表面上还是语气平和地说："这个……感谢你提供的军情，本大人自有应对之策，还有其他事吗？没其他事你先回吧，本大人还有公务在身，恕不奉陪。"

然后急急地从侧门扬长而去。任凭俞大猷在身后叫了数声："罗大人罗大人……"他头也不回地走开了。

俞大猷见罗龙文那个态度，简直是哄小孩子的，心里拔凉拔凉的，失望至极，长叹一声："唉……"自己是无法说服罗龙文了，得另想办法。

随后，俞大猷回到同安师父的家，与师父及家人、李杜等围坐在一起，大家边喝茶边聊天。

寒暄一阵后，俞大猷话锋一转，特意说起近来所见所闻，众人听了群情激奋。俞大猷想听听众人对此次事件的看法，先问李杜："李兄，你怎么看？说说吧。"

李杜愤慨道："罗龙文一者通倭，这可是死罪啊；二者与倭寇通商，这分明触犯了朝廷海禁的禁令，这也是罪大恶极；三者还公然受贿，分明是个贪官。应该告他的状，让他受到应有的惩罚。"

李良钦却有其他看法，他说道："罗龙文不是个好官，我认同，但我觉得通商一事有待商榷。我们知道，朝廷从明太祖起就实行海禁，而且嘉靖以来变得更加严厉，但这项禁令值得反思，我们是沿海的百姓，靠海吃海，朝廷不让百姓片板下海，更不让通商，百姓日子着实不好过啊。"

李良钦的儿子李海平也在场，说道："就是啊，不让下海，打不到鱼，也不能跟洋人做生意，没钱可赚，要种地生活可是地又只有那么一点点，日子是不好过，对我们沿海百姓影响大啊！"

李杜说："可是，那倭寇狼子野心，与他们做生意，会公平交易吗？倭寇常常假借做生意的名义，可还不是烧杀抢掠？我们村庄还不是刚被劫掠吗？这是事实啊！"

李海平说："这……这倒是。"

李良钦说："我也纠结这个问题，倭寇确实是令人憎恨，可是海禁又不是好办法……"然后他扭头看着俞大猷说，"志辅，你怎么看？"

俞大猷说："我也经常想这个问题。大家看看历史时期，我们泉州港在宋元时不就是东方大港吗？那时与多少的洋人通商，不都是相安无事吗？还造就了泉州的繁荣昌盛。所以我认为，百姓下海没错，通商也没错，但海禁也是有道理的。为何呢？主要是此一时彼一时，大明王朝建立以来，海贼和倭寇不断，早先有张士诚、方国珍余孽，后又有佛郎机人、倭寇侵扰，到嘉靖年间倭患更甚，可以说史无前例。主要问题出在当今朝廷奸臣当道，官员腐败，军备废弛，军队战斗力差，而相比之下，倭寇武器精良，训练有素，战斗力强，乘虚而入，我方军队难以应对。所以，与倭寇通商时机还不成熟，现在严格海禁也是无奈之举，真要通商那必须以我们国力强盛、军队威武为前提，做到公平买卖，否则就只能像现在这样被抢被掠被杀。所以，我认为当今第一要务是驱逐那些倭寇，此外就是整肃官风和军队，壮我国力，扬我国威。等实现了这些目标，时机成熟了，我们可以建议朝廷放宽海禁，与洋人通商，想必水到渠成时朝廷会答应的。"

众人听了，似醍醐灌顶豁然开朗，纷纷赞道："说得好。"

但俞大猷却心情沉重地说："顽疾不是一时就生成的，真要治愈谈何容易啊。"

李良钦安慰道："你们还年轻，我相信只要大家齐心协力，杀敌报国，会有那么一天的。"


一天，邓城带着几个兵士突然造访李良钦家，寒暄一阵后，邓城说："师父、大哥，我是驾船来的，跟我走，我带你们去九龙江和月港看看。"

"好啊。"可以了解最新的情况，众人自然乐意。

于是大家出了门，来到岸边后，坐上一艘单桅船，邓城命令兵士开船，往月港方向驶去。

众人发现九龙江上的船只来往不断，或大或小，有从上游来的，也有从下游来的，大都是去月港或从月港出来的。邓城指着那些船对俞大猷说道："大哥看到没？现在船多起来了，原本片板不得下海时，那可是难见一船啊。"

"确实如此。"俞大猷说。

李杜问道："他们是去干吗的？"

邓城说："自然是跟倭寇通商的。按朝廷律法，这可是通倭啊，可是……唉……"

这时，一艘帆船从上游驶来，在众多船只中十分显眼，该船大而气派，且船上的人员不少。俞大猷产生了兴趣，说道："邓城老弟，这船不一般啊，不妨靠上去看看？"

"行。"

于是邓城命令手下把船靠近那艘船，有兵士向那艘船摇旗示意。

那船上的人见官船靠近，一阵骚动，但还是降低速度配合。靠近后，俞大猷、邓城及兵士等人登上了那艘船，只见有十几位壮汉在甲板上有序排开，手中还握着大刀、斧头等武器，其中站在前面的一人面黑且凶，口气生硬地问道："诸位官爷有何事？"紧接着有意晃了几下大刀，不客气道，"我这把大刀可不欢迎你们这些当官的。"

邓城听了就火了，喝道："你！"然后顺势拔出刀。

对方见此情景，快速反应，均摆出要迎战的架势。当然，兵士们也拔刀迎战。

俞大猷做了个手势，示意大家冷静，然后问道："敢问你们是何人？要去何处？"

对方冷冷道："敢问你们是何人？为何事而来？"

邓城说："我们是镇海卫的，这位是俞大猷俞将军。就是来查探你们船的。"

对方说："我们才不管你们是什么将军不将军，我们又不犯法，想查我们的船，那得问问我这把刀答应不答应。"然后又晃了晃大刀。

"你！"邓城火了，命令兵士上前搜查，可是对方人人均拿着武器阻挡。

就在这时，从船舱里急匆匆地跑出一位年约半百、穿着绫罗绸缎、似老板模样的人，喝道："刘缘老弟不得无礼，快快放下武器。"于是众人不太情愿地放下武器。

这位老板模样的人走上前，拱手对俞大猷致歉："原来是俞将军光临鄙船，刚才兄弟们不知，多有得罪，还望海涵。"

俞大猷大度道："不碍事。请问你是？"

那人说："鄙人姓张名珠，乃汀州商人也。"

俞大猷一听张珠这名字，知道来头不小，这可是大名鼎鼎的富商啊，听说其许久以前就开始跟洋人打交道，发了大财，富甲一方。同时，他对刚才那位较凶的壮汉产生兴趣，有意了解，于是指了指他，问张珠道："这位壮汉十分生猛、气势不凡，可否介绍下？"

张珠说："哦，可以，这位叫刘缘，自小练得一身武艺，于是被我请来做船工。"

张珠虽然做了介绍，但是有所取舍，只说表面，不说实质。其实刘缘乃是汀州（现龙岩）绿林草寇的二头领，率一帮人马在各地打家劫舍，还与倭寇通联，引倭入内地抢劫。此次张珠特意请他们帮忙，并非只是做船工，一者是看中他们有功夫有武器，雇他们充当打手，能够起到保驾护航的作用；二者是看重他们与倭寇相识这一点，通过他们帮忙利于促成自己与倭寇通商。

俞大猷"哦"了一声，然后问道："你们也是要去月港吗？"

张珠"呵呵"地笑了笑，似乎有些不好意思，只是点点头。俞大猷、邓城趁势走向堆积的货物，掀开帆布，发现有丝绸有瓷器还有粮食等。

张珠生怕出现不良后果，于是跟上前来，忙说："将军，你们这是？我这货可是验过的，还交过税的。"

俞大猷对此话产生了兴趣，问道："在哪验的货？在哪交的税？"

张珠说道："我这可是经过罗龙文罗大人验过的，在他那交过税的。将军，您就不必……"

他瞥了一眼俞大猷、邓城，心里得意扬扬，故意不把话说完，心想对方知道其意吧。他听说过俞大猷被解职了，现在其穿着布衣就证实传言，他认为没当权的人自然不用怕；而邓城他们不过是小官，权小，自然要服从罗龙文这样的大官，也不必害怕。

俞大猷和邓城等人一听就明白了，这不就是借势压人吗？看来他肯定是跟罗龙文打通关系的，所谓的"交税"自然不是上交国库，而是落入他私人的口袋。真是让人气愤。

不过，张珠也不想得罪这些军官，多一事不如少一事，心想还是用钱打发一下吧，于是叫手下拿了些银两，递给邓城等人，说一点小意思，请诸位大人吃顿酒饭。邓城摆手挡了回去，说他可不是来收税的，不喜欢这一套。

俞大猷问道："掌柜的，我问你个问题，你跟倭寇做生意，不怕倭寇心怀不轨，把你们的人杀了，把你们的货抢了吗？"

张珠笑了笑，说："现在不会了，上头都说了，跟倭寇谈和了，相安无事，买卖公平，已经有许多人做上了生意，赚了大钱，我若再不做，就不配当商人了。再说，做生意本来就是要冒点风险的嘛，风险越高获益就越大嘛。"然后又说，"诸位将军，还有别的事吗？"

俞大猷主要是来了解情况的，并不想刁难对方："我们就是了解下情况，感谢张掌柜，多有打扰了，还望你们处处小心，注意安全。"于是示意邓城离开，让大家都回到自己的船上。

刘缘等人看到诸位官爷没捞点好处，就这么走了，而且还祝平安，显得十分纳闷，刘缘问张珠："掌柜的，俞大猷是何许人也？怎么跟别的当官的不一样？"

张珠问："哪里不一样？"

刘缘回道："一不凶，且气度不凡；二不要钱，少见，哪有当官不要钱的？三不扣货不抓人，还提醒我们注意安全，更少见。我都看不懂了。"

"确实如此。听说他是个好官，当初在金门抗倭，打仗有方，打得倭寇哇哇叫，人又清正廉洁，在百姓中口碑不错，但是现在当官的贪污盛行，有句话说水至清则无鱼，像俞大猷这类官容易得罪人，所以被夺职了……"张珠虽然不希望俞大猷挡了自己的通商路，但还是由衷敬佩他。

随后，俞大猷又让船工往月港方向继续行驶。今天风轻云淡，视野开阔，众人站在船舷眺望，接近月港地域后，大家发现月港码头确实繁忙，众多船只在那停泊，人头攒动，更令人惊讶的是，在月港一带的岸边、山上，可以看到倭寇修建了众多哨岗和坚固的工事，上面插着倭寇的旗帜，还能看到倭兵在巡逻，就连江上的玉枕洲、海门岛、大涂洲等小岛也驻扎了兵士，倭寇浑然已把这一带当作他们的地盘了。

突然，邓城发现了什么，指着玉枕洲与月港间的江面上，说道："师父、大哥，你们看那里。"

众人朝那看去，只见一艘大船从玉枕洲与陆地间的狭小港湾驶了出来，上面载着众多的倭寇，均是全副武装，接着又有几艘驶出，前后共达二十艘，阵势惊人，均往大海的方向驶去。邓城命令船工将船往海沧一侧的海岸靠近，避免与之接触，但并不停下，而是也跟着往出海口驶出，发现倭寇这些战船到出海口后，均往南边驶出。李杜纳闷地问道："他们这是去哪呢？"

俞大猷想起密谈时罗龙文对倭寇提的一个条件，便说："他们很可能去铜山岛跟陈思盼部夺地盘。"

邓城说："对哦。肯定是。不过我担心，倭寇一旦打败陈思盼，会不会也把铜山岛据为己有，而不愿交给漳州府？"

俞大猷说："这也是我所担心的。"

果然不出所料，此次倭寇的确是奔赴漳州南部沿海地带，与占据在此的海盗陈思盼展开激战，陈思盼战败，撤出铜山岛，逃往浙江海岛。倭寇占领铜山岛后，欣喜若狂，他们贼心不改，趁势又攻入内地，对沿途百姓大肆掠夺，然后将掠夺之物运到铜山岛，占据此地不走了。

消息传到了漳州府和罗龙文耳中，令人愤怒的是，罗龙文继续选择不抵抗政策，竟然对属下说倭寇抢够了就不会再抢了，不用在意。

邓城在第一时间向俞大猷等人通报了此消息，俞大猷等人获知后，也十分气愤。李杜也受不了了，拍案而起道："大哥，你说怎么办？我们总不能袖手旁观吧？"

李良钦说："倭寇欺人太甚，夺了一个地方又一个地方，这样下去如何是好？既然军队龟缩着，那我们就要有所作为了，我这就去召集义军，跟倭寇拼一拼。"

邓城说："师父说的是，我身为军人，却被命令不打倭寇，我也觉得窝囊啊，要不这样，我索性豁出去，违抗军令就违抗军令，我回去带我的部下打倭寇去。"

俞大猷知道倭寇势大，靠邓城部下不过百人的兵士和师父组织起来的农民军与倭寇战斗，无疑是以卵击石，他不想做这样没有把握的战斗和付出无谓的牺牲。

"我看不妥。"

"大哥，那你说怎么办？"

俞大猷说："我倒有个主意。当今右副都御史朱纨大人还任南赣巡抚，辖管南赣汀漳韶等处军务。我在京城时，就听人说朱纨大人是朝廷忠臣，一身正气，忠心耿耿，爱憎分明，深得民心。我不妨去拜访他，向他禀报此事，我看必定有用。"

大家一听，觉得妥当，看到了希望，由怒转喜，说道："对啊，这是个好主意。"

"那就这么定了，我明日就出发。"

# 第四章　指点迷津

俞大猷向师父借了匹骏马，带上行囊，第二天便出发了，经过一路风尘，终于来到南赣巡抚行辕，立马向守卫报上姓名和来意。

那守卫态度热情，带着俞大猷进入会客厅等候，随即向朱纨大人禀报。这让俞大猷感觉到十分满意，想想前阵子去找罗龙文时，那守卫态度蛮横，相比之下，简直就是一个天一个地。

俞大猷在会客厅才等一会儿，便看见朱纨大人走了出来，只见他年约半百，身穿绣有孔雀的正三品官服，人略显清瘦，目光坚毅，精神抖擞，长须飘飘，道道皱纹刻在额头上，写满岁月的沧桑。

俞大猷恭敬道："在下俞大猷，特从闽南赶来拜见朱大人。"并深深鞠躬行礼。

朱纨打量了一番俞大猷，面带笑容道："您就是俞志辅啊？早就听说过您在金门的抗倭功绩，让倭寇胆寒啊，早就想见见您了，今日您主动来见，甚好甚好，我可要与您好好谈谈啊。快坐快坐。"朱纨吩咐手下上茶，显得十分客气。

俞大猷说："朱大人过奖了。在下也久闻朱大人威名，前几月我在京城时，就听邱大人等说朱大人您忠心耿耿，正直无私，今日一见，真是三生有幸。"

他所说的邱大人指邱养浩，是俞大猷同乡，在京城任右金都御史，他去京城时就寄居在其家中，受到诸多照顾。俞大猷有意说出朱纨的优点，并非拍马屁，而是发自肺腑，也想趁势激发他能够伸张正义、驱逐倭寇。

俗话说无事不登三宝殿，朱纨是聪明人，一听俞大猷的恭维话，料定有事，否则也不会从大老远的闽南赶来这里。

茶上来后，朱纨请俞大猷品尝，他自己喝了几口后，放下茶杯，问道："敢问俞兄此行是为何事？"

俞大猷打开话匣子："是关于倭寇的事，事关重大，我曾向罗龙文进谏出兵抗倭，但无济于事，后来想到了大人您，特来禀报……"

于是，俞大猷将事情的前因后果告诉给朱纨，提了罗龙文与倭寇密谈、倭寇占领月港又占领铜山岛的事等，还拿出来之前准备好的书信，递给朱纨，上面详细写明了该事，落款处写了自己以及李良钦、邓城等人的姓名并画了押。

朱纨阅毕，震怒不已，狠狠地拍了下桌子，"嘭"的一声大响，连水杯都震倒了，水流了出来，然后他愤愤道："如此荒唐！！无忠无耻无良无德啊！"接着他长叹一声，"唉，我泱泱中华，竟然遭小小的倭寇如此肆虐侵袭，却始终难以歼灭，实在令人心寒。当今形势确实不妙，我们面临的可不只倭国强盗，还有海上之盗以及一手遮天的衣冠之盗，难啊！"

俞大猷自然明白他的话，所谓的衣冠强盗，不就是那些奸臣吗？"是啊，我也有同感。朱大人，您看怎么办才好？"

朱纨思虑良久，然后说："此事关系重大，非同小可，难啊，你可知罗龙文是何许人也？他是当今内阁次辅严嵩的心腹，与严嵩串通一气，结党营私，好事不做，坏事做绝。当今严党遍布朝野，咄咄逼人，一者严党明目张胆地拦截言路，对自己有利的就报给圣上，对自己不利的就瞒报，连圣上都被蒙蔽；二者对上疏揭发他们罪行的忠良进行打击报复，轻者贬谪，重者入狱甚至残害致死，令人发指。现在你掌握他们的罪证，若不小心泄露被他们获知，后果不堪设想。所以，我们要慎之又慎。"

俞大猷听了可能的后果，感觉似一股寒气袭来，但他很快镇定了，豁出去了，为了大义，不用怕。

朱纨脑子一转，有了主意，说："有了，走，我带你见个人。他准能帮我们拿主意。"

"敢问是谁？"俞大猷问。

朱纨说："夏公谨大人。"

俞大猷十分惊讶，朱纨所说的人即夏言，其字公谨，他可是响当当的大人物，原内阁首辅，难道他也在赣南？"朱大人是说夏大人就在附近？"

"是的。"于是，朱纨解释起来。原来，夏言原本是内阁首辅，为人正直，对严嵩谄媚圣上、贪污受贿、攻击异己十分不满，于是对严嵩进行抵制，而严嵩觊觎首辅之位，借自己受宠于皇上的机会，多次在皇上面前对夏言发射冷箭，罗织其"罪状"，引起嘉靖皇帝的愤怒，敕令夏言革职闲住。严嵩获胜，趁机入阁参与机务。而夏言只得南归江西老家贵溪闲住。近日，他来到赣南闲游。朱纨获知后，前去拜访，恭敬招待，并安置到附近一宅院暂住。

很快，两人来到夏言下榻处，在客厅见到了夏言。此时的夏言已年过花甲，那须髯有的已经变白，但仍旧不失俊美；虽然历经种种沧桑，但仍旧是精神饱满。

他见到俞大猷后，觉得陌生，便问朱纨道："子纯（子纯是朱纨的字），这位仁兄是？"夏言吐音时，让人能够感觉到其声音之洪亮。

朱纨说道："我来介绍下，这位是俞志辅，此前负责守御金门，在抗倭中立下赫赫战绩。"

俞大猷谦虚道："朱大人过奖了。"

夏言爽朗地笑了起来，说："我知道了，你是嘉靖十四年武举进士？泉州人吧？"

"正是。"

"哈哈，我想起来了。当年你考进士时，我也在场，你那百步穿杨的射箭术，还有剑法可是给我留下深刻的印象，对了，你的试策《安国全军之道》也写得非常好啊。你的同乡张经、邱养浩以及其他多位朝廷大臣都提过你，是个难得的人才。不知你现在供职何处呀？"

俞大猷回道："谢谢夏大人夸奖。可是惭愧惭愧，俞某现为一介布衣，并无供职。"然后把在金门任上时因写信给金都御史陈伍山反映军队问题、提出整改构想而被夺职、后去北方边关又不受用的往事简单说了下。

夏言苦笑道："看来你我彼此彼此啊，我现在也是一介布衣，哈哈……"

朱纨说道："夏大人，志辅虽未供职，但是依旧忧国忧民，这次就是为了大事而来。我想夏大人您也必定是如此吧。夏大人您是经过患难的人，几次伏又几次起，我想不久你会重新进入朝廷执掌大权的……"

还没等朱纨说完，夏言就打断道："这个就甭提了。你刚才说志辅是为什么大事来的？"

于是俞大猷将事情的前因后果说了一遍。而朱纨则呈上之前俞大猷写的书信，然后看着夏言的反应。

夏言了解内容后，或许是历经朝局风霜、练就了很深城府的缘故，此时的他并未发怒，只是神情凝重、若有所思，且一言不发。

朱纨似丈二和尚——摸不着头脑，有些急了，轻声问道："夏大人，您看……"

夏言说："我现在一介布衣，不是什么大人了，也不便插手这些事了。"

朱纨听了这些难以接受，他不相信夏言会是真的不关心政事，心想或许是有所顾忌吧。他特意走到门口看看四周，并没有发现什么可疑人物，然后把门关上，回到座位，对夏言说："哎呀，我们的夏大人，这可不像真正的您啊。我说句公道话，您之所以会被革职，还不是严嵩一党所为？他们故意搜罗莫须有的罪名要加害于您，我可不想看到奸臣当道，而忠良被驱逐被陷害。现今有严党勾结倭寇、贪污受贿的罪证，这可是个弹劾他们的机会，只要他们下台，您官复原职的机会势必就要到来……"

夏言打住道："不说这些了。记住万万不可在外宣扬。"

"下官明白，谨记在心。"朱纨说。

夏言说道："这样吧，既然我不能去办此事，那就提点愚见。你还是写个奏疏，并附上这些书信，差人送到翟阁老府上，我相信翟阁老自有办法。记住，是送到他府上，要严守机密，做到万无一失。"

他所说的翟阁老即当今内阁首辅翟銮，在夏言被革职后，他接任首辅一职，基本上秉承了夏言的执政之策，也同样受到次辅严嵩咄咄逼人的攻击，因此对严嵩一党痛心疾首。

"嗯，这样甚好。"朱纨赞同道，他知道翟首辅也是正直之臣，若直接送至他府上，自然不用担心会被严嵩所获，这样才能发挥作用。

"我还有个个人之见。"夏言微笑道。

朱纨说："夏大人请说。"

夏言接着说："我想推荐一个人，此人远在天边近在眼前。"

朱纨想到了，扭头看了看俞大猷，露出笑意。俞大猷却有些愣愣的。

夏言道："常言道千军易得，一将难求。志辅可是个难得的军将啊，既然他人有眼无珠，不识英才，且眼下倭寇侵我大明甚紧，子纯何不趁机先将志辅揽入自己的麾下？并向朝廷举荐，担当御倭大任。"

朱纨笑逐颜开，十分欣喜道："多谢夏大人提醒，我一定照办。

不瞒您说，我正苦于无将可遣呢，正需良将带兵呢，志辅正合适。"
然后问俞大猷："不知志辅您愿意否？"

俞大猷听了简直不敢相信自己的耳朵，自己一直苦于有志无处报、有力无处使，现在突然掉下个馅饼，真是惊喜万分。若朝廷真的批了，自己真能担任个将领的话，那就可以大显身手，好好抵御倭寇。即便未被朝廷批准，那在朱纨帐下当一名小将乃至一名小卒也无妨，只要能保家卫国、不赋闲在家虚度时光就好。

俞大猷站起来，来个跪拜礼，感激道："多谢夏大人、朱大人！"

夏言和朱纨赶忙扶起他，说道："快起来，快起来。"

# 第五章　皇帝不急大臣急

昨日北京城下了一整天的雨，今日终于天晴，太阳暖洋洋地照耀着大地，河里的水涨了起来，坪子的草地展现出久别的绿，花坛里的花儿趁机绽放，空气异常清新，北京城里的街道热闹了起来，人们走出家门逛街买东西啦、听听说书啦、小聚小饮啦、议论议论国事啦……

在北京内城西边的一街区，坐落着一座规模不大、风格简朴的四合院。虽然称不上华贵大气，但十分雅致。青砖灰瓦显得天然古朴，院落叠石造景别具一格，种植的海棠树和石榴树及花花草草生机盎然，还有一个大水缸里的鱼儿悠闲地游着。这里就是今内阁首辅翟銮的府邸。

在府邸的会客厅，此时的翟銮正与来访的兵部尚书毛伯温、吏部尚书许赞和礼部侍郎徐阶谈论抗倭大事，虽然节气上已迎来春天，但抗倭的局势并未迎来春天，几人不免对局势感到忧虑，对解决之道感到束手无策，正愁眉苦脸地连连哀叹。

一方面，虽然自己身为朝廷重臣，但处处受到掣肘，特别是受严党干扰和阻挠，致使政令难通，空有才干而难以施展；另一方面，当今皇上一味地痴迷于炼丹，荒废政事，忠奸不辨，令臣子忧心忡忡。

就在这时，翟府老管家李福走了进来，说道："禀大人，外面有个从江西来的叫卢铠的人说有要事要见您。"

"卢铠。"翟銮默念了下该名字，可是，脑海里并未留有该人的印象啊。

老管家李福赶紧又补充着更多的信息："他说是南赣巡抚朱纨大人派来的，有紧急倭情要禀报。"

听到此，翟銮意识到事情的重要性，马上说："你马上带他到我书房来。"随后，他让毛伯温、许赞和徐阶先喝喝茶，他便前往书房会客。

过了一会儿，老管家李福带着客人卢镗走了进来。翟銮特意打量了下来人，只见他相貌堂堂、人高马大、膀宽臂长、十分健壮，且沉稳刚毅，有大将之风范。在此之前，朱纨正是看重卢镗历练多年、办事沉稳谨慎，且有一身武功可防身，所以才委派担当本次呈报书信大任。

"末将卢镗拜见阁老。"卢镗恭敬地行了个礼。

"快请坐，一路辛苦了。"翟銮关心道。然后亲自倒了一碗水给卢镗喝，卢镗于是大口大口地喝了起来。

他实在是太渴太辛苦了。这一路来，千里迢迢，他日夜奔波，为防止被严党的人发现，他甚至不敢住驿站，简餐简宿，因睡眠不足，致使双眼布满血丝，但到了目的地，见到了翟首辅，他如释重负，精神抖擞。

翟銮问："你在朱纨大人处供职？"

卢镗说："是的，我是朱大人军中的部将。不过，我这次来不是为赣南的事，而是闽南有重要倭情，详情都写在这里。请阁老过目。"于是，卢镗将相关书信交给翟銮。

翟銮认真地看了起来，越看越吃惊。阅毕他说道："你提供的军情十分重要。辛苦你了。"他觉得有必要跟毛伯温、许赞和徐阶商量下，毕竟他与他们属于挚友，政见相同，肝胆相照，对他们充分信任，不用担心会走漏消息。

于是，他把他们叫进了书房，关上门，并嘱咐管家看好门，谁都不许进来。

毛伯温、许赞和徐阶相继看了书信后，对发生的倭情也感到十分吃惊。毛伯温愤慨道："倭寇已经攻城略地了，而严嵩还向皇上奏报什么罗龙文大败倭寇、什么东南太平，皇上还信以为真，大加奖赏，着实可恨。"

许赞跟着说："就是，岂有此理！荒唐，太荒唐了。"

相比之下，徐阶显得十分冷静，他并未发火，只是平和地问了下卢铠："卢将军，你应该比较了解实情吧，说说情况。"

卢铠说："不瞒诸位大人，我家人也在漳州定居，家父曾告诉我实情，我也曾回家查探，与俞将军说的完全一致，如今漳州沿海多地确实被倭寇所占。而且罗龙文安插了同党到漳州府，与倭寇勾结，并排挤抗倭官员，实在令人愤慨……"

"明白了。"徐阶听完说道。

徐阶还看到关于朱纨举荐俞大猷的话语，问道："你觉得俞大猷这人如何？"

"我觉得他是个好将军，为人耿直，赤胆忠心，对烂熟于胸，又爱兵如子，深受部下的好评。当年他在金门抗倭时立下显赫战功，离开金门时百姓依依不舍，后来为之建祠。只是得罪了权贵，被革职了，如今他被朱大人任用为咨议，助理军机和练兵，兵将受益匪浅，只是尚未得到朝廷的正式任命。"卢铠侃侃而谈，他对俞大猷十分敬佩，故有意详细了解之。

徐阶说："前两年俞大猷在京时，我跟俞大猷有过接触，确实是个不错的人才。"

毛伯温也说："我也跟他谈过啊，也十分赏识他，还推荐他到宣大总督翟鹏处，只是后来不知为何，那翟鹏就是不予受用。"

徐阶说："据说是嫉贤妒能。毛大人、许大人，你们一个是兵部尚书、一个是吏部尚书，既然知有千里马，你们可要做个伯乐啊！"

毛伯温和许赞说："放心，包在我们身上。"

许赞接着说："现在摆在我们面前的主要问题是，下一步该怎么办。阁老，你拿个主意。"

翟銮起身踱着步思考起来，该如何用好这些东西，确实是个问题。若直接奏报给皇上，或许皇上会震怒而严惩严党，这样的结果自然令人欢欣，不过也担心皇上会无动于衷，而严嵩借机报复，那不仅自己的位置不保，还可能有更多的人受到牵连……突然，翟銮想到了什么，问道："卢将军，我问你个问题，你如实说来。"

"好的，大人请问。"

翟銮问："是谁出的主意？让你把书信送到我这里来。"

"这个……是朱大人啊。"卢铠回道。

翟銮摇摇头，说："恐怕另有高人指点吧？你但说无妨。"

卢铠知道眼前几位大人是正直大臣，便如实说了出来："详情我不甚了解，但有听说是朱大人找了夏大人，夏大人出了主意。"

许赞和徐阶均伸长了耳朵，全神贯注地听着。

翟銮问："你是说夏公谨大人？"

"是的。"卢铠点点头。

翟銮露出笑容，说："我想也是。你知道他在江西可好？"

"挺好的。他前些日子来了赣南，所以朱大人才找了他。"

"那就好。"大家欣慰道，脸上写着笑意。之前还担心夏言被革职后会遭人暗算，或者他本人想不开而寻短见，那势必对朝廷是一大损失，现在知道他平安，大家均松了一口气，且士气也受到鼓舞。

接着几位大人又问了不少关于东南抗倭的事，详细了解地方官员和军队情况、倭寇侵略情况，还向卢铠征求抗倭的建议，没想到卢铠对抗倭方略说得十分精辟，有条有理，指出要整顿军队、要军民联动、要强化海岛和海港设防等，引得四位朝廷重臣刮目相看，心想其是真将才也，并萌生了一定要好好重用的想法。当然后来做到了，卢镗在今后抗倭中担当大任，屡立战功，贡献度和影响力十分大，名垂青史。

翟銮知道卢镗一路辛苦，必定饿了累了，便叫管家好生安顿，让客人吃好住好。于是卢镗先行告辞，跟管家出去了。

随后，翟銮与三位大人商量起下一步该怎么做，翟銮说："此事事关重大，用得好可能我们大获全胜，但一着不慎则满盘皆输，故务必小心谨慎，想个万全之策。你们说说看。"

许赞说："要不然我写个弹劾严嵩的奏疏，说明书信的内容，呈报皇上。"

毛伯温说："我也写弹劾的奏疏，多人弹劾作用大些。"而徐阶还若有所思，并未发话。

翟銮说："不可，你们弹劾风险巨大，你们是朝廷重臣，日后朝廷还得靠你们挑大梁，我不愿你们冒这个风险。况且，书信里罗列的罪证并非严嵩本人的，恐怕难以治他的罪。"

许赞说："说的也是。不过，也不能让严嵩的手下胡作非为，这也对朝廷不利嘛。"

翟銮想了下说："我明白。不然这样吧。我面见皇上，呈上奏报，当面反映此事，这样不经过严党之手，不用担心走漏风声。"

"如此甚好。"


北京紫禁城外西北边的西苑，建有规模不小的万寿宫。这里背靠煤山、面朝北海，真是风水宝地。这里原是永乐帝做燕王时的旧邸，屋宇众多，环境清幽，后来成了嘉靖皇帝玄修之地。

嘉靖二十一年，嘉靖皇帝移居于西苑万寿宫，进一步修宫建殿，修斋建醮，斋戒沐浴，将此地当成修炼之所和炼丹的"实验所"。这里的建筑极其华贵气派，那南牌坊为黄琉璃瓦檐牌楼，正中为白玉石匾额，双面镌字，南面写着"乾元资始"，北面写着"大德曰生"；东西牌坊则为绿琉璃瓦牌楼，也有白玉石匾额，分别写着"孔绥皇祚""弘佑天民""先天明镜""太极仙林"，此乃严嵩所写也。宫殿黄琉璃瓦在阳光的照耀下金光闪闪，钩檐斗栱，美轮美奂。殿上供三清像，嘉靖皇帝每日向神仙祈福，保佑他万寿无疆。

因沉迷修道炼丹，嘉靖皇帝已不回大内上朝。但是他并非不理朝政，而是白天修道，晚上在此批阅奏章以及听取朝臣奏报国事，由此掌控大权。当然，能够进到此地奏报的必定是朝廷重臣，特别是内阁大臣，而且还须是重大的事，至于那些在嘉靖皇帝看来所谓"鸡毛蒜皮"的政事，他才没那么多时间和精力去打理，而是将许多政事交给权臣甚至太监处理，才会造成像严嵩之类的人胡作非为。

这天，翟銮打听到严嵩去京外办差了，他看准了机会，特意选在这天晚上到西苑面见圣上。

经向嘉靖皇帝禀报获准后，掌印太监李芳领着翟銮进了皇帝寝宫。这个偌大的寝宫庄严肃穆，富丽堂皇，也只有皇帝才配得住，但其最显著的特点是极富道教色彩，木地板中间画了个大大的道教太极图，其中一面墙体写着《道德经》全文，梁上、柱子上则画着的既有金龙又有仙鹤和祥云的图案，地上、桌子上摆置着由景德镇御制厂上贡的各式瓷器，有葫芦瓶、爵杯、鼎、篁、尊、炉、壶等，瓷器上装饰着被称为"暗八仙"的扇子、鱼鼓、花笼、葫芦、阴阳板、宝剑、横笛及笊篱等图案。特别是那葫芦瓶，又高又大，表面以描金作装饰，这与道教的方士们主张服金长生一脉相承；葫芦乃是八仙中的铁拐李手中所拿的圣物，且与"福禄"谐音，因此被嘉靖皇帝当作信物。还有那三足炉，高大而气派，其以黄金镶嵌出云龙纹图案，气势博大，造型宏伟；炉内焚着上好的沉香，香气浓郁四溢，让寝宫内烟雾袅袅，宛如仙界一般，这也正是嘉靖皇帝所追求的境界。

此时的嘉靖皇帝穿着道袍高高在上地坐在宝座上，确切地说该宝座不是龙椅，而是道士诵经台，他经常闭着眼在此盘坐诵经，看似十分专业。一旁还放着道教法器——木鱼和磬，供诵经时配用，此二物均用高档材质制成，特别是那磬乃是用金炼就的，加上呈中空状，敲击后声如洪钟，嘉靖皇帝认为如此便能震撼尘寰。

"臣叩见皇上，吾皇万岁万岁万万岁。"翟銮跪拜道。

嘉靖皇帝有些漫不经心地说："平身吧。翟阁老见朕有何事啊？"

翟銮说："臣撰好了青词特向皇上进献。"

所谓青词，乃是道教举行斋醮仪式时献给天界神明的章表奏文，因在青藤纸上写就而得名。青词要求形式工整、文字华丽、富有道教内涵且符合嘉靖皇帝的口味，因此并不好写。翟銮并不信道教，心底一直认为写青词这种东西表面上说是献给神仙的，但烧了之后变成灰，什么都没有了，写了意义不大，因此不想花那么大心思琢磨这个东西。但他知道，嘉靖皇帝喜欢这个，他更知道，那严嵩就是因为青词写得好而受宠、平步青云的。所以，不写不行，为了让皇帝乐于见自己，以便能够更好地提出抗倭事宜，还得在事前花一番功夫绞尽脑汁好好写。

嘉靖皇帝听到"青词"二字，立刻来了精神，说道："是吗？快呈上来。"

于是翟銮将写好的青词递给太监李芳，让他呈给皇上。

嘉靖皇帝接过青词看了起来，只见写着：

洛水玄龟初献瑞，阴数九，阳数九，九九八十一数，数通乎道，道合原始天尊，一诚有感。

岐山丹凤双呈祥，雄鸣六，雌鸣六，六六三十六声，声闻于天，天生嘉靖皇帝，万寿无疆。

嘉靖皇帝看后面带笑容，欣喜道："好！写得好！"然后说道："难得翟阁老有这份心，朕今儿高兴，赏赐你一颗仙丹。"并示意李芳去拿。

"谢主隆恩。"此时的翟銮真是喜忧参半，喜的是自己今天走运，能让皇帝高兴，居然还肯赏赐非一般人能得到的仙丹；忧的也是仙丹，他心里清楚这所谓的仙丹其实是用金石水银等炼成的，吃了不但不会成仙，而且可能中毒，历史上仅唐朝就有唐太宗、唐宪宗、唐穆宗、唐武宗等因吃这玩意儿而中毒身亡的。他也想跟皇上说这些历史教训，劝说皇上不要痴迷炼丹，但是因为皇上太痴迷这个，容不得他人批评，所以他不敢说，可能说了后果会很严重。

李芳从一个十分精美的匣子里拿出一颗所谓的仙丹递给翟銮。翟銮接过后，有点难为情，其实不想吃，但没办法，还得把这个乌溜溜的东西给硬咽下去，且装作很有胃口的样子，并再次谢主隆恩。嘉靖皇帝见此，满心欢喜。

翟銮见皇上心情好，时机差不多了，该说说正事了。"皇上，臣还有要事要奏。"

"何事呀？"

"是关于东南抗倭的重大军情，详情均写在这里。"翟銮从袖中取出相关奏报，递给李芳，让其呈给皇上。

翟銮原本以为皇上看了之后会勃然大怒，痛斥罗龙文等一番，再责令严查幕后指使人。但是事实却出乎他的意料，皇上看后出奇的平静，只是轻轻地把奏报扔到一边，连一丁点脾气都没发，只是轻声地问："翟阁老，依你之见，该如何是好？"

翟銮觉得这是个阐述己见的机会，便说道："依臣之见，其一，鉴于倭寇禀性难移，无信可言，欺我太甚，应严格海禁，严禁大明子民通番接济，彻底斩断倭寇的联络渠道和财路。其二，倭患严重，多年难以平息，问题在于官吏和军将。鉴于东南各省不能体统行事，应设总督一职体统东南各省军务，臣认为右副都御史、南赣巡抚朱纨可胜任此职；鉴于罗龙文的行为，臣认为应该撤换福建都指挥使，臣举荐俞大猷担当此重任。其三，应彻查罗龙文等人，予以严肃整顿，严明吏治和军纪，重振我大明朝雄风……"

嘉靖皇帝听得有些不耐烦了，这不是要用你翟銮的人吗？不是很明显针对严嵩的人吗？不就是要指向严嵩吗？可是严嵩对朕忠诚，完全支持朕修道，朕可不能没有他。再说罗龙文虽与倭国通商，但能够换来和平，没有丢城丢府，这也未尝不是种办法，虽然他贪是贪点，但这不算大事，只要忠于朕便好，且朕握住此把柄还能更易于控制他呢。于是，他打断道："翟阁老，朕还要修炼祈福，此等事就由你们内阁先议吧，议后再呈报朕便是。"

翟銮有些纳闷，带着央求的语气说："皇上……"

他明白皇上这是将难题推还给他，由内阁议的话，不就要跟严嵩议吗？跟他政见不同，水火难容，还议什么议？他还想劝说一番，让皇上不要沉迷修道，不要被奸臣所惑，还是大明江山要紧啊！可是，唉……没机会了。

嘉靖皇帝说道："时候不早了，翟阁老回去早点休息吧。"

这不是委婉的逐客令吗？真是令人失望，翟銮不好再争执，只好说道："谢皇上，臣告退。"

翟銮回到自己府宅，许赞、毛伯温、徐阶早已在此静候，希望有佳音。见翟銮回来后，便迫不及待地问情况如何。翟銮叹息一声，说道："大失所望。"

"怎么回事？"

于是翟銮把具体情况告诉大家。大家都觉得难以理解，许赞直言道："皇上应该关心江山啊，怎么能如此对待重大军情？一旦江山没了，还能修道成仙吗？"翟銮赶紧提醒他小声点，他才闭住了嘴。

翟銮说："既然皇上都说要内阁先议，那也只好如此了。这样吧，许大人、毛大人，你们代表吏部、兵部提出名单来，包括朱纨、俞大猷、卢镗等，我再与严嵩议议，力争便是。"

"也只好如此了。"

# 第六章　明争暗斗

由于严嵩早已买通了宫内太监，他很快便接到关于翟銮向皇上奏报的事，于是马不停蹄地赶回到京城府第，召集儿子严世蕃及心腹鄢懋卿、赵文华等商量对策。

严嵩府第比起翟銮的府第，那可就凤与鸡的档次区别了，其坐落的位置乃是寸土寸金的闹区，府第十分气派，雕梁画栋，峻宇高墙，巍峨不减朝堂。府第内房间有数十间，屋内铺着地毯，各种名贵古董和书画摆置其间，家具乃金丝楠木制成的，就连尿盆、痰盂都是用银制成的。这些自然不是靠正常俸禄换来的，无非是贪污受贿得来的，单前些日子，就收到罗龙文送来的数万两白银和价值连城的奇珍异宝。

众人坐毕，几位比宫女还漂亮的年轻丫鬟上了上好的"大龙袍"茶。严嵩早已进入花甲之年，今年六十有五，头上密布白发，皮肤如松木皮一般粗糙，脸上长了不少的麻子。其年纪虽大，但精力尚充沛，才能继续在官场奋战。他喝了口茶后，说道："今日召大家来，是有要事要商量，此事事关重大，影响着我们的前程乃至脑袋。"

"啊！"几位大臣惊叹道，"不知是何事？"

于是严嵩把翟銮向皇上密奏的事情说了出来。

"翟銮着实可恶，他算什么东西，竟敢把矛头对准我们，爹，你不能屈服于他，务必强硬起来，以牙还牙啊！"严世蕃先站起来愤怒道。

他乃严嵩独生子，三十余岁，长得又矮又胖，且其中一眼盲瞎了，就是个"独眼龙"。不过他脑子机智敏捷，加上读了些书，写起文章特别是皇上喜好的青词倒有一手。其未参加科举考试，但靠着父亲的权势，照样平步青云，先入国子监读书，后就直接当了个官，现已任要害部门尚宝司的少卿。因尚宝司卿一职空缺，他其实是尚宝司的"一把手"，掌管皇帝宝玺、符牌、印章等，可谓非常有权势，这也令他更加飞扬跋扈。

"就是。"附和的人是赵文华，此人长得又高又瘦，脸形又长又扁。其最擅长的是巴结严嵩，一味依附于他，还拜他为干爹，好处自然也有，很快就从六品的刑部主事升为刑部五品的郎中，当然他还想继续升呢。

严嵩说："我是为大局着想，尽量以和为贵，才忍辱负重让他翟銮几分。"他在众人面前说得好听，尽量表示自己是受委屈的，是公心大于私心，但心里早觊觎首辅之位了。

严世蕃说："爹，跟这样的人还谈什么和，人家都已开始咬你了，再不出手恐怕就晚了，弄不好大家都会被革职查办，后果不堪设想。"

严嵩说："这也是我所担心的。我就担心翟銮抓住我们的把柄，也担心皇上信了翟銮。"

严世蕃说："应该不会吧。翟銮虽然向皇上奏报，但那是他们的一面之词，肯定没有什么证据，再说，他们可以捏造事实，那我们也可以说他们通倭呀。"

严嵩问大理寺少卿鄢懋卿："景卿（鄢懋卿，字景卿，此人三十多岁，中等身材，长相普通，表面看起来斯斯文文的，做事偏向谨慎，有几分才干，也正是这点被严嵩赏识而任用之），你怎么看？"

鄢懋卿说："阁老，我认为小阁老说得有理，含章（罗龙文的字）兄做事小心谨慎，应该不会被人拿到什么证据，翟銮他们上奏的无非就是一面之词而已。不过，我也认为我们不能大意，还是得谨慎行事，我建议阁老您也面见一下皇上，一者可以了解一下皇上对此事的态度；

二者可以向皇上阐明翟銮他们是颠倒是非，恶意为之。"

"嗯。说得好。我这就见皇上去。"严嵩道。然后又问儿子，"青词写好了没？"

"写好了。"于是严世蕃将写好的青词交给父亲，严嵩看了看，觉得不错，这样就比较好见皇上了。为了迎合皇上的喜好，他还特意把皇帝所赐的香叶冠（即道士帽，为嘉靖皇帝亲创，高一尺五，绿纱制成，绣太极图）戴上，竟然也成了个道士一般。然后坐着豪华大轿子前往西苑。

在西苑见到嘉靖皇帝，严嵩恭敬地行跪拜礼，嘉靖皇帝看到严嵩还戴着香叶冠，心里着实高兴，立即说道："免礼，快平身。"然后又关心道，"赐座。"

于是太监李芳搬来一个椅子让严嵩坐。严嵩起初不敢坐，嘉靖皇帝见状，和气地说："快坐快坐。"严嵩感谢一番后，才坐下。

嘉靖皇帝说："严阁老，你这几天怎么都不来见朕？朕可惦记着你呢。"

严嵩心里暗喜，看来皇上离不开自己呀，他赶紧起身叩谢道："谢皇上，能让皇上惦记着臣，这是臣的莫大福分，臣真是三生有幸，死而无憾。"

"就你嘴甜。你哪能死呢？朕还需要你处理政务呢。"嘉靖皇帝微笑道。

"呵呵。"严嵩及一旁的李芳都笑了。

嘉靖皇帝问："今儿找朕何事啊？"

"哦，臣已写好了青词，特来献给皇上。"

嘉靖皇帝对青词非常感兴趣，自然高兴，急道："快呈上来。"

严嵩赶紧把儿子帮忙写好的青词交给李芳，让他呈给皇上。皇上读了后，连连赞道："好好好！"然后赏赐了一颗仙丹给严嵩。

严嵩跪谢道："谢主隆恩！"还没等李芳拿来温开水，他就急急地放到嘴里，一咕噜吞了下去，说道："味道美极了。"

然后装作眨了眨眼，又瞪大眼睛，挺直胸膛，一副很有精神的样子，说道："臣吃了仙丹后感到两眼发亮，腰骨硬朗，精神百倍。"

"是吗？"嘉靖皇帝一下变得十分高兴。

"是的，臣太感谢皇上了，臣愿为皇上肝脑涂地，也在所不惜。"严嵩继续拍着马屁。

"呵呵，这就好。"

片刻后，严嵩开始说正事了："皇上，臣还有个喜事要跟皇上奏报。"

皇上问："是何喜事啊？快快说来。"

严嵩说："托皇上的洪福，东南传来捷报，福建倭患基本平息，大明国威重扬啊！"

嘉靖皇帝平时老听到战败、战事不利之类的坏消息，现在难得听到捷报，还是挺开心的。

"快把捷报呈上来。"太监呈上奏报后，嘉靖皇帝迫不及待地看了起来，原来是说罗龙文在福建杀了几千倭寇，打得倭寇只剩残兵败将，已从大陆败退，现在福建一片太平，等等。

虽然是捷报，但这下嘉靖皇帝纳闷了，昨日不是刚接到翟銮关于福建倭患严重的败报吗？怎么突然来了个截然相反的捷报。嘉靖皇帝是个聪明人，既然如此，那就自己推理吧，他想翟銮的奏报写的是倭寇占据月港等港口或海岛，而严嵩递的捷报说从大陆败退，那很可能就是退到海岸或海岛吧；还有翟銮提到与倭寇通商，这会不会就是所谓的一片太平呢？不过，他的城府是很深的，自然不会把自己的想法轻易流露出来，更何况关心此事是不是真实暂时不重要，更重要的是如何进行大决策的决断。

嘉靖皇帝装作十分开心的样子说："罗龙文干得不错，为大明扬了国威，朕高兴。"

严嵩立马说："这固然离不开皇上的英明决断，此乃我大明子民的荣幸啊！"

嘉靖皇帝说："严阁老，朕要和你商量几个问题，你要如实说出你的看法。"

"是。"

嘉靖皇帝问："第一个问题，你怎么看待与倭国互市问题？"

严嵩心里咯噔一下，皇上怎么突然问这个问题，难道翟銮提了这方面的意见？自己之前可没有好好琢磨这个问题呢，不过，从自身利益而言，互市对自己是有利的，那可以从中获得足够多的回报，他自然要作出有利于自己的回答，但是他怕承担后果，于是他说道："皇上，此乃大明朝的重大国策，关系着两国关系和天下苍生，皇上乃是大明朝的英明帝王，此国策皇上您决断便是，臣将谨遵皇上的旨意。"

嘉靖皇帝清楚严嵩的小算盘，有些不耐烦地说："你少来这套，你尽管说，朕绝不怪你。"

严嵩这下放心了，说道："大明朝以来，倭国向我朝进奉贡物，我朝则给予回赏，这实质上也是官方互市，长时间以来都相安无事，两国友好，但嘉靖二年，倭方不遵守规矩，发生了宁波争贡事件，劫夺库藏，占据城池，杀我官民。那时，皇上您年纪尚小，内阁首辅杨大人辅政，作出罢市舶司、禁止与倭国互市的决议。倭人无法通过正常渠道互市，日后倭患日益严重。依臣之见，当下我朝抗倭取得胜利，占据主动，适当放开互市未尝不可，但需引导倭人按规矩互市，不再劫掠。这也是有历史经验的，宋真宗时期，就与辽国达成澶渊之盟，双方于边境设置榷场，开展互市通商，两国和平达百年之久。此乃臣愚见，请皇上裁夺。"

所谓宁波争贡事件，乃是当时日本大名细川氏和大内氏势力各派遣对明朝贸易使团来华贸易（当时日本国内群雄逐鹿），两团在抵达浙江宁波后都说代表日本国来明朝上贡，各要开展官方规定的贸易，由此引发冲突而血腥争斗，倭人还趁势对官府民居进行焚烧和抢掠，转战多个省份，杀了诸多大明朝官员和百姓，引起朝廷震怒。由此朝廷作出禁止与日本贸易的决定。不过，严嵩将这个决定说成是当时首辅杨廷和作出的，显然是有意帮嘉靖皇帝推卸责任。

嘉靖皇帝听了严嵩的话感到总体比较满意，说道："正合朕意。但有一点要注意，我大明朝可不是当年赢弱的宋朝，他们倭国也不是辽国，朕更不是宋真宗，绝不会屈服倭国，更不会与之签什么辱我国威的合约，如果倭寇胆敢再放肆、到处劫掠和杀人放火，那么我们该出手时还得出手，直至让他们臣服于我。明白吗？"

严嵩为自己不合理地引用宋朝的典故感到十分后怕，好在皇上只是提醒而不怪罪，他跪拜道："皇上英明，臣谨遵教诲。"

嘉靖皇帝又问："那你觉得还有必要在东南设总督一职吗？"

严嵩事前已经知道翟銮举荐朱纨任总督一职，他自然不赞成，心底想若真要设职，那举荐自己的人任此职还差不多，但现今一听皇上的口气，就揣摩到皇上应该是不赞成设总督一职，那就迎合皇上的意思吧。于是他回道："恕臣直言，眼下东南太平，可不必设总督一职。"

"嗯，那就暂且不设。"嘉靖皇帝说，他其实也担心设了总督后，辖管东南多省，而东南是富庶之地、是朝廷财政收入的主要来源地，若总督职权太大，可不利于中央集权。

"不过，对待倭寇可不能大意，功课该做还得做，兵将该补还得补，你回去和翟銮议一议，将那些善指挥善打仗的人才选拔出来，为我大明朝所用，尽忠效劳。"

"臣遵旨。"

北京紫禁城的文渊阁，乃是大明朝内阁主要的办公场所，也是庞大帝国的神经中枢。今日，内阁首辅翟銮早早到此处理政务，内阁次辅严嵩也随之而来。两人表面上客套一番后，便不约而同地想到要处理同一件事。此时的翟銮正坐在案前看着文书。严嵩一副恭敬的样子问道："翟阁老忙活什么呢？"

翟銮也蛮礼貌地回道："严阁老，正想跟你议件事，这是吏部、兵部呈上来的折子，你也看一看吧。"

"好的。"严嵩拿过折子一看，原来是吏部尚书许赞、兵部尚书毛伯温提出要严海禁、选人才的建言，举荐朱纨为东南诸省总督，另举荐俞大猷为福建都指挥使，卢镗为镇海卫指挥使，同时把罗龙文等调离东南，改到西南省份任职，等等。

严嵩虽然之前有所预料，但看到这些内容后，还是火气直冒，气得咬牙切齿，直接发火了，狠狠地拍了下桌子，喷着唾沫星子说道："哼，上这样的奏疏居心何在，我坚决反对。"

翟銮见状也克制不住，火气跟着上来，拍案而起，怒道："严大人，你言重了吧，什么居心何在？不都为了朝廷吗？你反对什么？也不照照镜子，究竟你是首辅还是我是首辅？"

"你！"严嵩伸出手指头，瞪大眼睛道，"我知道你是首辅，是首辅就不得了了是不是？难道你能比得上皇上？"

"你这是什么意思？"

严嵩又"哼哼"了两下鼻子，有些得意道："那我就实话相告。我说的可是皇上的旨意，皇上昨日就下了旨意，不必严海禁，不必设东南总督……"

翟銮听了，感到阵阵寒气袭来，看来严嵩也去找皇上了，而且说服了皇上，把自己原先提的对策给否决了，这对于自己而言，多么可怕。"这……"

严嵩继续说："不过，皇上也说了对待倭寇可不能大意，兵将该补还得补，还说要我和你议一议，选拔能征善战的将才，为我大明朝所用。"

既然皇上都这样说了，那不得不遵从，那对前两项建言就放弃了，着重考虑选将才一事吧。"那好，你我坐下好好谈，你对兵部、吏部对俞大猷和卢镗任命有何看法？"

"提拔他们我不反对，但要替任罗龙文并调离那我不赞成，要任命也得是其他官职。"

"这也是皇上的旨意？"翟銮问。

"这倒不是，但皇上命让我和你议，这是我的意见，现在就是跟你议。我认为俞大猷并无什么大的功劳，凭什么能任都指挥使？翟阁老你说是不是？"

翟銮立即想到罗龙文并无从军经验，一点战功都没有，只是靠溜须拍马，就当了都指挥使，于是他辩驳道："那罗龙文有什么功劳？就能任都指挥使？"

严嵩被人激了下，自知理亏，十分气愤："翟大人，你是不是存心要跟我斗？"

翟銮说："不，好了，我们不吵。为了朝廷，为了天下苍生，我们把私念和个人恩怨放在一边吧，从大局来议此事。"

"嗯，这还差不多。"

于是两人坐了下来，继续开展了一番讨论和综合考量，最终达成一致方案，内阁进行票拟，即提出处理建议，并呈报皇上获得批准。

就这样，东南总督仍未设置，罗龙文还是任原职，朱纨也是任原职，俞大猷任汀漳守备，正五品，驻武平千户所，主要负责汀州、漳州二府的军事，管辖汀州卫、漳州卫、镇海卫以及武平千户所、龙岩千户所、上杭千户所、六鳌千户所、铜山千户所、玄钟千户所、南诏千户所等。

卢铠任镇海卫指挥使，等等。

　　表面看起来，似乎翟銮这一正直派获得较大的胜利，而严嵩一派的人并无升职。但其实严嵩通过此事收获更大，他获得皇帝更充分的信任，权力凌驾于首辅之上，而翟銮虽有首辅之名，但首辅之实已大打折扣，并有逐步被严嵩取代的趋势。

# 第七章　走马上任

半个多月后，朝廷派官员将任命书送达赣南。朱纨召集俞大猷、卢镗等到赣南巡抚行辕，让他们接受任命。任命完毕，朱纨又召集俞大猷等人到议事厅议事，他满心欢喜地微笑道："志辅，声远（声远为卢镗的字），祝贺你们啊！"

"多谢朱大人！"两人谢道。俞大猷知道自己能任此职，离不开朱纨大人的举荐，自然对他万分感激。

但是卢镗心里却有话说，他去了一趟京城，获知了些情况，现接到真实的任命状后，发现与以前有所差异，刚才因为有朝廷官员故不便说，现在都是自己人，便想说出来："朱大人，有句话不知该不该讲？"

"讲吧。"

"之前我在京城时，便听说要给俞将军任福建都指挥使，可现在这怎么变成汀漳守备了？而且不驻在抗倭一线的漳州，反而驻偏远的武平千户所，这叫人怎么抗击倭寇呀？"卢镗带着不解和愤懑说道。

"就是啊。"其他将军附和道。

朱纨做了个手势示意大家安静，然后一本正经地说："大家的心情我理解，这确实令人困惑，但不瞒诸位，昨日我已接到内阁首辅翟銮大人写来的信，阐明了原因，能争取到现在这个结果，已经很不容易了……"

这时，有个将军激愤地插话道："朱大人，是不是严党从中作梗了？"

朱纨说："具体原因诸位心知肚明就行，朝廷也有难处，诸位就不要耿耿于怀了，翟阁老还特意嘱咐我们，务必摆好心态，多为朝廷为百姓着想，奋勇杀敌，多立战功，只要立下战功，他日还有很多升迁机会。"然后他特意点名俞大猷："俞将军，你也说说。"

俞大猷说道："末将谨遵从命，必定不负皇恩，不负朝廷之厚望，驱逐倭寇，精忠报国，不计较个人之得失。"

朱纨高兴地大声道："好！"然后靠近俞大猷，举起双手紧紧按着他的臂膀，眼睛盯着俞大猷，坚毅的目光充满期待，他说道："不愧是名将，拜托你了。"

"多谢朱大人，请朱大人放心。"

议完事后，众人散去，但朱纨特意把俞大猷和卢镗留了下来，要跟他们商量抗倭事情。

朱纨说道："二位将军马上就要赴任了，漳、汀二府是倭寇侵略的重灾区，最近接到探报，驻漳州的倭寇有新的动作，与汀州山贼频频接触，你们要多加留心，多加查探，出重拳给倭寇予重击，早日扫平倭寇。你们一人驻武平，一人驻漳州，彼此相距甚远，要相互联络和照应，互为掎角之势，化不利为有利。"

两人抱拳道："末将明白。"

接着，卢镗又发话道："朱大人，末将还想请教一个问题。"

"说吧。"

卢镗说道："福建巡抚、都指挥还有漳州府许多官员还是严党的人，特别是那个罗龙文，靠着严嵩的势力和高人一等的官职，气焰嚣张，我赴任后，万一他们对我进行排挤或瞎指挥，那我该怎么办？"

朱纨长叹一声，说道："唉，党争如此激烈，真是我大明朝的不幸。

可是，我们又不忍心将大明朝大好的江山葬送在这些人的手里。你赴任后，还是以大局为重，该忍辱负重就忍辱负重，该斗争还是得斗争，遇到棘手事难以定夺时，还是多与志辅或者和我商量，只要我们拧成一股绳，绝对不会让他们对我们怎么样。"

卢镗说道："有朱大人这番话，我心里有底了。"

朱纨又说道："不过，我有句话还得提醒你们，务必清正廉洁，绝不能被金钱美色所利诱，只有自己身正廉明，才不会被人抓住把柄，否则，无人能保你们。"

俞大猷和卢镗异口同声地说："末将谨记在心，决不辜负大人期望。"

朱纨点点头，说道："嗯，好。"然后又问俞大猷："志辅，你有抗倭的经历，结合眼下形势，谈谈御敌之策吧。"

俞大猷说道："行。我在金门抗倭时，多少积累了些御敌经验，那我就谈谈个人看法：其一，务必练好兵，倭寇彪悍勇猛，而我方兵士羸弱，务必强练兵强素质，掌握杀敌之本领，且要注重发展水军；其二，务必抚内贼，倭寇之所以能够频频侵略内地，主要是因为与内贼勾结，有内贼为之引路，故务必恩威并济，解决内贼问题，从而掐断倭寇与内贼的通联；其三，立保甲，实行'乡合之法'；其四，实行御海洋、御海岸、御内河、御城镇的防御战略。"

朱纨听得欣喜不已，对俞大猷的思路感到由衷钦佩，饶有兴致，说道："很好。可否把第三点和第四点详细道来。"

"好。当今通番接济之徒众多，实行'乡合之法'，就是要破除这种情况，可这样实行：十家为甲，十甲为乡，甲有甲长，乡有乡长，一甲有难，一乡救之，一乡有难，邻乡救之，而一家为匪，罪连一甲，一甲为匪，罪连一乡。此为非常时期之法，我在金门时曾施行，成效明显，盗贼自然屏息。"俞大猷解释道。

朱纨鼓掌道："好！继续说第四点。"

"嗯。倭寇从海洋分散而来，到沿海聚齐，或直通内河，或直接登岸劫掠城镇。故其一，要加强海洋的防御，修墩台以备瞭望，修战船以备海战；其二，当倭寇刚到海岸时，要趁他们立足未稳而狠狠打击，故要在沿海屯军防止倭寇登陆；其三，一旦倭寇深入后，常常抢夺船只沿内河进入内地，故要加强内河防御，在内河予以歼灭，不让其上岸；其四，倭寇登陆后则劫掠城镇，故要修城增防，以城为营，利则出战，不利则守，使倭寇不得入侵，必然退去。"

"好，确实有远见。我赞成你的主张，放心大胆干吧，有什么困难和需要帮助的及时向本官禀报，我定当鼎力支持。"朱纨振奋道。

同样，卢镗听了也似醍醐灌顶，豁然开朗，振奋不已。

"多谢朱大人。"俞大猷也由衷感谢朱纨，有志同道合、鼎力支持自己的上司，自己也十分欣慰。接着，三人的手紧紧握在一起，意味着紧密团结，齐心抗敌。

俞大猷和卢镗出发前，一名年轻干将找到俞大猷，俞大猷认得他，他是朱纨帐下的一名骁将，叫邓子龙，字武桥，是江西丰城人，20岁左右的样子，面目清秀，精神饱满，虎虎生威。俞大猷问道："邓将军，找我有何事呢？"

邓子龙拱手道："俞将军，我想跟你去福建抗倭，请带上我吧，我有的是血气和力气。"

"这……"俞大猷犹豫了，因为他可是朱大人的得力干将，没有朱大人的同意自己哪敢要人？

邓子龙继续说："我已经跟朱大人说了，他同意了。"

就在这时，朱纨来了，说道："子龙原本跟在我左右，在抗击南赣强盗时十分威猛，立下赫赫战功，我十分喜爱，但现在这里山贼基本已平，子龙不想做闲人，一心要去福建抗倭报国，我看这是好事，就同意了，志辅你就让他跟你吧。"

俞大猷拱手道："既然朱大人如此说，那我就多谢朱大人了。"邓子龙听了十分高兴。

随后，俞大猷、卢镗整理行装，带上邓子龙及其他几名随从，拉上骏马，在朱纨等人送行几里路后，依依惜别，奔向各自的目的地赴任。一场更大的考验就要到来。

俞大猷要赴任的武平地处福建西南角，南与广东、西与江西交界，这里是闽西、粤北、赣南客商的交通要道，素有闽西"金三角"之称，且县域内有汀江与广东的韩江相连，直通东海，因此，这里战略地位重要，朝廷特意在此设了千户所，布兵把守。而山贼也看到这里地理位置的重要，各方客商来往频繁，钱财颇多，故在此扎寨拦路抢劫。由于官兵羸弱等原因，难以进行有效剿灭，致使这里匪患严重。

一路奔波之后，俞大猷来到了武平地域，当经过一处山坳时，突然杀出十来个蒙面大汉，手握斧头、大刀等武器，面目凶恶，顿时把前进的路挡住了。这些人见俞大猷等才四个人，且一副客商模样，带着不少的行装，估计钱财不少，因此趁势打劫。

其中一个个子比较矮的人站出来，晃了晃大刀，恐吓道："快乖乖地把身上的钱拿出来，可以饶你们不死，否则杀杀杀……"

俞大猷面对这突如其来的贼寇，十分镇定，问道："你们是什么人？竟敢光天化日之下拦路抢劫？胆子也太大了。"

"哟，口气不小，那就告诉你们吧。我们是挂坑悬绳寨的，怎样？害怕了吧？"

俞大猷来之前倒是听人说过在挂坑峰与悬绳峰上有个贼寇建的山寨，诸贼专门打家劫舍，还与倭寇通联，引倭寇到内地烧杀抢劫，犯下累累罪行。

这时，邓子龙站出来说道："你们真是大胆，知道这位是谁吗？

他可是朝廷新任命的汀漳守备，正五品官员，还不赶快下跪。"

"哈哈哈哈……"山贼们大笑起来，"你是朝廷命官，那我们头领还是皇上呢，我们的这位二头领还是宰相呢，哈哈……"笑毕，又喝道："识相点，快交钱！"

俞大猷自然不会交钱。山贼见状火了，其中那个所谓的二头领命令手下："上！"

于是几个人杀了过来，但是他们功夫太普通，无非就是凭着几把武器和人多势众吓人，但在俞大猷面前不管用，在俞大猷高超的剑法面前晕了头，加上邓子龙身手不凡，正好有机会显身手，使出他的长枪，呼呼作响，没多久几个山贼的武器纷纷被击落，败下阵来，东倒西歪地躺在地上，不过俞大猷并不杀他们。

那二头领见手下无能，骂道："饭桶。"

然后亲自上阵，手提大刀杀了过来，那力气倒十分生猛，挥刀速度蛮快的，舞得呼呼生风。俞大猷并不急出剑，而是连连躲避，突然，对方一刀砍到树上，因用力过猛，砍得过深，正当他要拔出大刀时，俞大猷的剑不出则已，一出惊人，顿时刺到他的喉结部位。

对方见命都不保了，瘫软了，立即举起手来求饶："大侠饶命，小的知错了，再也不敢了。"

俞大猷扯掉对方蒙面的布，仔细看了看对方，感觉似曾相识，问："你可真是二头领？"

"是的。"

"报上名来。"

"刘缘。"

"刘缘。"俞大猷想起来了，继续问，"你是不是曾经在张珠船上当过船工的刘缘？"

"正是。"刘缘也仔细看了看俞大猷，也想起来了，"原来你是当时来船上查探的俞什么来的了？"

"本人俞大猷，刚到武平赴任，你们就摆这么个阵势欢迎本官啊，好大的胆！我再问你，你的那大头领叫什么呢？"俞大猷问道。

刘缘这下明白刚才说的朝廷命官是真的了，吓得大汗直冒，叩头回道："那是俺的大哥，叫刘隆，是我们山寨的大王。俞大人，真不好意思，小的有眼无珠，不该抢你，小的该死，请饶小的一命。"

"哼，好一个山大王。回去告诉你家头领，别再当什么大王了，别再干打家劫舍的勾当了，否则本官绝不手软。"然后收起剑，放过对方。对方赶紧爬起来灰溜溜地逃走了。

刘缘回到了山寨，找到大哥刘隆，把刚才的遭遇说了一番。刘隆长得英俊高大，穿着长袍，脸上不留胡子，有几分书生模样，此时正在练剑，看到弟弟灰头土脸的，责备道："平日叫你好好练武，偏不听，这下吃亏了吧。"

"大哥，不是，是那俞大猷真是太厉害了。还是新任的大官，管我们武平的，还叫你别当山大王了，别打家劫舍了，大哥，我们今后恐怕日子不好过了，你可要想办法呀。"刘缘说。

刘隆却不紧张，只是喃喃道："俞大猷真的来了，冯千户说的果然不假。"

原来，武平千户所的冯玉柱已于前日派人将俞大猷来此赴任的消息报给刘隆了："不过，老弟你不用怕，当官的都是一个德行，到时候我们多给他点好处，还不是和冯千户一样跟我们像一家人啊？再退一步说，我们山寨险峻，一夫当关万夫莫开，官军能拿我们怎么样啊？！"

刘缘看到大哥胸有成竹，这下放心了，呵呵地笑道："嗯，还是大哥英明。"

旁边有位胡子拉碴的壮汉插话道："二哥，大哥说得没错，不用怕他们。"

原来此人叫张琏，三十岁出头，广东潮州人氏，因先前杀死族长、逃避官府抓捕而到武平落草为寇，此人力大如牛，尤其是使着一双斧头十分威猛，因打劫颇牛而坐上第三把交椅。

张琏继续说道："大哥、二哥，我看不用向他行贿，浪费了我们的银子，还是让我去会会他，让他尝尝我斧头的滋味。"

"我赞成大哥的意见，还是以守为主，不要主动出击，还是先看看形势再定夺吧。"开口说话的是排行第四的叫伍端的人。他是广东惠州人氏，今年二十八岁，先前在河源一带私自挖矿，但因矿井被官府所封，遂揭竿而起、四处劫掠，而被官府通缉，后跑到武平入伙，也因打劫有功，加上小张琏几岁，便屈尊坐上第四把交椅。

"难道怕官府不成？我才不怕。"张琏说道。

"三哥，多一事还不如少一事，现在俞大猷并没有对我们怎么样嘛，惹官府的麻烦对我们没有好处。"伍端说道。

刘隆说道："四弟说得有道理。还是先守着，看看形势再说。我也会跟冯玉柱联系多了解情况。不过，大家该准备的要准备，吩咐手下把工事做好了，把功夫练好了。"

"是。"众人异口同声回道。


武平千户所的千户冯玉柱获悉俞大猷要来就任，便做好高规格的迎接准备，把排场搞得大大的，道路两旁插置许多旗帜，路面扫得干干净净，把千户所的一些将兵也叫来，在城门外的操场列队欢迎，还请了锣鼓班营造热闹的氛围。

这冯玉柱长得肥头大耳的，军事才能谈不上，但对官场潜规则十分精通，拍马屁十分在行。他原本是福建都指挥使罗龙文的家将，靠着曲意逢迎获得信任，并拜罗龙文为干爹，再通过官场运作当上了百户、千户。他想，对于上司，只要加以逢迎和利诱，一定能讨好，自然俞大猷也不例外。

当俞大猷来到城门外时，看到这里好不热闹！他并不喜欢这样的排场，想直接到行辕就好，于是径直朝城门走去。这时两个兵士拦住了他们，看他们一副客商模样，便喝道："你们站住，今天不开市，明日再来。"

俞大猷诧异地问道："不开市！为何不开市？"

"上头有很大的官要来了。呃……你问那么多干吗？我干吗要告诉你？快走快走。"兵士不耐烦地推搡起来。

"你说的官是不是指俞大猷？"

"你咋知道？"兵士惊讶道。

邓子龙在一旁做了个手势，说道："这位就是俞将军。"

"啊！"兵士打量了一番俞大猷，有些狐疑，此人不像当官的样子啊，但又怕万一真是俞大猷来了那就麻烦了。于是赶紧向一边坐在帐篷里喝着茶的冯玉柱报告。冯玉柱赶紧走了过来，看了看俞大猷，因为以前没见过俞大猷，加上对方一副客商打扮，随从只有两三人，所以也是十分怀疑，问道："敢问您是新任汀漳守备俞将军？"

"正是。您是？"俞大猷问道。

"本官是武平千户所的千户冯玉柱。冒昧地问下将军，您可带来任命的文书？"

俞大猷并不想刁难对方，于是把文书拿出来给他看了看。冯玉柱看了后，大汗直冒，鞠躬作揖道："俞将军，刚才多有得罪，望将军见谅。"刚才那两兵士赶紧跪下，心里暗呼不好。

俞大猷说："起来吧，不怪你们。只是你们把排场搞得这么大，是为何事啊？"

冯玉柱说："恭候将军您啊！小的已等候多时了。"然后扭头对一边的人命令道，"还不快奏乐？"于是锣鼓敲了起来、唢呐吹了起来。

俞大猷立马举手示意打住，说道："别，千万别来这一套。赶紧各就各位，该干吗干吗去。冯千户，你还是带我去千户所吧。"

"是。"冯玉柱现在总算明白俞大猷的风格了，于是命大家解散。他心里暗自琢磨，俞大猷竟然与众不同，连排场都不喜欢，这是他真心真意的，还是做做表面文章给大家看的？下一步该怎么办好呢？

俞大猷进了城，原本冯玉柱安排他住大宅院，说已经安排妥当，连年轻貌美的女仆都安排好了，但俞大猷不想住那里，最后搬进了行辕里的一个普通房间住。

安顿下来后，俞大猷便着手处理公务。摆在他面前的要务是解决武平的山贼问题，只有解决了这个问题，才能切断与倭寇的勾结，才能让武平乃至汀州百姓安宁。而剿山贼需要一支能征善战的军队，因此他要检阅军队，于是命令千户所的全体将士集合。

集合的速度非常慢，等了许久，将兵们才陆陆续续地到来。这一方面是与当时实行守屯结合、寓兵于农的军制有关，军丁们还要干农活，得从农田里赶来集合；另一方面，自然与治军不严、管理松散有关。

过了好久，冯玉柱向俞大猷禀告，说人员全到了。可俞大猷看了看全体人员，凭直觉就觉得人数不够啊，并命令报数。结果总数只有五百多人。俞大猷便问冯玉柱："冯千户，武平千户不是有千余军丁啊，其他人呢？"

冯玉柱结结巴巴地回答："这个……都……都在这了。"

若只有这么几百人，那千户所岂不是变成百户所了？俞大猷自然明白肯定有隐情，但现在当着这么多人的面，不便问那么清楚。还是先进行下一项内容吧。他命令军队进行实操训练，包括负重跑、舞刀枪、对攻打等项目。结果让人瞠目结舌，军丁负重几十斤的沙袋没跑几里路就累趴了，舞刀舞枪不但软弱无力，而且毫无技法可言，对攻打也是如玩儿戏一般……

俞大猷见此情景十分生气，如果靠这些人打倭寇打山贼，那是痴人说梦，他问冯玉柱："平日是不是没训练？"

冯玉柱知道丢丑了，只好找理由说："这个……他们平时要干农活，没时间训练啊，再说他们年纪偏大，没那个力量训练呢。所以……"

俞大猷也发现了，这些军丁老的老，弱的弱，五十多岁的大有人在，年轻的极其稀少，根本就不像军队的模样。随后，他命令解散。但不是就此作罢，而是要查个究竟。

随后，俞大猷来到千户所行辕，令手下取来军籍册和账册。为了不让冯玉柱干扰，特派任务让他在外面做事。俞大猷一看军籍册和账册，上面明明白白写着共有一千一百二十人啊，而且给每人每月都发放饷银了。

这就奇怪了？接着他问管账册的年过六旬的小吏王徒："王叔，有我在你不用怕，望你如实告知，为何军丁实有五百余人，而登记和发放军饷的却有千余众？"

王徒一听俞大猷客气地叫他叔，向来被冯玉柱骂、不被当人看的他自然感动万分，加上他了解到俞大猷是个好官，为之钦佩，于是他一五一十地说了出来："这些都是冯千户的主意，原本千户所是有千余人，但由于故去的、生病的、主动离开的，就剩五百多人，但冯千户隐瞒着这些，向上虚报人数，从而多领饷银。我也曾经跟冯千户提过，可是他不听，还骂了我一顿，说各地都是如此，不足挂虑。"

"那多领的饷银去哪里了？"俞大猷问。

"这个……"王徒有难处不敢说。

"但说无妨，我会绝对保密的。"

王徒这才轻声地说："一部分用于疏通关系，送给了上头官员，听说很大部分送给了福建都指挥使罗龙文，罗龙文可是冯千户的干爹呢；另外一部分就是被冯千户私吞了。"

　　"原来这样，哼，真是胆大妄为！"俞大猷出离愤怒了，这些人中饱私囊，于朝廷百姓不顾，自己却住着豪宅，娶了三妻六妾，穷奢极欲，真是太不像话了。

## 第八章　密报与密谋

冯玉柱已探知俞大猷正在调查他的事，不禁忧心忡忡，那么该怎么办呢？不过，只一眨眼，他就想到了一个平日惯用的行得通的方法。

当晚，他命人带上大礼，来到了俞大猷的住处，轻轻地敲响了门。俞大猷打开门，一看是冯玉柱，还有手下抱着个箱子，似乎明白了什么："冯千户，找我有事？"

"俞将军，我是有点事……"其实就是想行贿而已，但不便直言。被俞大猷一问，只好随便讲了个理由，"卑职想向将军禀报下武平贼患之事。"

俞大猷对此事十分感兴趣，说："噢，那很好哦，请进吧。"

冯玉柱见俞大猷让进门了，赶紧示意让手下把箱子放进屋。俞大猷十分敏感，拦住道："这是什么？"

冯玉柱笑嘻嘻地说道："这是两千两银子，是卑职的一点心意，望将军收下。"接着还让手下把箱子打开，一锭锭白花花的银子展现在眼前。

俞大猷知道如果收下这些钱，那就犯了受贿之罪，自己万万不能这样做。不过，他想这些钱肯定是冯玉柱私吞朝廷饷银得来的，如果就这么退还给他，太可惜了。瞬间，他想到了个主意，大声喊道："来人。"立马便有下属走进来，俞大猷命其把王徒和管军饷的人也叫进来，然后说："这些钱是冯千户捐出来当作军饷的，快入库登记吧。"

"是。"

冯玉柱见状暗呼倒霉，但不敢说什么，还继续笑嘻嘻地点头："对对，当作军饷，当作军饷。"看着自己的银两被充公，心里不是滋味，也算领会了俞大猷跟别的官不一样，为公不为私，看来不好对付。

登记入库之后，俞大猷请冯玉柱入座，还叫人上茶，算是"感谢"他的"贡献"，还有想进一步了解武平贼患的情况。

"冯千户，现在你说说贼患的情况吧。"

冯玉柱说道："好的。武平的贼患主要是以刘隆、刘缘两兄弟为首的贼寇引发的，这刘隆原本中过秀才，但此后杀了人，落下官司，召集自小就偷鸡摸狗的弟弟刘缘当起贼寇，还吸引各地所谓的'英雄豪杰'其实是犯法之人入伙，以挂坑悬绳寨为大本营，经常打家劫舍，甚至还勾结倭寇，搞得汀州一带不得安宁。在我上任之后，我全力想除之，几番率军深入虎穴围剿，虽然没有剿灭，但也吓了吓山贼，让他们龟缩在寨内，这两年几乎没有出来打家劫舍了，当然这一点功劳不值得一提。"

俞大猷近来对山贼情况已做了些了解，掌握了些情况，现一听就知道冯玉柱是在自吹自擂，顿时觉得索然无味："噢，是吗？没有出来打家劫舍，那山贼躲在山寨里吃什么啊？实话告诉你吧，我来武平的第一天就遭遇山贼拦路打劫了，那带头的就叫刘缘。"

"啊！"冯玉柱大吃一惊，吓得冒出大汗来，立即跪拜道："是卑职失职，让将军您受惊了，请将军治罪。"

"起来起来，坐下说话。"俞大猷说。冯玉柱才忐忑不安地坐到座位上。

俞大猷问："我问你，这几年来，倭寇一共来汀州几次？"

"偶尔。"

"他们都是怎么来的？"俞大猷问。

"都是沿着广东的韩江和汀州府域的汀江乘船来的，再登陆上岸。据我所知，有山贼与倭寇通联，带路劫掠。"

"那你们有没有率兵攻击？"

"这个……"冯玉柱心虚了起来，低声道，"有是有，可是倭寇、贼寇太猛，我们根本不是他们的对手。"说完不好意思地低下头来。

"哼，平时军备懈怠，哪可能是倭寇的对手？"俞大猷愤怒地指责道。这让冯玉柱十分惊恐。

接着，俞大猷又说："据探报倭寇近期在漳州沿海加紧操练，估计会有大的举动，我们不得不防啊，不仅要防倭寇，还要防山寇，更要防他们联合。这阶段，我决定去漳州各卫所巡查一番，了解情况，武平的留守大任就交给你，你务必严阵以待，防止山贼出动。若再失职，相信你也知道军法吧。"

冯玉柱听了这些话，特别是最后一句，吓得差点尿都要流出来了。但任务必须接受，于是说道："卑职明白，一定严阵以待，请将军放心。"

过几天后，俞大猷便率李杜、俞咨岳等随从前往漳州了。而让邓子龙、俞咨荣等留在武平。

俞大猷走后，冯玉柱成了最大的留守官，似乎可以为所欲为。不过，他并没法放松下来，想着俞大猷对自己的调查、把柄被抓到，想着还要防止山寇趁机攻击、弄不好会被处以军法，他就头疼得厉害，甚至失眠，即便妻妾成群，也无心玩乐。怎么办好呢？想呀想，还找了亲信商量，终于想到了主意。

第二天，他派人前往挂坑悬绳寨送信，邀请山大王到武平一个镇上的酒楼密会。之所以选在这里，其一，是他自己不敢亲自去山寨，因为那里异常险峻，加上山寇个个凶狠无比，变幻莫测，他怕去了就回不来了；其二，若要山寇来千户所的话，刘隆他们也不敢，怕被逮了，因此选在这个中间地带，双方都放心，这里也成了双方密会的老地点。

双方在酒楼的一个包间里边吃美酒佳肴边谈话。刘隆先问道："冯千户这次找我有什么事？"

冯玉柱说："上次送信跟你说的俞大猷来武平之事还记得吧？"

刘隆回答："当然记得。我弟刘缘还遭遇过他了呢，听我弟说他身手不凡。"

冯玉柱紧皱眉头说道："哎呀，刘隆老弟啊，我不是跟你说了吗？你们怎么还拦路抢劫呀？即便要抢也不要抢俞大猷嘛，你可知道，因为此事，我的乌纱帽差点不保啊，害苦我了。"

刘隆知道错了，抱拳道："这怪小弟不识时务，小弟向您道个歉。"

冯玉柱摆摆手，一副不介意的样子，说道："算了算了。实话告诉你吧，那俞大猷不是一般的厉害，不仅身手不凡，还治军严厉，日夜训练，连我都受不了。我现在算是冒险来偷偷告诉你，你近期给我老实点，好好待在山寨里，千万别出来惹事，否则万一俞大猷记上你了，到时可别怪我没跟你报信。"

刘隆听了捏了一把汗，好在有冯玉柱报信，他说道："多谢冯千户指教，小弟十分感激。还有个问题想请教，冯千户能否透露俞大猷以后会不会对我们山寨动手？"

冯玉柱这时也算蛮聪明的，编了理由吓唬道："这个……只要你们不惹事应该不会，当前我们主要的敌人是倭寇，他身为汀漳守备，主要的任务是抗倭。当然，若你们出来为非作歹，那就难说了。"

刘隆点点头道："小弟明白。一定按冯千户说的办。"

这样，冯玉柱放心了，不用担心刘隆他们会出来打劫了，至少可以换来一段时间的安宁日子。

接下来，他还要办一项自认为十分重要的事，而且只能趁俞大猷离开之际办。于是，他骑上骏马，带上随从，还有厚重的礼物，快马加鞭地奔向福州。他要找一个人，即福建都指挥使罗龙文，也是他的干爹。

在占地达十多亩地、建筑气派度在福州城首屈一指的罗龙文豪宅里，冯玉柱见到了干爹罗龙文以及抱着琵琶的美女王翠翘。冯玉柱先是恭恭敬敬地行跪拜礼，说道："儿子拜见干爹干娘。"

虽然他知道王翠翘只是个妾，而且年纪比他还小，但更知道她是罗龙文最宠爱的女人，所以也尊称其为干娘。他知道她很美，好想好好欣赏她的美貌，只是不敢，还得低着头呢。

罗龙文说道："免礼，起来坐吧。"冯玉柱这才起身，顺便偷偷瞄了眼干娘王翠翘，哇，真似仙女下凡，那面容美艳如花，那肌肤洁白似雪，那姿态娉婷袅娜，那衣着高雅华贵、十分匹配。他好羡慕罗龙文能娶到如花似玉的女子，叹自己无这个福气啊，而且连多看一眼都不敢，生怕被干爹责怪，因此赶紧转移目光。

冯玉柱赶紧献上带来的礼物，一个是宋徽宗的书法，一个是用黄金做的古董佛像。这两样东西都是刘隆打劫客商获得而送给他的，他知道此物珍贵，但自己不懂书法，也不收藏古董，想到罗龙文爱好这些，便投其所好。罗龙文见此大礼，果然两眼发亮，乐呵呵地笑着，爱不释手。

"还有两件是送给干娘的。"冯玉柱说道。

王翠翘有些惊讶，放下乐器，微笑道："噢，还有我的？"

"是的。"冯玉柱递上两个精美的盒子。罗龙文看了有些好奇，问道："是何物啊？快打开来看看。"

王翠翘自己打开盒子，第一个是大串的翡翠项链，第二个是个小瓶子，她不懂里面装着何物。冯玉柱便解释起来："这叫香水，是从佛郎机人那拿来的，涂在身上芳香四溢，让干娘魅力更甚。"佛郎机人乃是明朝人对葡萄牙、西班牙人的称呼，那时他们也来到大明朝港口开展经商贸易。

王翠翘试着涂了一点香水在手腕上，果然芳香四溢，她欣喜不已，笑得如绽放的花朵一样美。罗龙文伸长脖子，闻到那诱人香水味，对美人更加宠爱，嬉皮笑脸地说着："我的美人真香。"差点就要拥抱起来。王翠翘知道一旁还有冯玉柱在呢，于是推开罗龙文，使了个眼色示意现场还有他人呢。罗龙文这才收敛起来，然后摆出一副正经的样子，说道："玉柱呀，难得你有这份孝心，看来干爹果然没看错你。"

冯玉柱听了心里乐滋滋的，回道："多谢干爹夸奖，这是儿子应该做的。"

如此一番后，罗龙文才想到正事，他想，汀州到福州有几百里路，现今又不是什么节日，干儿子肯定不会平白无故大老远地来送礼："你这次来是有何事呀？"

"干爹，儿子是有要事禀报。"冯玉柱见王翠翘在场，不知该不该继续说，于是欲言又止。但罗龙文非常信任王翠翘，不怕让她知道消息，便说道："说吧。"

于是冯玉柱说道："干爹可知一个叫俞大猷的来当汀漳守备了？"

"这我知道。怎么了？"

"干爹，这下可不好了。那俞大猷来到武平后，处处针对我们，我怕对干爹您不利呀。"冯玉柱摆出一副十分惶恐的样子说。

"噢，怎么说？"

冯玉柱便把俞大猷严厉治军、查军户人数、查军饷以及拒收献金等事添油加醋地描述一番，然后又说道："他这几天还去漳州各卫所调查，我怕他进一步掌握不利干爹的证据呀，万一他上奏朝廷，那就麻烦大了。干爹，您不得不防啊。"

罗龙文听了意识到事情的严重性，神情凝重，目光呆滞，半晌才说了句："哼，这俞大猷难道跟老子有仇不成？我没治他罪，他反而招惹我，真是不知天高地厚。既然他对我不仁，我也只好对他不义。"

冯玉柱摆出一副委屈的样子说道："干爹，他俞大猷就是茅厕里又臭又硬的石头，我实在受不了他了，干爹能否给儿子挪挪位置？"

罗龙文果断地说道："不。你不仅不能挪位置，还要好好发挥你的作用。我有了个主意告诉你。"罗龙文便将主意告诉了他，要如此如此这般，云云。冯玉柱边听边点头，顿时转悲为喜，并笑道："干爹不愧是干爹，足智多谋，真是诸葛亮再世呀，儿子这就回去照办。"

"行。我让伙房安排下饭菜，吃完歇歇再走不迟。"

"是，谢干爹，儿子先告退。"

冯玉柱退下后，王翠翘问罗龙文："郎君，可否问个问题？"

罗龙文走近前抚摸着王翠翘的嫩手，说："问吧！"

王翠翘问："刚才你们说的俞大猷是何许人也？"她知道身为妇人本不该关心政事，但她听了刚才他们关于俞大猷的谈话，感觉这人与平常所见之官不一样，产生了好奇，便斗胆问了下。

好在罗龙文不在意，说道："他啊，那我就告诉你吧，其实这人本事还是有的，就是太倔，只知道什么剿灭倭寇啦，一身正气啦，就不懂得为官之术，不懂该变通要变通，更可惜的是，他是夏言、翟銮一党的人，不为我们所用，可惜啊！"

"哦，夏言、翟銮一党是怎么回事？"

"这个……说来话长，你就不要问了。"

"是。"王翠翘便不再多问。虽然还有许多东西不懂，但她能够感觉俞大猷是个正直的人，是个为国家太平、百姓安定而做事的人。她知道许多官员像罗龙文一样腐败，只为私利，她甚至对这样的官员有些看不起，心底里其实也希望天下能多点像俞大猷一样的官，但是自己又很矛盾，自从归依了罗龙文，不用再伺候各种各样的男人，还能够过着锦衣玉食、悠然自得的日子，因此她收了心，又拿起琵琶弹了起来……

冯玉柱离开福州后，又奉命赶往漳州。

一天凌晨，天刚蒙蒙亮，一艘官船悄悄地沿着九龙江驶向月港。倭寇哨兵已经发现此船是官船，十分警觉，当船一靠岸，倭寇们就拔出刀、杀气冲冲地围了过来。

船里的人见此情景，吓得手脚发软。一护卫赶紧走到船舷，对倭寇喊道："慢，别……别这样，我们是使者，奉福建都指挥罗大人之命，有要事要向你们头领禀告。"

倭寇们互相看了看，但还是没放下武器，有一个小头头问道："有什么凭证？"

这时，船舱里又走出两个人，即漳州卫指挥使金焕斗和武平千户所千户长冯玉柱。金焕斗额头冒着大汗，说道："我是漳……漳州卫指挥使金焕斗，你们头领认……认得我，劳烦你们禀报下。"

冯玉柱没见过这么多杀气腾腾的倭寇，吓得手脚颤抖，附和道："对对，我们是奉命而来的，有信作凭证。"然后他掏出一封信，举起信给倭寇看。

原来，罗龙文对他下了任务要跟倭寇见面谈件大事，但冯玉柱不认识倭寇头领，而也属于罗龙文亲信的漳州卫指挥史金焕斗与倭寇头领认识，之前在鹤鸣山密谈时他也在场，便被拉上带路。说实话金焕斗也惧怕倭寇的凶狠，知悉要带冯玉柱见倭寇时，感到头大，但又不敢抗命，只好硬着头皮前往。

倭寇见状便放下了武器，其中一人赶紧跑去禀报。过了没多久，一位光头带着几人走来，此光头便是徐海，他在前次的密谈中早已认得金焕斗，对他又高又瘦的模样印象深刻，这次一见就认出来了，双手抱拳道："不知金大将军大驾光临，有失远迎，刚才兄弟冒犯，多有得罪。"

"哪里哪里！徐将军亲自来见我们，我们感谢还来不及呢。顺便介绍下，这位是武平千户所的千户长冯玉柱。"金焕斗指了下冯玉柱。然后又向冯玉柱介绍了下徐海。

"冯千户你好。"

"徐将军您好！"冯玉柱恭敬道。

金焕斗奉承道："多日不见徐将军，您越发威武了啊！"

"哈哈，多谢美言。金将军也将升任高位了吧？"

"哪可能啊！现在漳州、汀州来克星了，我们正愁呢，弄不好你们也会受影响。"

"哦，怎么回事？"徐海好奇地问道。

金焕斗回道："就是朝廷派了个叫俞大猷的人任汀漳守备，此人非罗大人的人，专要对付你们的。我正是为了此事而来，罗大人修书一封要交给你们头领，有重要事宜要谈。"

"原来这样，那请吧。"徐海做了个手势，请金焕斗和冯玉柱到他们的议事厅谈话。

随后金焕斗和冯玉柱来到全月港盖得最气派的大宅院，在议事厅里见到了倭寇头领辛五郎、大海盗王直等人。虽然金焕斗都认识他们，但一进入这里，看着这里戒备森严，到处都是倭兵，还有那辛五郎面相凶狠、目光犀利，自己就十分害怕，心扑通扑通跳得异常的快；冯玉柱更是没见过这场面，感觉双腿都发抖了。金焕斗双手颤抖地作揖道："漳……漳州卫指挥使金焕斗见……见过诸位将军。"

"金大人请坐。"坐在第二把交椅上的王直说道，并命人上茶，寒暄几句后，问道，"金大人此次来访有何事呢？"

冯玉柱赶紧把书信拿了出来，递给一倭寇小兵。倭寇小兵将信拿给辛五郎看，可他不太认识汉字，便给王直以及徐海传阅。两人看毕，把内容说了一番。辛五郎先不发表意见，而是问金焕斗："你这信说的可是真的？"

金焕斗说道："那……那当然是真的，是罗大人亲自写的，怕你们不信，所以特地让我们来送信，并跟你们说清情况。那俞大猷确实当了汀漳守备，不瞒你们说，他可是内阁首辅翟銮举荐的人，是跟严次辅以及罗大人对着干的，罗大人要跟你们和平互市、共享利益，而他们则主张海禁，还要驱逐你们，这些对你们十分不利啊。当前，俞大猷已经开始整顿军队，主要就是针对你们的啊，还望诸位提高警惕啊。如果你们按照罗大人说的谋略，与汀州武平方面的刘隆、刘缘他们合作，夹攻俞大猷，势必大获全胜，到时俞大猷恐怕就去见阎罗王啦！当然，我们罗大人也会很好地配合你们的，请放心。"

"吆西吆西。"辛五郎喜形于色，然后问王直、徐海如何看。他们说此计不错，可行。

辛五郎说道："好，金大人，你回去禀报罗大人，就说我们同意了，你们也要按信上说的配合我们的行动。我们随时保持联络。"

"好。将军真是爽快人，真英雄也。那我这就回去禀报。"

"嗯，你们走好。送客。"

金焕斗和冯玉柱走出了宅院，回到船上，驶离月港，感觉终于逃出鬼门关，现在如释重负，长长地舒了口气。冯玉柱嘴里还喃喃道："哼，俞大猷，既然你对我不仁，我就对你不义，走着瞧，有你好看的。"完成任务后，他便直接赶往武平，他生怕让俞大猷知道自己的所作所为，故要在俞大猷回武平前自己先回到武平，且回到武平后，他还要向刘隆转告与倭寇联合之事。

而众倭寇和海盗头领则商议起这次行动的策略。辛五郎对王直和徐海等人说道："你们真的认为要按罗龙文说的去做？"

王直听出其话里有话，问道："将军的意思是？"

辛五郎说道："如果按罗龙文说的去做，只是灭了俞大猷，那我们纯粹不就是帮罗龙文干活，让他捞了好处，我们却没有什么好处？诸位说是不是？"

原来罗龙文的本意是要倭寇与武平的山贼联合，内外夹攻，通过乱战杀掉俞大猷，起到借刀杀人的作用，即便杀不了他本人，也可以防御不力、失职的罪名撤他的职、治他的罪。但是他又不想倭寇在他管辖的地盘闹得太厉害，让地方百姓遭到抢掠和残害，否则闹到朝廷，那他自己也有责任。

王直想想觉得有道理，便点点头说道："是的。"

辛五郎继续说："我们要玩就玩大点，把罗龙文和俞大猷都玩弄于股掌之间，趁这次罗龙文给的难得机会，我们可以先攻取武平，能灭俞大猷更好，不灭也没关系，关键是抄掉俞大猷的衙门，估计那里有不少金银财宝哦，还有，我们不仅攻掠武平，还要攻掠武平周边其他各县，再顺势杀回漳州各县，来个闽西闽南大扫荡，杀他个干干净净的，夺得多多的金银财宝，抱回多多的美女，全部带到我们的地盘来享受，如何？"

"对啊，将军英明啊！"众人附和。

"哈哈，罗龙文想不到吧，哈哈……"辛五郎狂笑不已，笑得嘴巴张得特大，眼睛眯得特小。"王船主、徐将军，吩咐下去，请兄弟们做好征战准备，好好练兵，把船备齐备好了，把粮食备足，还有记得派人跟武平刘隆联络，万事俱备后便择个日子出征。"

"好的。"

"来，为了预祝我们成功，拿酒来痛饮……"

于是手下拿出了诸多的好酒好菜供众人畅饮，这些人嗜酒如命，都是一碗一碗地喝下去。而且单喝酒还不够痛快，还得有美人相陪，

很快，便有一群美女走了出来，来到众倭寇身边帮忙倒酒解闷。这些
女子绝大部分都是被倭寇抢去的大明子民，到这里后任倭寇玩弄，痛
苦至极，若逃跑被抓住就会被杀，甚至稍不听话也可能被杀，没办法
只好乖乖服从，怎一个惨字了得？

# 第九章　募兵与求将

金焕斗回到漳州卫衙署不久，突然下属禀报说有个叫俞大猷的率领若干人求见。金焕斗听到"俞大猷"名字，着实吃了一惊，毕竟自己私见倭寇感觉心虚，但很快又故作镇静，赶紧来到大门迎接："不知俞将军大驾光临，有失远迎，还望恕罪。"

俞大猷喜欢不打招呼直接查访，这样更能看到实情。他说道："金指挥，不必拘礼。"

金焕斗请俞大猷、李杜、俞咨岳到厅堂就座，吩咐人上好茶。俞大猷四周打量了下，发现这衙署建得倒挺气派的，摆设的家具也挺高贵的，只是不知金焕斗对治军练兵抵抗倭寇如何。俞大猷听说过金焕斗是罗龙文的亲信，但他尽量看淡这些，意欲集聚起大家的能量，不管对方是谁的人，只要能够一心抗倭就好。"金指挥，现在倭寇情形如何？"

"这个……总体尚好。"金焕斗吞吞吐吐的。

"具体是怎么个情况？说来听听。"俞大猷说道。

金焕斗轻咳两声，说道："得益于福建都指挥使罗大人的指挥有方，现在总体挺太平的，相安无事，倭寇近期基本上没有什么举动。"

俞大猷说道："你说的太平，是指倭寇野蛮占了大明国土月港、铜山后，暂没有新的举动是吗？"

金焕斗意识到说错了话，又吞吞吐吐起来："这个……"

俞大猷又问："那你说说现在都是怎么布防的？"

金焕斗说："本官已按照罗大人的军令，将月港军队后撤，其他地方军队都就地练兵防守，至于具体防务，本官年老体衰，精力有限，均交给各卫所的将军全权打理了。"

俞大猷一听就有些反感，老是提"罗大人"，似乎有意拉罗龙文来压人似的，而且金焕斗对防务不在行、不积极作为。俞大猷见跟他话不投机，再问也无意义，还是自己到一线访查、与各将领商谈更好。于是，他以有公干要办为由，离开了这里。

走出大门，李杜说道："像金焕斗这样的人当武将，防御无方，如何能抵挡倭寇的侵袭，真是大明王朝的不幸。"

俞大猷说道："是的，正是现实这样，才更需吾辈努力。走，我们去其他卫所看看吧。"

俞大猷来到镇海卫找到卢铠。百户邓城听说俞大猷来了，也赶到百户所会见。故友相见，异常高兴，来了个互相拥抱。

寒暄一阵后，俞大猷问卢铠："声远，你这情况怎样？"

卢铠回道："禀告俞将军，情况不妙啊，我就如实说了，镇海卫各千户所号称有千余人，其实只有四五百人，而且不是年老体弱，就是兵油子，根本就没心杀敌的啊。前阵子，有十几个倭寇乔装打扮成百姓闯入我所辖区刺探军情，被我们发现后，我派了两百人去剿杀，原以为十拿九稳，但没想到我们的兵士贪生怕死，刚一接触就四处逃跑，叫都叫不住。唉，所幸我新招募的十几个兵士还算得力，与我一同奋勇杀敌，总算赶跑了倭寇。"

俞大猷说："武平千户所也存在这样的问题，我原本就担心漳州也会这样，果然如此。"说毕问邓城道，"藩国（邓城，字藩国），我知道你当百户比较久了，你的百户所应该是最有战斗力的吧？"

邓城说道："我的兵士都是我一手带出来的，个个都善打硬仗，不会打仗的我绝不要。要是与其他百户所打擂台，我可以保证我们绝对可以拿第一。大哥，我跟你说实话，我的百户算是特例，漳州绝大部分千户所、百户所的兵士战斗力都不行。声远兄刚来不久，一时难以改变，自然也如此。"

俞大猷问道："那要如何改变？有什么经验或对策尽管道来。"

邓城说道："就是要重新招募兵士，招募那些年轻力壮的，会水性的最好，再好好训练，好好教育，不怕苦，不畏死，真正能杀敌报国。"

卢镗附和道："对，得重新招募，我新招募的十几个兵士战斗力比其他人强好几倍。"

李杜和俞咨荣也十分赞同。

俞大猷十分赞同："嗯，说得很好。接下来，我们得多多招募新兵，好好训练培养。"

随后，俞大猷又到其他各千户所、百户所实地考察，情况均不容乐观，兵士战斗力差，武器装备落后。要靠这样的军队驱逐倭寇，简直是痴人说梦。这也坚定了他招募新兵的决心。

招募新兵工作很快得到开展。俞大猷让李杜起草布告，很快招募布告在各地张贴。

招募兵士的要求十分严格，要求力气大、双臂能举起200斤以上石头的年轻人，会水性者优先。由于军兵缺员太厉害，为了在短时间内补员，他想到了一个办法，即事先选用30名义士，让他们到地方每人选募年轻勇敢的9个人，则该义士可担任甲长，训练9人后，又让该9人去地方募兵，招募成功后，该9人也可以升为甲长，如此一来，既能快速补充兵源，又很好地培养了骨干。对招到的新兵强化训练，在练兵时注重先练胆，再教技。

俞大猷认为技精则胆壮，胆壮则兵强。同时严肃军纪，服从指挥，对百姓要做到秋毫无犯，否则按军法处置。此外，强化爱国教育，忠于朝廷，奋力杀敌，誓把倭寇逐出大明国土和海疆。

俞大猷深知一个道理：千军易得，一将难求。在招募新兵的同时，选良将亦非常重要，好兵须有良将带，如此军队的战斗力则大大提高，如邓城带出好兵就是典型例子。他需要更多像邓城一样的良将辅佐自己。他头脑盘算着良将的名单，想到了几个人，便与李杜商量，李杜也认同。

俞大猷带领李杜、俞咨岳再次来到同安东孚村拜会师父，他要请师父担当大任。

当俞大猷进入大门时，发现师父家来客人了，好热闹，随之传来一女性声音："夫君你也来啦！"

俞大猷一看，十分惊喜，这不是妻子陈佩兰吗？此外，弟弟俞文猷以及侄子俞咨益、俞咨禹，侄女俞丹心也来了，妻子还抱着个年仅三岁的娃娃，即小儿子俞咨皋。

俞大猷高兴地抱起小儿子亲热下，随后问家人："你们怎么来师父家了？"

陈佩兰说道："我们听说你任汀漳守备了，但都没回过家。我们就是要去找你的，从泉州走来，路过同安，走得累了，顺便到李师父家歇息下，没想到你也来了。"

俞大猷说道："我军务忙得很，实在没空回家，对不住。那你们大老远找我难道就是为了看望我？"

陈佩兰说道："也不全是。叔叔和咨益、咨禹听说你们招募兵士，也想入伍。而我呢，则去帮你烧饭洗衣照顾你。"

俞文猷说道："哥，我听说你要抗倭，我们都很激动，也想保家卫国，你收不收？"

俞咨益、俞咨禹跟着说道："伯伯，收下我们吧。"俞咨益继续说道，"我们有的是力气，平时老是习武就是没机会派上用场，都憋坏了，现在要抗倭寇，我们巴不得使出本领杀敌报国。"

俞大猷说道："你们有这份心我很高兴。不过我有言在先，你们要入伍的话，得按照招募新兵的要求测试，即便入了，也得从普通兵士做起，要升职得按日后功劳来定，不能因我而搞特殊化，如何？"

俞文猷知道哥哥为人正直，只好接受："可以。"

"那就好。"俞大猷说道，他转向俞丹心，问道，"丹心，那你来做什么？"

今年才17岁、长得如花似玉的俞丹心说道："我也想入伍，想在邓铨的军队那入伍，可以吗？"

俞大猷知道俞丹心和邓城的儿子邓铨从小青梅竹马，感情深厚，只是他为难了，说道："丹心，可是军队没招过女兵啊。"

俞丹心说道："有啊，比如花木兰。再说可以灵活点，让我以帮忙烧饭做菜、帮忙采药和为伤兵治疗的名义入伍，反正这些我都会。有空我再习武打仗。这样可以吧？"

俞大猷想想这样也行，就说道："那你去找你未来的家公吧，看他怎么说。"

"哈哈。"众人都笑了起来。俞丹心则脸红起来，红得可爱。

俞大猷把妻子拉到一边，说道："佩兰，你能大老远地来找我，我很感动。我何尝不想与你与孩子朝夕共处，只是使命在肩，军务繁忙，经常在外奔波，随时要与敌厮杀，现今汀漳就面临倭寇、山寇的威胁，你要来与我同住的话实在不合适，为了安全起见，你还是带孩子回泉州老家住吧。望你理解。等以后我们驱除了倭寇，天下太平了，我再接你和孩子同住。如何？"说毕，俞大猷握起妻子的手。

被丈夫这么一说，陈佩兰眼眶湿润起来，虽然不太愿意与丈夫分开，但自己是识大体的人，知道家与国孰轻孰重，于是回道："好吧。那你要照顾好自己，也要注意安全。"

"嗯，会的，你真是我的好妻子。"

李良钦见家里来了这么多客人，着实高兴，眼看都快中午了，赶紧吩咐家人准备做饭，好好款待大家。

俞大猷跟家人聊了一番之后，则拉了下师父的衣襟，说道："师父，请移步到后院，徒儿有话跟您说。"

两人来到后院，这里安静了许多。李良钦笑容满面地说道："志辅，我听说你当上了汀漳守备，为师为你感到高兴。你刚上任，势必军务繁忙，今天抽空到师父家来想必有要事吧？"

"徒儿确实有要事要求师父。"

"何事？尽管道来。"

"我们正在招募兵士和求良将，师父您加入我们军队吧，做我们的将领，教习新兵需要您，抗倭大业需要您，希望师父帮助我，您要什么官职尽管说。"

"原来是这样。"李良钦思考了下，继续说道，"好，我答应你，驱除倭寇我自然责无旁贷，不过官职就不用了，师父我不想当什么官，但我会出力就是。"

俞大猷听了满心欢喜，微笑道："师父能助我太好了，不担任官职的话，那就当众将士的师父吧。我们都叫您师父。"

"这样也好。"李良钦说道，"师父毕竟年岁已高，我一人之力有限，我推荐二位武功高手，可担任教头，帮你训练军队。"

俞大猷兴奋道："噢，那太好了，是谁呢？"

李良钦说道："刘邦宁、刘邦协兄弟。"

对于这二位人士，俞大猷如雷贯耳。刘邦宁和刘邦协乃泉州永春人，刘邦宁为兄，刘邦协为弟，两人气性方刚，膂力过人，传习南少林武术，武艺高强，名声赫赫，只是一直隐居乡野，不愿为官。"真是太好了，只是他们肯出仕吗？"

李良钦说道："我来出面，你我一同前往，晓之以理，动之以情，应该可以。"

俞大猷激动地说道："好！真是太好了！"

李良钦继续说道："还有一个人，他虽然不是功夫高手，但想必能为你做些事。"

"哦，是谁？"

"王大海。"

俞大猷想起来了，就是当了假倭后被捕又被释放的人。只是不知此人能如何使用。"我知道此人，师父您的意思是？"

李良钦说道："王大海此前还找过我，在表达感恩之情的同时，表示想加入我大明军队，叫我帮忙向你介绍。我起初为难，但仔细想想，此人还是有用的。我了解到，此人回村后，积极改造自己，在乡亲中的口碑还是不错的。我有个想法，我们可以让他当密探，返回倭寇队伍中刺探消息，有重要消息则向我们通报。你看如何？"

"是个好主意。"

"那我派人去叫他过来。"

"好。"

王大海尚未到，大门口却传来一位女生的声音："俞哥哥，俞哥哥在吗？"

俞咨岳一听这熟悉的声音就知道是李玉妹来了，赶紧走出去相迎："玉妹，我在这，你怎么知道我来啦？"

"我听村里人说的。哥哥你来了就好，我天天盼你来呢。"

"我有什么值得你盼的？"

"盼你教我武艺啊！盼着能和你在一起啊！"

只是陈佩兰、俞文猷、俞咨益、俞咨禹、俞丹心等都不认识此人。俞丹心听到对方哥哥哥哥地叫，似乎很熟悉很亲切的样子，便上前问俞咨岳："哥，这位这么漂亮的美人是谁啊？"

"我的徒儿。"

"徒儿？！不止吧，不会是我未来的嫂子吧？"俞丹心笑嘻嘻地说道，还故意向俞咨岳眨了下眼。

"想哪去了？"俞咨岳脸红了起来，"顺便给你介绍下，这位叫李玉妹，是我收的徒儿。"

然后向李玉妹介绍起自己的家人："玉妹，这位是我的堂妹丹心，这位是我的母亲……"每介绍一位，李玉妹均礼貌地问好。

介绍完毕，李玉妹向俞大猷说道："俞伯伯，我听说你军队招募兵士，我现在也学了些武艺，能否招我入伍呢？"

俞丹心挽起李玉妹的手，说道："玉妹姐，我刚才也说要入伍，没想到你也要入伍啊，真是太好啦！"

"是吗？那伯伯答应了吗？"李玉妹问道。

"算是答应了。"俞丹心说道，然后转向俞大猷，说道，"伯伯，你也招玉妹姐吧，这样我们有伴。"

大家都笑了。俞大猷问道："玉妹，当兵要练兵杀敌，很辛苦、很残酷的，这事还是由我们男人承担吧。"

"没事，我不怕吃苦，我可以杀敌。古代就有木兰从军，还有杨家将许多女将杀敌报国，我也可以的。"

"那你说说为何要当兵？"

李玉妹说道："我要为我爹妈报仇，为死去的乡亲们报仇，为保家卫国杀敌。"

"说得好。那我准了。"

"太好了！谢谢！谢谢！"李玉妹欣喜万分。

众人均鼓起掌来。

此时王大海也到来了，为了保密起见，李良钦和俞大猷把他带到书房，关上门。俞大猷问道："大海，听师父说你要加入明军？"

王大海说道："是的，我自小就想从军，望俞将军准我加入，我一定洗心革面，为朝廷效劳，弥补我当过海盗的罪过。"

"加入军队要求能举起 200 斤以上石头，你可以不？"

"可以。不然试试。"

于是几位来到大门口，看到一个石磨，估计在 200 斤以上，王大海两手抓住石磨，轻而易举地就举起来。

"好！"李良钦和俞大猷为之鼓掌。

随后几人又回到书房，俞大猷说道："基于你有过当假倭的经历，直接让你在军队里效劳，怕引起非议。不过，我倒有个想法，只要你愿意，一样是军队兵士，一样领取薪俸，一样能建功立业。"

"噢，是要怎么做？"

"我要你返回倭寇队伍中去，刺探倭寇军情，然后向我们密报。这样能充分发挥你的专长。不过，你要绝对保密，不能让倭寇知道你的身份。如何？"

"嗯，行。"

"那就好。"

于是，俞大猷写了封信交给王大海，让他去镇海卫把信交给卢镗，具体事宜由卢镗安排。

在李良钦家吃过午饭后，俞大猷与李良钦、李杜骑上骏马，前往永春留安村拜访刘邦宁、刘邦协。

当天晚上，三人来到永春留安刘邦宁、刘邦协宅第，管家接待了俞大猷等三人。李良钦作了介绍，表明要见刘邦宁、刘邦协二位师父。

管家却说道："十分抱歉，二位师父在留安山上闭关修炼，已交代我们闭关期间不见任何客人。不过明天一早上就出关，届时我会向二位师父禀报，你们再来，如何？"

"行，那我们明日中午再来。"

当天晚上，俞大猷几人找了家镇上的客栈歇息。

第二天早早起床，又来到刘邦宁、刘邦协的宅第。管家说刘师父在山上教习弟子练武，现在可见面。于是几人爬上绿树葱茏、空气清新的留安山。

在山上的一块坪子上，俞大猷看到十几人正在练武，一招一式很有章法。二位师父正在人群中走动，对动作不规范者则进行纠正。

其中一位师父头发、胡须花白，仙风鹤骨模样，估计已进古稀之年，其就是刘邦宁；另一位师父则相对比较年轻，头发是黑的，身材魁梧，其就是刘邦协。

管家说道："你们稍等，我先过去跟刘师父说下。"

俞大猷说道："不急，先不打扰二位师父，等等吧。"

"嗯，也好。"

俞大猷之所以先不打扰二位师父，一方面出于尊重，另一方面也想看看二位师父是如何教习弟子的。

一直等到教习结束，管家才上前向二位师父告知有客人了。二位师父迈着箭步走了过来，作揖道："李师父，实在抱歉，让你们久等了。"

李良钦也作揖道："刘大师父、刘二师父，打扰你们了。"然后向刘师父介绍俞大猷："这位是新任的汀漳守备俞大猷，也是我的徒儿。这位是李杜。"同时，向俞大猷介绍起刘邦宁、刘邦协。

刘邦宁打量了下俞大猷，说道："久闻俞将军大名，为人光明磊落，除倭有方，爱民如子，今日一见，幸甚幸甚。"

俞大猷作揖道："鄙人也久闻二位师父大名，今日有幸看到你们教习弟子，教得真好，真是大开眼界。"

刘邦宁说道："请诸位到屋内喝茶，我们边喝边聊。"

喝了两口茶后，刘邦宁先说道："诸位远道而来，敢问是为何事呢？"

李良钦回道："是有要事相求。当今我们东南遭遇严重的倭患，而我们军队缺兵少将，我知悉二位师父武艺高强，故向我徒儿推荐，望二位能够出山为国效劳。"

俞大猷跟着说道："我们已在大力增补兵员，当今正是用人之际，最缺的就是像二位师父这样的武林高手，我们热切期望二位能够加入我们军队，担任军队教头，帮忙训练兵士，增强杀敌本领，为国建功。"

刘邦宁说道："这是好事，只是我先祖在元初从泉州退居永春，将留氏改为刘氏，就是不愿改事新朝而弃官归隐，此后世代遵循祖训，在永春归隐而不当官。"

李杜听后说道："刘师父，您祖上当年乃不愿当元朝的官，而元朝早已被大明朝取代，为大明朝效劳不违祖训啊！"

刘邦协对兄长说道："哥，李兄说得在理啊！"

刘邦宁说道："我明白。此事甚大，这样吧，容我们兄弟考虑下，明日再答复诸位如何？"

"好的。"

第二天，俞大猷几人再次找到刘邦宁、刘邦协。一见面，李良钦便笑着说道："古有刘备、关羽、张飞为求得诸葛亮而三顾茅庐，现有李良钦、俞大猷、李杜为求得二位师父也三顾茅庐，刘备他们成功求得诸葛亮，想必我等也能成功求得二位师父吧。"

"哈哈哈……"众人均笑了起来。

俞大猷说道："我们一定会敬二位师父为座上宾，如何训练兵士由二位师父全权负责，请二位师父出山吧。"

李杜跟着说道："我们是真心请二位师父的，你们就答应了吧。"

刘邦宁说道："诸位的真心实意令我十分感动。只是……本人年事已高，精力不济，加上这里弟子还需人教习，我只能感谢诸位的好意了。不过，我们不会让诸位空手而归的，我弟邦协愿意前往，还有若干弟子也愿意从军。"

李良钦说道："您看我也年事已高，我还答应教习兵士呢。"

俞大猷说道："刘大师父在军里指点就好。"

刘邦宁摆摆手说道："感谢你们！实在抱歉，还是不了。"

看到刘邦宁心意已决，那只好如此，不过有刘邦协和若干弟子加入军队，俞大猷觉得不虚此行了。

招募到刘邦协等人后，俞大猷让师父先行回家，自己与李杜又马不停蹄地来到泉州南安东田，在一户人家门口，俞大猷敲响了门。

开门的人年约四十岁，长得倜傥有奇气，这位正是俞大猷要拜访的人。此人为欧阳深，字德深，号东田，是俞大猷和李杜的好友。

"德深，好久不见。"

"原来是志辅兄、思质兄。什么风把你们吹来啦？快进屋里坐。"欧阳深说道，其吐音琅琅宣畅。

"是大海之风把我们吹来了。"

进屋后，有个十七八岁模样的年轻人站着迎客。欧阳深教导着："枢儿，快叫伯伯。"

原来年轻人是欧阳深的二儿子欧阳枢。他恭敬地叫道："二位伯伯好。"

俞大猷打量了下对方，长得英俊，身板硬朗，血气方刚，说道："德深兄，你儿子都长这么大啦！学业如何呢？是不是和你一样善于读书啊？"

欧阳深回道："枢儿是我家的二儿子，他哥倒是善于读书，已中举了，但他不是读书的料，而喜欢习武，一心想从军。"

"这样啊，那再好不过了。"俞大猷心里暗喜。

李杜说道："德深兄，想必您知晓俞大哥已担任汀漳守备了吧，他现正大揽人才呢。这次拜访您，就是想劝说您到俞大哥帐下任职。"

"是吗？我何德何能获得俞兄的赏识啊？"

俞大猷说道："德深谦虚啦，我知道您自小发愤攻读，还被选送到太学读书，且又精于武艺，可谓文武双全。我想请您到我帐下任副将，如何？"

"这……"欧阳深迟疑了下。

俞大猷又说道："当今倭寇欺我太甚，而我们军队又羸弱，尤其缺得力干将，还望德深兄助我一臂之力。"

经过俞大猷和李杜一番劝说，欧阳深终于答应了："那就恭敬不如从命了。"

俞大猷听了异常开心。而在一旁的欧阳枢听了之后也十分激动，说道："俞伯伯，我也想从军，把我也招募了吧。"

"那你说说你有什么本领？"俞大猷有意考考他。

"我有的是力气，擅长枪法和射箭。"

"可否操练下让伯伯欣赏下？"

"可以。"

欧阳枢来到门口，看到一块大石头，轻而易举地就举起来，还能扔得大老远。他拿起弓箭，对着几十米远的靶子，一箭命中靶心。还拿起枪，呼呼地使着，有板有眼的。

俞大猷鼓掌道："好！好！"

"俞伯伯准我入伍了吗？"

"再问下那你会水性吗？"

"会的。"

"那准了。"

"太好咯！谢谢俞伯伯。"能够从军，欧阳枢异常兴奋。

回到屋内后，欧阳深想到了几个人，说道："志辅兄，我想推荐几个人，也是我们泉州人，不知您中意不？"

"是哪几位呢？"

"周冕、周岳镇父子，还有薛天申。这几人与我都有深交，只要我加以劝说，我保证可以入伍。"

俞大猷听说过这几人，均是泉州的名士，那周冕也是能文能武，中过举人，膂力过人，善骑射和水性，他的儿子周岳镇自幼习武，也是小有名气。那薛天申也是武艺高强，还善水性。能够把他们招到麾下，那就太好了。

"那请德深兄帮忙推荐。"

"好的。"

于是几个人又拜访了周冕、周岳镇父子和薛天申，均成功招揽。

随后，俞大猷等回到了武平衙署。

俞大猷求贤纳士和招募兵士的消息传得很快很远，不断有来自各地人士应征入伍。

一天，下属禀告，有二位分别叫邵应魁和颜扬的人求见。此时俞大猷正在吃午饭，听到邵应魁和颜扬二位的名字，兴奋不已，立即放下碗筷，赶到门口相迎。

"应魁、颜扬，终于盼到你们来啦！是不是想从军啊？"俞大猷握着对方的手嬉笑道。

"师父，是的，听说师父募兵，我们就赶来啦。"

"好，好，真是太好了！"俞大猷说道。

之所以让俞大猷器重该两人，是因为这二位是他在金门任职时的得意门生，都是文武双全。

那邵应魁字伟长，号榕斋，从小聪明，十分有才华，考中过秀才，当年俞大猷到金门任职时，就跟随他学习，武艺也大有长进，且自小在海岛生活，水性极好。

而颜扬字士抑，号文岫，其人文雅朴实，擅长诗文，令人惊叹，后来也跟随俞大猷学习不少杀敌本领，且同样善水性。

能让这二位能人加入军队，俞大猷自然高兴，感觉简直是如虎添翼。

俞大猷与邵应魁、颜扬正聊得火热之时，下属禀告，说有个广东来的叫郑履祥的求见。

俞大猷求贤若渴，虽然他并不认识郑履祥，但听到广东来的，想必历经艰辛而来，他自然不敢怠慢，赶紧叫下属将郑履祥带到客厅来。

当郑履祥站到面前，只见其长得人高马大，皮肤如古铜色一般健康，手握一把大刀，身背着一副弓箭，见其外貌，就料定对方是位壮士。

"我是俞大猷，你就是郑履祥吧？"

对方跪拜道："鄙人郑履祥见过俞将军。"

俞大猷赶紧扶起对方，说道："请起。你也是来从军的？"

"是的，本人久闻俞大猷大名，特从广东赶来投军，望俞将军收我。"

"那你说说为何要从军呢？"

"本人父亲死于倭寇之手，一方面我要杀敌为父报仇，另一方面为国除倭，保百姓平安。"

"原来是这样。说得很好。那你有什么本领？"

"我善攀援，善射箭。"

"可否亮亮你的本领让我们开开眼？"

"没问题。"

众人走到门外，郑履祥看了看前方的环境，朝一座房子的墙壁走去，墙壁是土坯的，呈凹凸不平状，他用手抓住一凸出处，脚一蹬，便爬了上去，没一会儿就爬到屋顶，如猿猴一般。下来后，他又朝一棵桉树走去，虽然树皮光滑，但他同样不用一会儿工夫就爬到了树顶，引得众人啧啧称赞。爬到树上时，顺便将一个橘子挂到树枝上，等他下到地面后，走到离树百步远的距离，然后取弓搭箭，"嗖"的一声，正中橘子。

“好！好！好！”俞大猷和邵应魁、颜扬等人均为之鼓掌。

“多谢俞将军，多谢各位。请问俞将军，可以让我从军了吗？”

“当然可以。”

## 第十章　神奇之战

俞大猷正下大力气招兵买马和选贤求将后，对人才军将予以重用，一一予以职务任命，发挥他们的作用，带领兵士训练。可以看到，在一块块操场上，一群群兵士正在李良钦、刘邦协等人的教授下，正气势旺盛、认真刻苦地操练着，一支俞家军正在打造中。

军兵还在训练中，尚未真正练熟，然而战事马上就要到来。

先是卢镗收到王大海偷偷埋在一棵榕树下泥土里的密报，说倭寇联合武平山贼将一齐攻掠武平，卢镗立即快马加鞭将密报呈给俞大猷。同时探子又查探到，有数十艘倭船驶出月港，朝南而去。武平的探子也来报，说武平山贼加强了训练，还有倭寇使者进山与山贼接触……

山雨欲来风满楼，急报一个接着一个来，俞大猷预感事情的严重性，立即召集李良钦、刘邦协、李杜、欧阳深、卢镗、周冕、邓子龙等在议事厅议事。

大家进了议事厅，议事厅正中央挂着写有"忠诚许国"字样的牌匾，四周摆放着简陋得连油漆都没上的椅子。俞大猷坐主位，李良钦、刘邦协虽不愿入军籍，但因德高望重受到尊重，分别坐在第二把和第三把交椅，其他人员依次入座。

俞大猷说道："接到密报，倭寇将勾结武平山贼攻掠武平，大家说说要如何应对。"

欧阳深站起来，握紧拳头捶了下椅子扶手，气愤地道："倭寇真是欺人太甚，明知我们驻扎武平，竟敢远道而来侵袭，必须狠狠给予打击，灭他威风。"

邓子龙附和道："就是。刘隆、刘缘山贼也是为虎作伥，还跟倭寇勾结，得好好教训他们一番。"

卢镗说道："这次倭寇并非走九龙江的水路，而是驾船沿海路南下，据推测，应该是经广东韩江、福建汀江逆流而上，登岸后与山贼联手夹攻我们。故我们要在汀江倭寇登陆点布重兵做好防御。"

李杜说道："卢将军说得极是。我还有个建议，倭寇外出之后，月港倭寇巢穴势必空虚，卢将军可以派兵予以攻击，说不定可以趁机夺回我们的月港。"

"好计策。"众人说道。

刘邦协说道："要与倭寇开战，我支持。但也要看清一个事实，我们的兵士大都是新招募的，尚在训练中，原先卫所兵士战斗力又差，而倭寇向来凶恶，杀人不眨眼，加上与山贼联合夹攻，能否战胜我不敢打包票。"

邓子龙说道："刘师父，我们气势正盛，我们年轻人血性方刚，不怕倭寇。到时我可以当先锋。"

李良钦说道："子龙有这个胆量值得钦佩，不过刘师父说的也是事实，常言道，知己知彼，百战不殆。打仗不仅需要勇气，还需要谋略。我倒想到一个计策，既能减少我方伤亡，还能更沉重地打击倭寇。"

大家好奇地问："李师父，是何计策，快说出来吧。"

此时，俞大猷却不急求答案，而是说道："我也想到一个计策，不知与师父一样否。我们各自写下来，如何？"

"好。"

于是俞大猷和李良钦均拿笔将计策写在各自手掌上，两人同时打开手掌，相视而笑。众人合围看过来，只见手掌上写着"招抚"二字。

"招抚？！"众人异口同声地念了这个词，同时又带有疑虑。

俞大猷说道："嗯。当前我们实力还不强，若硬碰硬，确实伤亡太大，而与刘隆联手，可以借力打力，何乐而不为呢？"

邓子龙挠挠头，问道："但是山贼能让我们招抚吗？"

俞大猷解释起来："山贼毕竟不同倭寇，他们也是大明朝的子民，只是基于某种原因才落草为寇，我相信只要施予恩威，晓之以理，动之以情，就可以成功招抚。这也是将计就计。"

周冕问道："招抚我赞成。但招抚也不是件易事，必须派能言善辩、有胆有识的人前往招抚吧。派谁好呢？"

俞大猷说道："我自己去就好。我去了，才能更好地体现诚意，我相信刘隆、刘缘会接受的。"

"啊！那怎么行？"众人均表示反对，大家知道独自去山贼巢穴，风险太大，更何况俞大猷是主帅，万一出事怎么办？

邓子龙说道："俞将军，我和你一起去，做你护卫。"

李良钦也说道："我也去，可以帮你出出主意。"

其他将士也纷纷说要跟着去的，大家都不怕危险，令俞大猷十分感动。他说道："感谢诸位。我知道招抚亦有危险，故我们要做好准备，届时要派出军队前往，但军队不用上山，只在山下产生威慑作用就好，以此让刘隆、刘缘等不敢对我等怎样。"

对此方法众人表示赞同："嗯，应该这样。"

经过讨论后，众人达成一致意见。俞大猷便下达作战命令：其一，由李良钦、邓子龙陪同他前往招抚；其二，由刘邦协领军，率两千军兵驻扎贼巢山脚，一者为招抚保驾护航，二者招抚成功后联合刘隆等人一起杀倭；其三，由卢镗率军攻击月港的倭寇；其四，派欧阳深届时率一千军兵埋伏在倭寇登岸处，等倭寇退回江边要逃走时予以重击。同时，要求做好保密工作，不能让罗龙文亲信以及倭寇知晓行动计划。

众将领命，分头行动。

第二天清晨，武平的挂坑峰和悬绳峰还笼罩在蒙蒙的雾气之中，这里的山峰高高耸立，两峰相对，互成掎角之势；这里的山势陡峭，尽是悬崖峭壁，十分险峻，老百姓说要爬上去就像登天一样难，得借用绳子攀爬才能上去，这也是峰名的由来。刘隆、刘缘正是看到此地易守难攻，大有一夫当关万夫莫开之势，所以在此落草为寇。他们特意开凿了一条十分陡峭的上山小路，并借用山上石洞及相对开阔些的地方筑屋作为落脚点。

那刘隆还在呼呼地睡着大觉，这时一名探子急匆匆地爬上山来，气喘吁吁地说有要事要报，却被守门的给拦住了，说大王还在睡觉不准打扰。这时，刘缘从一侧走来，问明探子情况，听后大吃一惊，他才不管大哥睡不睡觉，就闯进屋去，硬生生地把大哥拉了起来。

刘隆揉揉惺忪的睡眼，还在打着哈欠，懒洋洋的，因为昨夜饮酒过晚，没睡够，精神不佳，他有些不满地问弟弟："老弟，什么事啊？慌慌张张的。"

刘缘神色慌张地说："大哥，俞大猷带军来到山下啦！"

"啊！"刘隆大喊一声，所有的疲态烟消云散，顿时精神抖擞，站了起来，"你说什么？真的假的？"

刘缘说："我看了，山下确实来了许多军兵，你若不信，到外面看看便知。"

于是，刘隆慌张地想穿鞋却穿不进去，索性光着脚跑出屋外，在瞭望台往山下看去。

此时太阳已经出来，雾气渐散，他看到山寨前方的草坪上确实军旗飘飘，若干方阵的兵士严谨有序地排列，气势吓人。

他一下子心就发虚，但为了不影响自己的形象，他还是摆出一副镇定的样子说道："我们这里易守难攻，有何可怕的？谅他们也打不来，若敢攻上来，就让他们见阎王爷去。"

随后，他下令让兄弟们各就各位，做好应战准备，原地待命，不得有误。

还没过多久，又有手下大步流星地跑着上山来，上气不接下气地说道："禀……禀报大王，俞大猷已来到寨门，说要见……见大王您。"

刘隆又是大吃一惊："啊！俞大猷要见我。他带了多少兵马？"

手下说道："就三个人，一个俞大猷，一个老头，还有一个年轻的。"

刘隆简直不敢相信自己的耳朵："就三个人？"

"确实是三个人。"手下肯定道。

才三个人就敢直闯山寨！刘隆不知俞大猷葫芦里卖的是什么药，一时不知如何是好。

这时三头领张琏和四头领伍端听到急报也来了。其中张琏在一旁说道："大哥，我说，让他们进来，到半山的时候就投下巨石让他们葬身崖底。怎样？"

刘隆刚听时觉得张琏说得有道理，但一想，又觉不妥："不行，俞大猷的军队还在那驻扎呢，我杀了他们头领的话，他们冲杀上来报仇，我们麻烦就大了。还是先别冲动，先看看俞大猷有何意图吧。他们就三个人，谅他们不敢怎么样，让他们先上来吧，如果不行再出狠招不迟。"

刘缘说道："嗯，大哥说得有理。"

而伍端则竖起大拇指，拍着马屁说道："还是大哥英明！"

张琏见几位兄弟都这样说了，只好服从："那就让他们上来，他们胆敢怎样的话，我的斧头可饶不了他们。大哥，我们也要做好迎战准备吧？"

刘隆说："是的。传令下去让俞大猷进寨来，我在聚义厅等候。还有命兄弟全部做好戒备，设下埋伏，听候命令，以防万一。"

"是，大哥。"

于是，在路旁的密林里，藏着不少全副武装的喽啰，或者做张弓待发之势，或者在堆砌的石头后面做欲投掷的动作。在聚义厅的里屋和墙后，也有不少手握钢刀的喽啰，每个人的脸上都写满杀气，空气几乎停滞，好一派紧张的氛围。就连那鸟儿似乎感到了异常，几只乌鸦飞向高空，"呀呀呀"地叫着，似乎在说此地异常危险。

过了一阵子，俞大猷登上了聚义厅前面的平台，他的身后则跟着李良钦和邓子龙。刘隆已在平台等候，他发现，虽然俞大猷三人一路攀登，但浑然没有气喘吁吁的样子，连白发老者李良钦也是如此，可见其身体十分硬朗。更令他颇为叹服的是，俞大猷风度翩翩，现虽身入虎穴，但脸上毫无惧色。

刘缘之前跟俞大猷有过交往，自然认得他，提醒大哥为首的就是俞大猷。刘隆其实已看出来了。出于礼貌，他迎上前作揖道："敢问您就是俞将军吧？"

"本人正是俞大猷。想必您就是刘隆兄弟吧？"

"正是。"刘隆一听到俞大猷称自己兄弟，心里顿时有了些许微妙的变化，但又想，你想拉拢我，没那么容易。

"俞将军，你们这次来我们山寨，是为何事？"边说边摸摸挂在腰间的刀，有意威吓。手下见寨主摸刀了，纷纷也跟着进入剑拔弩张的状态。

俞大猷自然发觉了，但十分镇定，说道："我听说刘寨主还是个秀才，对吧？"

刘隆心想，你俞大猷原来做了功课了，回道："是的。"

俞大猷继续说："这山寨风景虽好，但是只适合游玩，不适合有志之士在此长期居住啊，你想想在这哪有机会考取功名、建功立业、报效朝廷啊？"

刘隆听了深受触动，他被俞大猷说到心坎上了，当年他也一心想苦读诗书考取功名，可是自从中了秀才后，屡次再考都名落孙山，只好回村租田种庄稼，不料遭到旱灾歉收，而地主派人催租，但他交不起租，地主不仅数落他、取笑他，还强行抢租，他一气之下便抢起锄头，本想教训下地主就好，不料用力过猛且打中了地主的头部，竟然把人打死了，因此落下了官司。他索性一不做，二不休，落草为寇，但心也不安，常担心被朝廷逮捕，自知不是长久之计，又苦于找不到出路，故十分困惑。

他听出俞大猷似乎在为他指路，因此客气地说："俞将军说得有理，请屋里坐，我刘隆愿洗耳恭听。"然后做了个有请的手势，客气地请俞大猷入屋。

到门口时，刘缘见俞大猷几人身带武器，想让他们去掉武器才让进，但刘隆示意不用，一副十分放心的样子。这让他的众手下有点傻了眼，现场紧张的气氛得到缓解。

进屋后，刘隆吩咐上茶，上最好的武平绿茶，喝了几口后，他开口道："俞将军，其实我本也想考取功名报效朝廷，可是事与愿违，不小心把那催租的地主打死了，落下了官司，才不得已在此寨落草啊。我听说过俞将军是武进士出身，见多识广，深明大义，我十分佩服，可否为我指点一二？"

俞大猷见收到了效果，心里暗喜，但依旧一本正经地说："好，你是读过诗书的，那我先问你几个问题。你说与那倭寇联合，对抗朝廷，算不算忠？"

刘隆羞愧地摇摇头，嘿嘿地笑了笑，说道："那自然不是。"

俞大猷继续说："那在此落草，无法侍奉父母，算不算孝？"

刘隆难为情地傻笑了下："嘿，不算。"

"打家劫舍，抢百姓之财物，算不算义？"

刘隆被说得面红耳赤，无地自容，非常不好意思地应道："也不算。

那我该怎么办？"

俞大猷并不明说，而是继续发问："如果能与我们联合对抗倭寇，如果能让你和你的兄弟回到家乡里侍奉父母，如果能与百姓友好相处，你们愿意吗？"

刘隆激动道："真的？！如果可以，我自然愿意，俞将军，真的可以吗？"

俞大猷说："嗯，眼下正是立功赎罪的大好机会，到时立了功，我向朝廷奏报给你们赎罪，而且愿意加入官军的还可以加入官军，不愿意的可以回乡务农。"

"好。那你先说说，我该怎么立功？"

俞大猷不当众说，而是跟刘隆耳语一阵联合抗倭的军事安排方案。刘隆听后，不断点头，连连说好。不过，他说这么重要的事要跟其他几位头领商量下。

随后，刘隆跟弟弟刘缘及张琏、伍端来到偏房商量。刘隆将招抚的事说了下，说道："我觉得招抚挺好的，我赞同，你们的意见呢？"

既然头领都赞同了，那还有什么好反对的，伍端便说道："我听大哥的。"

刘缘说道："这俞大猷说的是真的吗？不会骗我们吧？如果是真的，我也听大哥的。"

只有张琏心底里不怎么赞同被招抚，觉得还是落草自在，但是见其他几人都赞成，自己反对的话也没意义，只好不是很情愿地跟着说："那好吧，我也听大哥的。"

刘隆走到聚义厅，对俞大猷说道："俞将军，我们几位兄弟商量了下，同意招抚，只是有个疑虑，你说的招抚是真的吗？不会骗我们，到时又抓我们吧？"

俞大猷信誓旦旦地说道："我俞大猷一向言而有信，绝不做失信于人的事，我对天发誓，绝对说到做到，否则遭天打雷劈。"

刘隆被感动了，应道："那就好，那就好，我们听您的。"

一场剑拔弩张的危机就这样化解了。大功告成，俞大猷如释重负，他和李良钦、邓子龙均欣喜不已。议事完毕，刘隆说道："俞将军，你为我们众兄弟指明了出路，我想宴请您。可否赏脸？"

俞大猷说："现军务繁忙，还是在到立功日我们再喝庆功酒吧。"

"好主意。"刘隆说，"对了，听说俞将军武功高强，我弟先前已经领教过，可我尚未领略过呢，能否让我如愿啊？"

"可以啊。那到屋外吧。"

随后，众人来到屋外。那些原本高度戒备的喽啰知道俞大猷要展示武功了，均放下武器，睁大眼睛观看。

俞大猷见天空飞着几只乌鸦，他便取下腰间的弓，搭上一支箭，用力拉弓，"嗖"的一声响，一支箭快速飞向空中，顿时一只乌鸦从空中坠落，接着，第二箭、第三箭射出，均击中乌鸦，刘隆不得不为之钦佩，连众多喽啰也为之刮目相看，齐声叫好。

招抚成功之后，俞大猷与刘隆联合抗倭一事按部就班进行。

一天，受大哥的派遣，刘缘驾船沿汀江顺流而下，在广东和福建交界处遇到了暂时停靠在江边的倭寇船队，说明来意后，登上了倭寇主船，见到了辛五郎。因为以前彼此见过面、有过合作，因此辛五郎对刘缘十分放心。他先想打探下情况，问道："刘缘兄弟，一路顺利不？有没有见到官军的船只？"

刘缘回答："没有没有，官军都吓跑了，我一帆风顺而来，将军大可放心。我大哥特派我来跟将军接洽，我大哥说了在山寨等你们到来，只要你们来了，我们联合杀进武平城，那里有很多很多的金银财宝，还有很多的美女呢。"

辛五郎听了财宝和美女，就乐呵呵地笑起来："吆西吆西，你回去告诉你大哥，先别惊动官府，按你们的话说，就是不要打草惊蛇，安心在山寨等我们，我们很快就到。"

"好的。那我先告辞了。"

当天傍晚，暮色已浓，辛五郎认为此时航船安全，便命令船队出发，于是，密密麻麻的船只溯江而上，没有遭遇任何的抵抗。

第二天，倭寇的船只到达武平地盘，便在一处港口停船登陆上岸。此时，刘缘已带人马在此迎接，然后带着倭寇又是畅行无阻地往武平县城进发。由于倭寇此前多次进入内地均是畅行无阻，他们认为明朝官军都是孬种，怕他们，因此照样肆无忌惮、浩浩荡荡地进军。沿途百姓见了如此强大阵势的倭寇，吓得拔腿就跑，跑不快的，惨遭屠戮。

要去武平城有多条路，其中一条则经过挂坑悬绳寨，通过两峰之间狭窄的山谷后，便可直插县城。刘缘已经和倭寇商量好了，决定选择此路前往武平城，一则可以与他们的人马会合，二则此路幽静，不易暴露目标，更加安全可靠。

只是倭寇浑然不知他们正走进埋伏圈，浑然不知他们中计了，正被牵着牛鼻子往前走。

不过，其中有一人却开始怀疑起来，此人便是王直，他看到这里地形险要，便起了疑心，把在前面带路的刘缘叫住："刘缘老弟，你大哥他们在哪里与我们会合？"

刘缘也算是随机应变，回道："就在前面，马上就到了，你们看，我大哥在那等你们了。"他指了指前方。

王直等人定睛看过去，果真看到前方有一群人马在那伫立等待。于是，王直的疑心便消解了，队伍继续前行。

前方人马确实是刘隆率领的人马，这是俞大猷在事前做的部署，一是为了消除倭寇疑虑，让倭寇放心进来；二是为了守住通道口，便于在大战时将倭寇"包饺子"。

在山上的丛林里，俞大猷正躲在树枝后面密切监视山谷的情况，他要等到倭寇大部分队伍进入山谷后，再发号施令攻打。而在山上的众军兵们，个个目不转睛地盯着山谷的倭寇，有的准备打火铳、点火炮，有的人双手已经抓着放在身前的石头，有的已经拉开了弓箭，只待令下就开始攻击。

俞大猷见时机成熟，便下令开战。顿时令旗挥起，战鼓"轰轰轰"擂响，震天动地，响彻云霄。一门门火炮发射而出，发出"轰轰"巨响，火焰漫天，炸得敌人脑袋开花，甚至飞上半空、再重重掉下而丧命。一个个石头从山上滚落或从空中直接投下，势大力沉，砸得倭寇鲜血直喷，当场毙命，没毙命的也痛得哇哇大叫。除了石头外，还有那如雨点般的箭射来，没半会工夫倭寇便死伤甚多，特别是郑履祥弓箭神准，每箭均射中敌人。倭寇首领辛五郎起初还很倔强，不服输，命将士冲上去，甚至对后退者直接杀掉以示警示，可是，山势陡峭哪那么容易冲上去？空有命令也无济于事。郑履祥发现倭寇头领模样的人，搭起一支箭，瞄准了朝辛五郎射去，正中他的手臂，顿时鲜血汩汩流出，痛得他半死。辛五郎见势不妙，在王直等人的建议下，才下令撤退。口中喋喋不休地骂着："八嘎八嘎，刘隆诈我，气死我了……"

俞大猷已经做好了"包饺子"的准备，哪可能轻易就让倭寇撤退？他命令将士们冲下去杀敌，于是将士们从丛林中冲了出来，高喊："杀啊！"手握刀枪杀向倭寇。

王直功夫也算厉害，在逆境中还能连杀我军兵几人。俞大猷见状，找到王直对打，俞大猷剑法高超，王直虽武艺也不错，但不是俞大猷的对手，加上一心想着撤退，故无心应战，处于下风，只好让手下帮忙抵抗，自己则指挥倭兵突围。

周冕找到徐海，与之厮杀，但处于下风，他儿子周岳镇见状上前帮忙，父子俩合力攻打徐海，让徐海疲于应付。

李良钦、刘邦协则与海盗中层将领康老、雷士贤、汤信士等厮杀，轻易地将他们打败，并生擒之。

邵应魁、颜扬则与日向彦太郎对打，邓子龙则与辛六郎厮杀，打得异常激烈，若干回合将其击伤，众倭寇过来帮忙，邓子龙连杀数人。

而在谷口堵截的刘隆也率部下杀了过来，更加壮大了我方力量。

倭寇见形势不妙，恨不得早点突围脱离险境。平日杀人不眨眼的倭寇，此时真正领会到被人杀的滋味，他们已成了惊弓之鸟，如鸟兽散，还是保命要紧，能跑多快就跑多快，想以最快的速度跑回上岸处，然后乘船逃命。

俞大猷一路追杀倭寇，已经击毙击伤许多倭寇。倭寇好不容易逃到了停船的岸边处，却发现船只已被烧毁。还没搞清怎么回事，又有一队人马从岸边的树林里杀了出来，原来是欧阳深和欧阳枢父子率领军队将船只烧毁，然后在此埋伏，现在终于等到敌人到来，便奋力冲杀。经过一阵厮杀，倭寇又死伤不少。倭寇无心恋战，只得继续逃跑，有的在沿岸找到船只便登上逃走，找不到船只的，只好继续在陆地上逃跑。那王直和徐海竭力拼杀，死命保护辛五郎，终于在一个村庄劫得一艘船，登上了船，命手下加紧摇橹逃离。让倭寇大将逃走了，着实有点可惜。

不过，战斗还没有结束。

俞大猷要一鼓作气，对穷寇继续追击，绝不给倭寇喘息的机会。他率军一路厮杀，杀死倭寇许多。倭寇一直逃跑，直至逃到被他们所占的铜山岛。俞大猷仍不收兵，他要乘我军气势正盛、敌方士气低落的时机，攻岛杀敌，夺回我铜山岛。于是他把附近卫所的兵士也召集起来，利用卫所船只及港湾的渔船登岛。倭寇开始还能做一番抵抗，但因为失败了，惊魂未定，加上看到俞大猷军队数量众多，而在岛上的倭兵只有数百，料知寡不敌众，有的只好乖乖投降，少部分侥幸乘船逃向大海。于是俞大猷终于将倭寇赶出铜山岛，夺回了大明朝的铜山岛。

而在稍早前，卢镗和邓城率领军兵向被倭寇占领的月港发起冲锋。战斗中邓城和儿子邓铨、邓钟父子齐上阵，勇猛冲杀，直插敌人心脏，斩获颇丰。俞大猷的儿子俞咨岳和俞咨荣也参与战斗中，充分施展武艺，特别是俞咨岳与女扮男装的李玉妹并肩作战，齐心协力杀倭，接连刺死刺伤数名倭寇。

李玉妹虽然学艺不久，但挥起长枪，呼呼作响，又快又有力道，让倭寇胆寒，一点都看不出她还是女流之辈。她杀死几个倭寇后，跪地朝天喊着："爹、妈，女儿为你们报仇啦！"泪如雨下，令人感动。

明军其他将士受感染也士气高涨，战斗力旺盛，且还有诸多百姓也拿着锄具参与战斗，让倭寇招架不住，连连败退，直退到沙滩。少数较早逃到海边的倭寇侥幸找到船只出海逃跑；因倭寇太多，而船只有限，倭寇们便互相争抢船只，甚至已上船的人拔刀将还要上船的人的手剁掉，由此争得苟活机会，十分残忍；也有不少人见逃跑无望，索性举手投降。

这场战斗真正把被认为不可战胜的倭寇拉下了神坛，让倭寇领教了明军的厉害，大大鼓舞了明朝将士的士气。经过奋战，倭寇终于被驱逐出漳州，被倭寇占领的月港和铜山岛终于重新夺了回来，百姓纷纷走出家门，敲锣打鼓庆祝，人人脸上洋溢着喜悦之情，好一派胜利的场景！

除了有力有效打击倭寇外，武平山寇问题也得到解决。刘隆得到招抚之后，愿意解散队伍，有的加入明军，有的回家乡务农。刘隆、刘缘回乡做起生意来。伍端加入明军，接受俞大猷领导，在此后抗倭大业中继续发挥作用。张琏不愿加入明军，而是跑到广东程乡另谋他路。

战斗结束后，李玉妹恢复女装打扮，显得无比的漂亮。她找到俞咨岳，两个人在一棵榕树下的草地上席地而坐。

李玉妹说道："哥哥，谢谢你！是你帮我报了仇。"

俞咨岳回道："不用谢，这是我应该做的。实话说，我也应该谢谢你！"

李玉妹纳闷道："谢我？我有什么值得你谢的呢？"

俞咨岳说道："自从我遇到你后，生活变得更有滋味了。"

李玉妹微笑道："是什么味？"

俞咨岳回道："女人味。"然后鼓起勇气，伸出手握住李玉妹的手，说道，"玉妹，你做我的娘子可以吗？"

李玉妹满心欢喜，可是又有所顾虑，说道："我的身世这么差，而你是将军之后，我恐怕配不上你。"

俞咨岳将李玉妹的手握得更紧，说道："不，我不介意。我相信我爹我娘也不介意这些的。"然后将李玉妹揽入怀中，李玉妹也不介意，偎依在俞咨岳怀里，两人感到无比的幸福。

# 第十一章　功劳被抢

这场战斗自然也有失意者，最不高兴的人当数辛五郎，他不但未能如愿实现原先对汀、漳二府来个大扫荡的目的，既损兵折将，又丢掉了占据的地盘，还有许多来不及搬走的金银财宝也被明军没收了，更郁闷的是自己还负了伤，被箭射中的伤口感染，疼得他"哎哟哎哟"地呻吟。在漳州战败后，他收拾了残兵败将，乘着幸存的十几艘船逃亡。他一路北上，想去浙江双屿港与其他倭寇会合，以求休养生息。

在途经福州海域时，辛五郎想到了在福州的罗龙文，一想到此人，他就火冒三丈，不禁把失败的怨气撒到罗龙文身上。

他想，当初跟罗龙文谈得好好的，要互不攻伐、互市生财，可才没过多久，怎么明军就不守约了呢？自己被打得落花流水。他怀疑当初罗龙文让他联合山寇攻击俞大猷的事是个圈套，很可能是诱他上钩，再命令俞大猷和刘隆他们剿灭自己。辛五郎心里暗骂，当初给了罗龙文这么多钱，但罗龙文竟然一点信用都不讲，真是气死人了，这口气实在咽不下去，得找这人评评理。恰值自己的船只补给不足，于是命人在闽江口的马尾靠岸寻求补给。

然后叫来徐海，对他说道："徐老弟，你跟罗龙文人熟，你去福州城找他一趟，探探情况，为何敢如此对待我们？顺便告诉他，我们也不是好惹的。速去速回。"

"是。"徐海应道。

随后徐海穿上僧袍，以僧人的模样前往福州城，在城市中心地带找到了罗府。那门卫看到和尚前来，以为是来化缘的，便呵斥他离开，不过当徐海从口袋掏出一锭银子递来时，门卫立即转怒为喜，虽然怀疑和尚怎么这么有钱，但还是收下了。徐海说帮忙转告下，就说明山和尚找罗大人，那门卫"嗯嗯"点头，立即去传话了。

过了一会儿，徐海便来到了罗龙文的会客厅，见到了罗龙文以及在弹着古筝的美女王翠翘。

"徐海拜见罗大人和夫人。"他恭敬地说道。

罗龙文说道："徐老弟，你怎么来了？"

而王翠翘见到徐海的样子则扑哧地笑了起来："徐海，你怎么穿僧衣了？难道你又出家了？"王翠翘听罗龙文说过徐海曾经是个和尚。

徐海听了王翠翘的声音及笑声，觉得她的声音简直如夜莺一样婉转，自己的心儿都被叫醒了，他偷偷瞄了下王翠翘，哇！真是太漂亮了！雍容华贵，楚楚动人，只是有些尴尬的是自己竟然被美人当成和尚看待，他可不想再当和尚，当了和尚则不能接近女色了嘛："没，俗世多好，不当和尚了，这次只是为了进城需要，乔装打扮了一下自己而已。"

王翠翘想到了自己的妹妹绿珠，当时绿珠可是许配给了徐海："徐海，我妹妹绿珠怎么样了？"

"她很好，我已经把她送到浙江双屿港居住了，我接下来也要去那。"

罗龙文听出有些不对劲，问道："徐老弟，福建好好的，干吗去浙江双屿港？"

徐海长叹一声，说道："说来话长，我受辛五郎将军的委托，特为此事找您。"

"噢。"罗龙文意会到事情的重要性和机密性，还叫王翠翘回避下。王翠翘十分听话地先行告退了。倒是徐海有点对她不舍，还想多看看她呢。不过，为了大事，也只好如此。

王翠翘下去后，罗龙文便问道："怎么回事？"

徐海说："说来话长……"他便把这次兵败的过程讲了一番，然后看罗龙文的反应。

罗龙文大惊道："什么？你们失败了？！你们竟然打不过俞大猷？"

徐海反问道："罗大人，难道你不知道吗？你敢说这些不是你事先安排的？"

罗龙文忽地站起来，解释道："哎呀，我的徐老弟，你知道我的为人，我是那种人吗？我确实不知道会发生这种事，我的部下都没来禀报呢。当时我确实是要联合你们对付俞大猷的，那俞大猷处处与我们作对，我一心想除掉他。再说，假如是我命俞大猷和山贼对付你们，这对我一点好处都没有，我怎么可能做不利我的事？你可要相信我，我可不是那种忘恩负义的人。你回去一定向辛五郎将军如实禀报啊！"

"嗯，有罗大人这番话，我信你了。"

"非常感谢。只是我还是不敢相信，俞大猷凭那么几个老弱病残的人马，怎么会战胜强大的你们呢？"罗龙文百思不得其解。

于是徐海将怎么遭到伏击，刘隆和刘缘怎么变卦的事说了一遍。罗龙文这下相信了，心里暗夸俞大猷果然厉害。

没坐多久，徐海便以要务在身告辞了。临走前，罗龙文还送给他贵重礼物，并一再嘱咐要跟辛五郎多说好话，像是很怕辛五郎似的。

徐海回到船上后，跟辛五郎好声好气地解释一番。但即便如此，辛五郎的火气还是难以消解，在临走时，又命人对马尾的百姓劫掠一番，以此泄气，然后扬长而去。

徐海走后没多久，金焕斗和冯玉柱赶来禀报军情。他们原本以为能看好戏，再从中得利，却不料失败得那么惨。罗龙文见到金焕斗和冯玉柱就火冒三丈，骂道："你们简直是长着猪脑子，连俞大猷和山贼联合都不知道，干什么吃的？军情都报得这么慢，人家徐海都已来过了，你们才报。我要怎么说你们才好？"金焕斗和冯玉柱被骂得大气不敢出、头也不敢抬起来。

富商张珠也跟冯玉柱来了，还带来了不少名贵礼物送给罗龙文。张珠不是罗龙文的下属，倒没像金焕斗和冯玉柱那样怕罗龙文，他说道："罗大人，您别生气。您还是帮忙出出主意吧。我本来托您的福，可以跟倭人做生意赚钱，可是，现在俞大猷把他们赶走了，我的货今后该怎么卖啊？"

"这个……这个你不用担心，通商的机会肯定会有的。"罗龙文平时拿了他不少好处，因此不敢责骂他，但一时没有找到好的对策，只好稍稍安慰一番。

"可是机会要等到猴年马月啊？我为了做生意，收购了很多很多的瓷器、丝绸，花了我几万两白银，可是现在都只好囤积着，不知如何销售出去，我十万火急啊，所以才会来找你求助。"

罗龙文脑筋一转，想到徐海提到要去双屿港的事，他立即有了答案："对了，张掌柜，看在你我是多年朋友的分上，我告诉你个消息，辛五郎、王直、徐海他们已经去了浙江的双屿港，据我所知，双屿港是个通商的大港口，东洋人、西洋人都在那里经商，十分繁华，你不妨去那里跟他们做生意吧。"

张珠觉得很有道理，立即转忧为喜，但生怕是哄骗他的，于是再次确认下："罗大人说的可是真的？"

"当然是真的，本大人难道跟你说过假话吗？你不妨先去查探一番。"

"嗯。谢谢罗大人指点。那我先行告退。"张珠作揖辞谢。

"嗯。"罗龙文叫管家送客。

张珠走后，罗龙文又看了看耷拉着脸的金焕斗和冯玉柱，火气又冒了上来，劈头盖脸骂道："我说你们俩是怎么办事的？真是无用之辈，白栽培你们了。冯玉柱，你都说了要跟刘隆他们合作好，怎么就让他们跟俞大猷串通一气了呢？你好大意。还有你金焕斗，怎么连俞大猷要进攻月港你都浑然不知？难道你天天像猪一样在睡觉？"

两人被骂得面红耳赤，战战兢兢，均跪了下来磕头，金焕斗说："末将有罪，请大人治罪。"

冯玉柱说："儿子知错了，请干爹再给我机会立功赎罪。"

真要治他们的罪，罗龙文倒也不想，毕竟是自己的人，只不过骂骂出出气罢了。他听到冯玉柱说什么机会立功赎罪，倒产生了兴趣，问道："怎么个立功赎罪啊？"

冯玉柱便抬起头来，说："干爹，据我了解，俞大猷他们正在准备向朝廷报功，我确定他们还没报上去。干爹，汀州、漳州是福建的地盘，您是福建的都指挥使，俞大猷他们的军队属你管，这个胜利的功劳其实算您的，打赢了倭寇是干爹您指挥有方啊，干爹何不抢先一步，以八百里加急，赶紧向朝廷报捷报功啊！"

罗龙文捋了捋胡须，一想有道理啊，顿时笑容满面，夸道："儿子你说得对啊，真不愧是我的干儿子，干爹没看错你。都快起来吧，坐坐。"

冯玉柱见干爹高兴，自己也松了一口气。接着，三人商量起该怎么报功的具体事来……

俞大猷等人拟了报功奏疏，先报给朱纨，他看了欣喜万分，加以完善，并以南赣巡抚的名义，立马上报给朝廷。

俞大猷等人原本以为朝廷一定会准奏，给予众将士好好奖赏，不枉众人的血汗乃至生命的付出。等啊等，等啊等，好不容易等到朝廷奖赏的结果，但这结果令众人大失所望，让人感到非常愤怒。

原来，身为主要功臣的俞大猷，只获得一百两白银的奖赏，卢镗也只获得五十两白银奖赏，其他的将士所得奖赏也不多，而且均没有升职的。如果不比较还能勉强接受，但相比之下，那些非真正的功臣却占了头功，如罗龙文升任浙江巡抚，还赏银千两、绸缎千匹，金焕斗和冯玉柱等也均获得比俞大猷丰厚好几倍的赏银，且获得升职，并跟随罗龙文调往杭州任职。众将士获悉后，赶赴俞大猷的行辕，一个个义愤填膺，发泄着怨气。

卢铠声如洪钟大声怒道："大哥，我们辛辛苦苦打退了倭寇，却被他罗龙文抢了功劳，他凭什么？太可恨了，我不服！"

"就是，我也不服。"邓城说道。

"我也不服。"众将士纷纷附和道，群情激奋。

李杜站起来对俞大猷说道："大哥，不然我再拟个奏疏呈报朝廷如何？"

俞大猷思虑片刻，举手示意道："这不可草率，这次奖赏肯定是严党从中作梗，蒙昧皇上。严党势力强大，若被严党获悉，再从中作梗，后果不堪设想。还得周密考虑。"

李杜为难道："这个……难道就这样作罢甘休吗？"

俞大猷说："我何尝不想为兄弟们着想，兄弟们跟着我出生入死，不仅有苦劳还有功劳，我也想为兄弟们请功奖赏，回报众兄弟的付出，我也才不会愧对兄弟们啊。可是现在形势不容乐观，有些事不是我能左右的，也是身不由己啊。兄弟们知道吗？当今朝廷严党得势，我们没办法改变朝局，只好隐忍负重。这次虽然没有获得期望的奖赏，但我们赶走了福建的倭寇，为百姓谋得安定，百姓会记住我们，历史会记住我们，这比起那些奖赏，那可是价值百倍啊！为回报兄弟，这次我的一百两奖赏，我一文钱都不要，全部分给大家。"说毕让手下去拿赏银来。

"这……大哥，不行吧？"众人感激不已，心里暗道俞将军真是好将军，可是谁好意思要将军的赏银啊？

这时，李良钦说道："大猷说得没错。《尚书》云，'必有忍，其乃有济；有容，德乃大'，苏轼曾言：'古之所谓豪杰之士者，必有过人之节。人情有所不能忍者，匹夫见辱，拔剑而起，挺身而斗，此不足为勇也。天下有大勇者，卒然临之而不惊，无故加之而不怒。此其所挟持者甚大，而其志甚远也。'目前我们是该选择忍，但并非精神萎靡，没有血性，我们是忍辱负重，继续掌握本领，壮大军队，厉兵秣马，再过若干年后且看，我们必有出头之日，正义一定会战胜邪恶，历史会给我们记应有的功绩。"

李良钦德高望重，众人听他这么一说，终于被说服了，眼光看得远了，气也顺了，只好忍辱负重，这也是没办法的办法。

# 第十二章 风云突变

事实上，朝局的形势比俞大猷预想的还要严重。在此次抢功事件不久，朝局又刮起了一轮强烈的风暴。

原来，翟銮、许赞看到严嵩抢了功劳且气焰更加嚣张，因此非常不满，非常愤怒。两人忍无可忍，决定上疏揭发严嵩罪行，连他受贿、卖官等罪均罗列出来。不料，皇上见怪不怪，不仅默许严嵩的行为，还对翟銮和许赞进行训斥。严嵩十分得意，同时对翟銮和许赞展开报复性攻击。

许赞十分害怕，选择了屈服，主动承认"错误"，向严嵩讨好，表示以和为贵、不再攻击，由此被严嵩制服。

而翟銮一副铮铮铁骨，并不畏惧严嵩，不肯退避，还以首辅的官阶压制严嵩。严嵩觉得与翟銮水火难容，便伺机报复，终于被他抓住了机会。

原来，翟銮之子翟汝俭、翟汝孝在乡试中一同中举，后在会试中又一同考中进士。严嵩以此为把柄，指使亲信弹劾翟銮父子勾结考官作弊。嘉靖皇帝原本对翟銮不尽心尽意支持他修道就心存不满，现被百依百顺的严嵩添油加醋地说一番，就信以为真。翟銮上书辩解，但嘉靖皇帝不理睬。翟銮一时冲动直闯西苑，请求辞职，引得嘉靖皇帝更加恼怒，下令夺去翟銮首辅官职，同其二子一同削官为民。

次月，嘉靖皇帝便下诏，宣布严嵩为内阁首辅。他踩着失败者的肩膀，终于坐上梦寐以求的首辅宝座，一人之下，万人之上，他欣喜若狂！

消息传到福建，俞大猷等人均感到万分震惊，万万没料到连大名鼎鼎的内阁首辅翟銮都会输得这么惨，为朝廷失去一名正直官员感到无比的惋惜，同时对严嵩的得势感到愤恨，可是，作为一名地方的将领，又有何办法呢？

南赣巡抚朱纨为了此事特意召集俞大猷等众将领商讨应对时局之策，基于形势对正直派不利，大家势力不足，只好选择隐忍，低调做官、低调做事、低调做人，该忍就忍。朱纨还告诉俞大猷，现在浙江倭情越来越严重了，在双屿港驻扎的倭寇越来越多，而且罗龙文调任浙江后，继续与倭寇勾结，倭寇可以畅通无阻地进入内地，名义上是贸易，但动辄一番劫掠。可是，朱纨和俞大猷等人对此却敢怒不敢言。

在接下来的时间里，俞大猷低调地做事，不张扬，在汀漳一带各卫所建城墙、修工事，还低调招兵练兵，许多身强力壮的渔民、农民纷纷加入了军队。俞大猷严格军纪，日日操练，渐渐地练就了一支俞家军。同时他立保甲，实行"乡合之法"，十家为甲，十甲为乡，一甲有难，一乡救之，一乡有难，邻乡救之，有效集聚众人的力量；注重海洋的防御，修墩台作瞭望之用，修战船备海战；做好内河防御，加强巡逻，修城增防，大大提高防御能力。倭寇知道福建南部有十分厉害的俞家军镇守，都不敢到福建南部侵扰了，确保了地方的太平。

而严嵩得势之后，大肆清算异己，先是在朝中动手，或者找个莫须有罪名治政见不合官员的罪，或者将其贬谪到地方当个小官，多少忠臣为此蒙冤！处理朝中异己后，他又着手处理地方和军队的异己，然而计划赶不上变化，还没来得及出手，他亲信罗龙文统管的浙江发生了大事。

　　原来，倭寇辛五郎自从漳州败走后，一直对罗龙文怀恨在心，到浙江双屿港扎营后，实行两面战术，表面上与罗龙文通好，继续行以贿赂，使其麻痹松懈；但暗地里积蓄力量，勤于练兵，购置大量的先进武器，做好各方面的准备工作，意欲复仇，并获得更大的利益。万事俱备之后，终于有一天，他命徐海为先锋，对浙东发起全面攻击。

　　罗龙文一直以为与倭寇们合作良好、相处融洽，压根就没想到倭寇会突然发起攻击，因此没有做好军事应对准备，加上自己对军事指挥并不在行，故在倭寇大举进攻时，他指挥的军队节节败退。眼看密密麻麻的倭寇就要逼近杭州城，万一杭州城被倭寇攻破，那自己岂不是会死于非命？罗龙文越想越怕，胆战心惊，两腿发软，自己又无退敌之策，怎么办？他的心里萌生了"三十六计走为上计"的想法，于是带上家眷和一些比较亲近的部下偷偷溜出杭州城。可不料，半路遇到一股倭寇来袭，他索性连家眷和随从都撒手不管了，只顾自己策马奔腾逃命。

　　徐海作为先锋，作战勇猛，他获悉明军主将已逃，一方面派人追赶罗龙文，但无果；另一方面将跟随罗龙文逃出来的男人能杀的就杀，女人能带走的就带回去享受。那金焕斗和冯玉柱在乱兵中也遭到倭寇的杀害，他们好后悔跟随罗龙文来到杭州，但世上没有后悔药可以吃，就这样连后事都没时间准备就一命呜呼了。

　　妇女们害怕被倭寇俘虏奸淫，纷纷躲避，其中包括罗龙文的美妾王翠翘。她大骂罗龙文无情，只顾自己逃命，不管她的死活。骂归骂，还是逃命要紧，她扮成民妇模样跟随百姓逃跑，最后和其他妇女躲在西湖旁边一个寺庙的房间里，紧闭着门，心想这里应该安全。不过，她想错了，倭寇几乎无孔不入，没多久，大门就被撞开，顿时拥进一群全副武装、面目狰狞的倭寇。妇女们见状，纷纷往墙脚退缩，个个惶恐不已。

王翠翘虽见过世面，但见此情景，也是胆战心惊，心想这下完了，又要受人糟蹋了，想想自己沦入风尘、屡遭买卖的身世，不禁感慨命运的不公。不过，当她抬头瞄下倭寇的时候，发现那带头的人竟是那么眼熟，那人不就是自己认识的徐海吗？救星来了，她一阵欣喜，忙站起来喊道："徐将军。"

竟然有女子认识自己，徐海十分诧异，便看了过去，只见对方穿着粗布衣服，素颜，但即便如此，依旧掩盖不了她的美貌，在众女子中显得一枝独秀。他很快认出了该美女，惊喜道："这不是翠翘吗？你怎么在这里？"

王翠翘想，这不是明知故问，还不是因为你们劫掠吗？但她换了个方式回道："那个罗龙文没良心，只顾自己逃命，把我扔到一边，我只好自个逃命，恰好遇见了您。"

"原来是这样。罗龙文确实没良心。"徐海以前就对王翠翘充满好感，非常想据为己有，只是被罗龙文抢先了，自己虽然不甘心，但只好作罢，不过现在罗龙文弃她而去，这岂不是个好机会？于是他把王翠翘叫到一边，抛出橄榄枝，"翠翘，让你受苦了，眼下兵荒马乱的，你这样乱跑我不放心，跟我走吧，我保证让你过上好日子，让你享受荣华富贵，如何？"

"真的？"

"当然，只要你愿意。"徐海又说，"自从见你第一眼开始，我就想娶你为妻，只是不能如愿，现在我还想娶你为妻，嫁给我吧，如何？"

王翠翘此时已无他路可选，心想徐海有情有义，且人高马大是个俊朗的男子汉，还是个头领，那就依了吧，于是有点害羞地点点头，只是提了个条件，不要伤害跟她在一起逃难的民妇。

心爱的人终于得手，徐海心花怒放，自然也答应了她的请求。于是命令手下退出寺庙。

战斗结束后，他便带着王翠翘以及许多的战利品回到双屿港，可谓财色均获得大丰收。由此王翠翘便成了徐海的女人，且是他最宠爱的女人。到双屿港后，王翠翘住上了豪宅，吃好穿好，还见到了绿珠。二人原本就是姐妹，现均成了徐海的妻子，不仅不记恨，还共诉衷肠，亲密无间。徐海大摆宴席，张灯结彩，以高规格正式迎娶王翠翘。现今有王翠翘和绿珠二位大美女做夫人，他简直快乐似神仙。加上这次作战他得了首功，不但获得大量金银财宝，而且获得倭寇头领赏识，自己势力和地位不断提升，他觉得属于自己的好日子真正到来了。

罗龙文弃城而逃的消息很快就传到朝廷，虽然严嵩极力压下来，但是此战败绩太大，影响太恶劣，终究还是纸包不住火，最终嘉靖皇帝知道了此消息，为此龙颜大怒。

其实，嘉靖皇帝虽然貌似天天炼丹、不问政事，但他心知肚明，这次大败自然是因为严嵩用人不当、指挥不力，其负有不可推卸的责任。而且，自从严嵩任首辅后，嘉靖皇帝渐渐察觉到严嵩的贪婪和放纵，任人唯亲，哪怕是孬种也用，且大肆受贿，才会酿成苦果。

由此，嘉靖皇帝心底对严嵩产生了不信任的想法。当嘉靖皇帝在西苑召见严嵩时，他故意久久地闭着眼睛，就是不说话，任由严嵩在堂下站着，让这个老人腿脚发麻了，他都不开口赐座。

许久，嘉靖皇帝才微微地睁开眼睛，然后慢慢地吐了几个字："严阁老，腿发抖了吧？"

严嵩听到这个"抖"字，全身还真颤抖了下。以前在此情况，皇上念及他年老了，都会让太监搬来凳子，让他坐下，但现在不仅不赐座，还提个富有深意的"抖"字，这不仅仅指腿发麻，自然是还有所指，难道指因某事而发抖？但一时又不知何事，只好说道："皇上，臣虽然老迈，但还能坚持着，还能继续为皇上效忠。"

嘉靖皇帝提高嗓音怒道："哼，你这是硬撑啊。人的躯体啊，需要双腿支撑；同样，社稷也需要栋梁支撑。可是，你好会选人用人啊？！为朕选了个只会逃跑的姓罗的孬种。你说这样的人能成为栋梁吗？"

这下严嵩明白了，听了简直如遭五雷轰顶、寒风肆虐，全身冷得发抖，他"扑通"一下跪了下来，额头在地上连磕几下，铿铿作响，惶恐道："臣有罪，请皇上治罪。"口头上是这么说，但心里其实希望嘉靖皇帝从轻发落，大事化小，小事化了。

嘉靖皇帝十分不屑地看了眼严嵩，心生厌恶之情，但念及严嵩对他是绝对的忠诚、几乎百依百顺，因此暂不想治他重罪，只想给他教训一下，说道："知罪就好。当今朝廷许多人对你颇有非议，你好自为之吧，朕不说你也该懂了吧？"

听了皇帝的话，严嵩松了一口气，总算皇上没有治下大罪，无非就是让他收敛点，管好自己的人，别惹出事来。他说道："谢皇上教诲，臣谨遵圣命，必当好好治罗龙文等人的罪，臣必当竭力为皇上效劳，肝脑涂地，在所不惜。"

嘉靖皇帝听了这话感觉还是比较满意，说道："好了，朕要修炼了，你去吧。"

"臣遵旨，臣先告退。"严嵩要起身告退，但此时腿已发麻。一旁的太监李芳帮忙搀扶，才得以起身退出。

走出西苑后，严嵩虽然松了口气，毕竟皇上没加以严惩，这是不幸中的万幸，但现今头依然很大，常言道，伴君如伴虎，这次让皇上生气了，弄不好后果会很严重，该怎么做才能弥补过错呢？他思虑深深。

回到自己府上，他正想召集儿子和幕僚商议此事，不料刚进大堂，就看到地上跪着一个人，灰头土脸的，此人就是罗龙文。原来，他听到了风声，害怕朝廷治罪，立即赶到京城来找严嵩求饶了。

罗龙文见到严嵩来了，跪着爬了过来，一把鼻涕一把泪地说道："大丞相，我知错了，念在您我多年恩情的分上，请大丞相帮我一把吧。"

　　严嵩先是瞪了眼罗龙文，然后青筋暴绽地怒斥道："你是怎么当封疆大吏的？你还有脸回来见我？你可把我害苦了，我推举你当浙江巡抚，简直是瞎了眼。还有今后别再叫我什么大丞相了，因为你这事，我的官职差点就保不住了，我可不想再被你连累。"

　　若在以往，严嵩听了别人叫他大丞相，心里十分高兴，但今日被皇帝训话，他因此战战兢兢，万一下属叫他大丞相的事传到皇上的耳朵，那恐怕会迎来灾难，因为明太祖朱元璋因担心相权过大影响了皇权，故取消丞相一职而不再设，虽然后代的内阁首辅权力与丞相相当，但大家都不敢称之为丞相，免得违背祖训，引祸上身。严嵩之前因为得势，如日中天，故默许别人如此称呼他，但此一时彼一时，故对罗龙文这样称呼他感到愤恨和害怕。

　　罗龙文意识到事情的严重性，摆出无比真诚的样子说道："大丞相，哦，不，阁老，我辜负了您的期望，我深知罪孽深重，我愿意受罚，所有的罪过由我来背，我受罪没关系，但千万不能连累了阁老您。"

　　严嵩听了此话，怒气消了许多，对罗龙文印象转好一点，心里暗想，不愧是自己的心腹，做错了事敢于担责，而不是嫁祸于人，这点令他欣慰。他平和地说道："起来吧。事情都已发生了，后悔也没有用。还是好好商量接下来该怎么办吧。"

　　罗龙文明白严嵩给予谅解了，心里的石头落地，回道："谢阁老！"然后爬起来，搀扶着严嵩走到高贵的太师椅上坐下来。

　　此时其他幕僚已陆续赶到，于是众人开始商议起来，严世蕃说道："父亲，胜败乃兵家常事，这次战败又不是第一次，也不是大败，过段时间风波就自然平息了，我看不必多虑吧。"

　　鄢懋卿说道："小阁老说得有道理。阁老，您现在是内阁首辅，一人之下万人之上，何须为一个小仗多虑，若谁敢多言就给他颜色看看。"

赵文华则说道："含章兄常年在外带兵打仗不容易，他一心忧国，历尽艰辛，立下赫赫战功，虽有一小败，但瑕不掩瑜，以往战功足可以补过。还望干爹多在皇上面前说好话，保含章兄平安啊。"

罗龙文听了众人纷纷为自己开脱，心里暗喜，看来这帮兄弟没白交。

严嵩说道："你们说得都有道理，但是这次有别，那些大臣言官我倒不怕，怕的是皇上这次真的发怒了，虽然不是大怒，没下旨革职查办，但也给我敲响警钟，要我好自为之。依我看，还得委屈下龙文，浙江巡抚难以当下去了，调回京城任职吧，内阁中书科还有个中书舍人的职缺，你不妨来吧，虽然这是从七品官，让你委屈降品级，但这也是不得已而为之，起码可以起到一箭三雕的作用：一者能让皇上满意，二者能让众人心服，三者能保你平安。躲过这次事件后，他日再找机会图晋升。你意下如何？"

罗龙文也有自知之明，原本害怕会被处以重罪乃至杀头，现今不但不用革职查办，而且能继续当官，还是京城颇好的官职，能够掌书写诰敕、制诏、银册、铁券等，虽然品级下降，但这样已经超出自己期望值了。

他感激涕零，跪拜道："多谢阁老关心厚爱，臣今后必定誓死效忠阁老。"

严嵩深受感动，说道："嗯，起来吧。知错能改就好。"

之后，严嵩向皇上上了道奏疏，在奏疏里进行了忏悔，表示没有好好管教下属，犯了罪过，同时阐明对罗龙文进行了批评教导，罗本人也认识到罪过深重，愿受惩罚。严嵩在奏疏末尾提出拟给罗龙文降职惩戒，官职是中书舍人，他本人也负有一定责任，愿意罚半年俸禄，请皇上定夺。反正他有的是钱，利用权力捞的钱足够他生活一辈子，不用靠俸禄生活，自罚半年俸禄无所谓。

嘉靖皇帝看了此奏疏，心里还是比较认可，于是准奏。

由此罗龙文得到了安全保护。这令许多的朝廷大臣愤怒不已，只是敢怒不敢言。

严嵩见事情摆平了，皇上似乎不怪罪，很快就忘乎所以起来，飘飘然的，继续结党营私，排除异己，专擅之势更甚。在内阁里，暂时被纳入其麾下的许赞心底里还是看不惯严嵩的所作所为，但又不敢公然反对，以免被官场险恶的风浪所袭击，索性以年高多病为由请求致仕休养。还有其他大臣见势也有请求回老家休养的。

严嵩看到那些看不惯的大臣要不被罢官，要不就提前退休，他满心欢喜，自以为今后朝廷里没有对手，自己可以为所欲为了。

然而他高兴太早了。常言道，物极必反，殊不知他虽然有着处于万人之上的地位，但他仍于一人之下，而且只要这一人动一动怒，那么后果必将很严重。他不知道一场急风暴雨就要降临到他头上了。

此人就是嘉靖皇帝朱厚熜。朱厚熜不是傻子皇帝，虽然他身居西苑似乎与外隔绝，但实际上他静静地观察着朝局，对朝局情况一清二楚；虽然他不喜欢上朝，但不等于他不喜欢皇权，实际上，他是个既喜欢玄修又喜欢皇权的皇帝。他从堂兄正德皇帝身上吸取了教训，绝不能让大权旁落，而是要保持皇帝的威严，把握住至高无上的权力，绝不让大臣擅权甚至凌驾于皇帝之上或者欺瞒皇帝干着不利于皇帝的勾当。对严嵩大肆排除异己的行为和如日中天的权势以及严党尽出窝囊废导致倭患房患更甚，嘉靖皇帝隐隐感到了不妙，长此以往，势必对皇权和大明江山的稳固产生不利的影响，应该给严嵩教训教训，让他警醒警醒，那么要怎么办才好呢？

此时，嘉靖皇帝想到了夏言，夏言是老首辅了，有能力有谋略，若重新启用，势必可以很好地牵制严嵩，起到平衡作用，那他自己就可以安心玄修了。他还想到，夏言虽然罢归，但每逢春节、起用等重要节日，都上表祝贺，嘉靖皇上多少动了恻隐之心，越发感到夏言这人其实是蛮不错的，眼下重新起用十分合时宜。

　　没多久，嘉靖皇帝就下诏召夏言回京，让夏言复任内阁首辅，而严嵩改任次辅。严嵩自以为之前嘉靖皇帝已经平息了怒气，对他已经十分放心，没想到皇上突然下了这个决定，而且似乎没有什么征兆，让他手足无措，万分震惊，头像遭到雷劈一般。不过，表面上，他还是服从大局接受了这个任命，还恭维皇上圣明，他必将尽心尽力履职，绝对效忠于皇上，肝脑涂地在所不惜。但实际上，他一万个不爽，没想到在首辅位置刚坐一年，屁股还没坐热，就被拉了下来，真是懊恼、嫉恨啊！看来自己低估了夏言的能力，之前没有好好防范这个对手真是大错特错，与皇上维持关系方面也还做得远远不够，今后要走的路还长呢，还要下许多的功夫，得好好谋划……

　　于是，一场新的政治风暴即将降临，并影响着大明王朝抗倭走向。

# 第十三章　宝座难坐

　　夏言终于回到了庄严肃穆、金碧辉煌且是大明王朝权力中心的紫禁城，回到了位于紫禁城外朝区的内阁大堂，虽然内阁大堂没有皇宫的高大华贵，显得简洁素雅甚至有些简陋，但实际上，它的地位和作用可不一般，因为这里是大明王朝最高办事机构，是皇帝最高幕僚的办事之所，被称为秘阁禁地。阁门高悬圣谕，严审规制，一应官员闲杂人等不许擅入，只有内阁大学士才有资格在此从事参预机务、传达皇命、拟议批答等国家大事。

　　如今，夏言好不容易终于重新坐回了内阁首辅的大位，心里感慨万分，想想以往，自己在这里待了多年，对这里非常熟悉，可以说对这里已有很深的感情了，可没料到严嵩竟然觊觎他的位置，搜罗罪名弹劾他，让他直接回老家赋闲。想着这些往事，心里头就感到又气又恨，幸好严嵩只坐了一年首辅位置，就灰溜溜地下来了，这也算可以聊补安慰吧。

　　正是因为对这里有很深感情，所以夏言迫不及待地想到内阁大堂看看。这天天刚蒙蒙亮，他就来到了这里，坐坐首辅宝座，摸摸椅子把手，看看大堂各种摆设、墙上挂的字画，等等，感觉太好了。

　　过了一阵子，严嵩也来到了内阁大堂，当他缓缓地迈过大堂门槛时，突然看到有个人笑容满面地坐在首辅大位上，不禁怔了一下，仔细一看，原来是熟悉又陌生的夏言，一副得意扬扬的样子。

　　此时严嵩也真是感慨万千，没想到自己才坐一年的位置，这么快就被夏言给抢了，而自己只好屈就坐次辅的位置，低人一等，失落感油然而生，同时又觉得十分不甘心，羡慕嫉妒恨啊！不过，严嵩是久经考验的，他在官场摸爬滚打几十载，懂得怎么做，也养成了很深的城府，此时的他选择了克制，尽量克制自己的情绪，不轻易表露出来，不被人发现自己真实的想法，这样能起到蒙蔽的作用。

　　顿时，他脸上绽放出示好的笑容，虽然这个笑并非发自内心的，但他竟能笑得十分自然，看不出勉强的样子，这也真得佩服严嵩高超的为人处世技艺。他恭敬地作揖道："夏阁老，您终于回来啦！我们可是盼您很久啦！终于把您盼回来了。内阁，噢，不只内阁，整个朝廷离不开夏阁老您啊！"

　　夏言是聪明人，也是在官场久经风雨的人，他心里明白严嵩是他的死对头，现今夺回了严嵩的首辅宝座，估计严嵩恨死他了，其怎么可能是真诚的笑意相迎呢？很可能是笑里藏刀，说的这些好听的话不过是奉承而已，心里可能盼着他早点死，好重新坐上首辅宝座呢。对于严嵩这样的人，他想必须保持警惕。他瞥了眼严嵩，碍于礼貌，只好微微拱了下手回道："多谢严阁老夸张，老夫可没那么大本事，朝廷离不开皇上，离不开文武大臣上下一心、尽忠报国，还望严阁老今后能与我为大明江山的千秋功业和大明子民的安定祥和而尽心尽力。"

　　严嵩听了此话，貌似受了鼓舞，顿时振奋起来，精神抖擞，声音洪亮地奉承道："一定一定。夏阁老不愧是老宰相，站得高看得远。说得对，朝廷离不开君臣一心，老夫必定誓死效忠于皇上。"

　　严嵩话音刚落，夏言就立即说道："严阁老，你可千万别叫我宰相，高祖皇帝时就明确不设宰相了，我可没有当宰相的非分之想，祸从口出，你可不要害了我哦。我还想用我老迈的躯体，效忠于皇上，也为大明江山和子民尽心尽力。"夏言之前听到严嵩只说"忠于皇上",却不谈子民,明显就是偏向谄媚皇上,而不把老百姓放在心里,因此有意给予补充。

严嵩听出夏言的意思,点点头道:"夏阁老说得对,说得好!您的教诲老夫谨记在心。"

在接下来的日子,严嵩一以贯之"谦让"和"恭维",表面上对夏言都恭恭敬敬、唯唯诺诺的,基本上都是言听计从,哪怕夏言有怒目发火、盛气凌人时,严嵩也是主动低声下气地承认错误和道歉。渐渐地,夏言对严嵩的卑躬屈膝越来越以为是真心的,因此把他从"眼中钉、肉中刺"行列排除出去,而当作一位可以与之共事的阁臣看待。他认为既然把严嵩收拢了,那么就相当于扫除了障碍,可以大展身手、大干一场了,好好将自己的治国之道付诸实际,助大明中兴,为苍生谋福祉。

眼下的大明王朝并不安定,可以说是多灾多难,北有蒙古军队肆无忌惮地南下攻杀抢掠;南有倭寇经常出没、野蛮杀戮。特别是自从罗龙文不战而逃后,倭寇得势,更加猖狂,为非作歹,丧尽天良。日益加剧的倭患,致使生灵涂炭,百姓在痛骂倭寇是畜生无性的同时,也责备朝廷官府的软弱。如今夏言已经上台,正直人士均热切期望夏言能有所作为,扫平倭寇。作为首辅,夏言也感受到了各方的压力,决意清除倭寇。

一天晚上,夏言的府上来了几位客人,他们分别是兵部尚书张经、礼部尚书徐阶、巡按御史王忬。

张经是福建侯官县人,年过半百,身体硬朗,也许是久经风霜的缘故,额头上的皱纹如刀刻般明显,但是精神仍然矍铄,目光炯炯有神。张经曾与前任兵部尚书毛伯温一道出征过安南,立下赫赫战功,后被任命为兵部尚书。忧国忧民的他深知包括家乡在内的东南一带深遭倭患，他忧心忡忡，因此来与首辅一同商讨抗倭大计。

同样，徐阶也是忧国忧民的大臣，在政见上与夏言、张经合拍，于是一道前来。

而王忬算是夏言的学生，年方四十，南直隶太仓人，才思敏捷，深受夏言等人的赏识而被重用。他的家乡也遭受严重的倭患，为之担忧和焦虑，恨不得亲自带兵奔赴前线杀敌。

夏言见到几位志同道合的大臣光临府上，满心欢喜，热情招待，请诸位上座，吩咐仆人上上等的名茶——武夷岩茶。

张经喝了两口茶，知道此茶产自福建老家，十分清香，确实是上等好茶。但他这次不是为了品茶，而是有要事，因此直奔主题，说道："阁老，这茶确实是好茶，只是眼下东南倭患严重，如果东南倭患不除，我担心日后要喝到这样的茶恐怕都难咯。"

既然张经起了头，徐阶便接着说道："是啊，张大人说的确实是实情。之前严嵩把持朝政时，许多话我们都不敢讲，藏着憋着发慌，严党他们还经常隐瞒倭患，粉饰太平。现今，夏阁老终于重新成了内阁首辅，我们也就敢说话了。"

王忬深情地说道："阁老，确实如此。我是南直隶人，了解家乡情况，那里的倭患十分严重，百姓处于水深火热之中，还望大人为百姓解忧啊！"

夏言说道："老夫明白诸位说的都是肺腑之言，不瞒诸位，我未回京城之前，已到各地了解了倭情，深知倭患之严重、百姓之疾苦，我也忧心啊！严嵩等人只顾自己权势和享乐，无视百姓生死，确实可恨。所幸的是皇上英明，仍让老夫重回首辅之位，老夫必当在有生之年倾力而为，扫平倭寇，回报皇恩。现在看到有你们这些得力的忠臣，老夫也倍感欣慰，今后抗倭大计还得靠你们呢。"

诸位大臣异口同声道："承蒙阁老器重，我等必当尽心尽力。"

夏言满意地点点头，继续说道："朝廷抗倭为何屡屡失败？其中一个很重要的原因就是我们缺乏能臣干将，特别是严嵩主政时期，尽用无能之辈，治军无方，军队疲弱，岂能打好仗？所以，我们要尽力扭转这样的局面，唯才是举，重用贤良，特别是要善于提拔和任用真正有本领的能臣干将。诸位可有人选？"

王忬立即想到一个人，说道："我倒想推荐一个人，他是我的好友，我深知他为官忠诚正义，清强峭直，勇于任事，又有丰富的剿匪除盗经历，善于治军。我认为他再合适不过了。"

夏言问："快说，是哪位？"

王忬说道："现南赣巡抚朱纨。"

"嗯。"夏言满意地点点头。他之前跟朱纨有过接触，深知他的才能和为人。"不瞒诸位，我也想到了他。自从罗龙文逃逸后，眼下东南一带抗倭大军可谓群龙无首，无法凝聚力量，此问题不可不解决。我也有意举荐朱纨任浙江巡抚，提督浙闽海防军务，诸位意下如何？"

诸位都表示赞同。

夏言又说："另外，有其他能将贤才，也可以多多举荐上来，为我所有，为国效力。"

当夏言举荐朱纨后，严嵩知道了这个消息，这次却表现得非常"大度"和"支持"，表面上体现出一副"恭维"和"迎合"的样子，还夸夏言真是慧眼识英才，有夏首辅在大明朝也就有了希望，但心里头其实是有抵触情绪的，只是隐藏起来罢了。奏章呈报到嘉靖皇帝那后，皇上知道形势已经变化，东南倭患严重，确实需要提拔能臣干将投入抗倭，便准奏了。

随后，朝廷派遣王忬前往南赣，一者宣读任命状，任命朱纨为浙江巡抚，提督浙闽海防军务；二者顺便巡视东南抗倭情况。

其实朱纨与王忬以前就有过交往，也算是志同道合的好友了。这次知道他要来，朱纨满心欢喜，提前做了准备，要盛情招待老友。

行完威严而正规的任命仪式后，氛围变得比较轻松，朱纨请王忬到客厅里坐，吩咐仆人上茶。王忬笑容满面地说道："子纯兄，恭喜您啊！"因为朱纨比王忬年长，王忬便尊称他为兄。

朱纨作了个揖，恭敬道："多谢王大人提携啊！"

王忬说道："不用叫什么大人啦，叫小弟姓名就好了。小弟也是尽点绵薄之力，这次您能够得到重用，关键还是夏阁老在皇上面前极力推荐。"

"那我就谢主隆恩了，也谢夏阁老的赏识了，还要谢谢民应您啊！"朱纨改称呼王忬的字，也表示尊敬和亲近。

王忬又说道："夏阁老让我带话，当前倭情严重，急需得力的抗倭干将，望子纯兄加以观察，若发现人才，可以多多举荐上来。"

"此话当真？"朱纨特意问道。

王忬先是怔了下，但很快明白朱纨问此话的原因，无非是以前严嵩主政，忠奸不分，黑白颠倒，让人迷糊。于是，他肯定地说道："千真万确。跟你透露，自从夏大人重回首辅大位后，他决意扶正祛邪，决意起用大批贤良干将为朝廷效劳，而像严党那些阿谀奉承、只为私利之徒，坚决不予重用，这也获得皇上的支持，朝廷风气大为好转。"

朱纨听了会心一笑，说道："那就好。我也希望大明朝能够中兴啊！"朱纨想到了几个人选，继续说道，"说到推荐人才，我这里倒有几个，都是正直忠义之士，在抗倭沙场拼杀过多年，既有勇又有谋，绝对是抗倭得力干将。"

王忬迫不及待地问道："快说是谁？"

"首推俞大猷，还有他的师父李良钦以及部将卢镗、邓城、邓子龙等，一个个都是虎将良将啊，特别是俞大猷，有勇有谋，一副铮铮铁骨……"朱纨如数家珍，侃侃而谈，并列举了俞大猷的经典战功，包括金门抗倭、汀漳守备任上的抗倭和剿匪战绩等。

"很好。我一定举荐。"

经过举荐后，俞大猷任福建备倭都指挥；而卢镗调浙江任守备，跟随朱纨作战；邓城升任千户；邓子龙当了千总……

朱纨上任后，可谓雄心勃勃，决心团结得力干将好好治理浙闽海防军务，将倭寇驱逐出中华大地，同时也将海盗集团剿灭。

他认真谋划行动计划，决定付诸行动，大干一场。他实行革渡船，就是不让任何船只入海，就是片板都不行，主要是防止沿海居民跟倭寇或海盗勾结。

他还采纳之前俞大猷的建议，实行严保甲政策，即十家为甲，十甲为乡，甲有甲长，乡有乡长，一甲有难，一乡救之，一乡有难，邻乡救之，而一家为非，罪连一甲，一甲为非，罪连一乡。主要意图为：一方面百姓可以互相救助；另一方面可以互相监督，若出现哪个百姓与倭寇或海盗勾结，那么其邻居也受牵连，在这种严厉的局面下，大家就会产生害怕心理，为了避免连坐，会对那户犯法之人共同进行监督打击。

这些方法无疑是特殊时期实行的非常之法，能够在短时间内让沿海得到平静，具有一定的作用，但长期实行，也会产生较大的副作用，主要是沿海居民靠海吃海，实行该举措后，就让他们失去了主要的经济来源，断了他们的生路，同样也断了那些靠从事海外经济贸易的豪强收入，影响了与之瓜葛的士大夫的利益，后来引起他们强烈的反击。

除采取以上举措外，朱纨勤于操练兵士，加强战船和武器备置，准备集结军事力量，向驻扎在双屿港的倭寇和海盗进军。

双屿港位于浙江舟山西南六横岛与佛渡岛之间。这里水域宽阔、风平浪静，是天然良港。且这里地理位置重要，东则面临东海，通往日本、琉球；西则通向大明朝大陆，登陆开展贸易方便；南则通往台湾海峡、东南亚；北则通往黄海。可以说是南北航道的要冲，是开展贸易的极佳之地。正因为如此，葡萄牙人早早看中了这里，在此开展贸易，并吸引诸多国家商人和我国沿海省份的海商在此开展走私贸易，让这里成为繁华之地，贾客达万众，馆舍、仓房、医馆等设施一应俱全，入夜灯火通明、无比热闹。倭寇和海盗也看中了这里，屯踞在此，并渐渐占据主导地位。在此的海盗除了后来发展起来的王直、徐海外，还有元老级的许栋和李光头等。

许栋是王直的同乡，也是王直的上司，带领王直一直成长。他也是江浙地区海外贸易的首倡者。李光头又名李七，福建人，他曾因犯罪与许栋一起被官府抓获而囚禁在福建监狱，后一同成功越狱，一起开展走私贸易，并拉拢王直、徐惟学、徐海等入伙。他们以双屿港为基地，在这一带修建营房，购置战舰，既开展贸易，又四处劫掠，成为东南沿海的一大祸患。

朱纨在认真研究双屿地形和谋划作战方略后，命卢镗为主将，与张四维、魏一恭、刘恩至、张汉等将领一道，率领重兵攻向双屿港。敌人看到明军这次势大，于是利用工事坚壁不出。卢镗命人对敌人阵地进行猛烈炮击，再组织军队强行登岛，岛上敌人的房子倒的倒、破的破，人死的死、伤的伤，倭寇、海盗也尝到了人间地狱的滋味。他们见明军势力大大强过自己，这样下去肯定会被攻陷和抓捕，因此士气低落到极点，怎么办呢？

恰值此次下起大雨，烟雨迷蒙。几个头领聚在一块商量起来。王直说道："现在下大雨，视线受影响，正是我们突围的好机会，三十六计走为上计，我们赶紧逃吧。要不然就来不及了。"

辛五郎说道："好，我赞成逃走，你们可以跟我去日本。"

辛五郎的弟弟辛六郎说道："对，回日本好。大家一起去吧。"

徐海说道："好，那我也去日本暂避下。"

李光头说道："我也赞成逃走，但是我不愿去日本，我还是回福建好，那是我的家乡。许兄，你怎么打算？"

许栋说道："要逃你们赶紧逃，我不阻拦。我留在这里，双屿港是我亲手打造起来的，我誓与双屿港共存亡。"

王直说道："大哥，留得青山在不愁没柴烧，咱们一起去日本吧。"

辛五郎说道："王船主说得对，一起走吧。"

许栋斩钉截铁说道："不，我要跟敌人决一生死，也可以拖住明军，你们赶紧走吧。"

辛五郎说道："那就辛苦你了。但愿我们日后能够相见。"

许栋说道："王直，我交代你一件事。"

"是什么事？"

许栋说道："你要尽量争取让更多的兄弟逃出去，收留他们，带领他们日后重振旗鼓，再创大业。"

"我会的。"

就这样，除许栋率领一些人继续负隅顽抗外，大多数倭寇、海盗开始找船逃跑。

虽然天气恶劣，但卢镗发现了敌人正在逃跑，他不顾刮风下雨的天气，率军奋勇而击，大败敌人。许栋终究寡不敌众，在乱战中被明军杀死。许多想逃跑的倭寇和海盗因找不到船只或者被先上船的人推下海而溺死千余人。辛五郎和王直、徐海等成功逃脱，向日本进发。李光头带领一些残兵败将则往南逃窜，但是朱纨先前已命俞大猷在福建海域拦截，俞大猷便率军斩杀或擒拿不少进入福建海域的倭寇和海盗，还将李光头生擒。

战斗取得辉煌的战绩，在港内的敌人战舰被焚毁，在双屿港的倭寇和海盗势力被清除，双屿港被荡平，双屿港大捷被载入史册。

取得双屿大捷后，朱纨异常高兴，赶紧将捷报上报朝廷，夏言得悉后也异常兴奋，高兴得睡不着觉，连连夸朱纨："朱纨真不愧是我的得力干将，好样的，我没看错他，为我长脸了。"

然而取得胜利朱纨和夏言高兴没多久，却迎来一场异常险恶的政治"风暴"，他们面对的敌人不仅仅是倭寇，还有更凶狠的严党势力。

严嵩看到夏言得势，感到无比的嫉妒恨。为此，他专门召集儿子和心腹商量应对之策。

严世蕃先发话道："爹，当今夏言可谓春风得意，南边有朱纨为他打胜仗、赢声望；北边又有曾铣为他卖命，意欲收回河套地区，取得北边多年来少有之捷，获得皇上的信任。这样下去，他就更加猖狂地骑在你头上，何时才有翻身之日啊！得好好谋划怎样才能打翻身仗。"

严世蕃所说的曾铣为陕西三边（延绥镇、宁夏镇、甘肃镇）总督。所说的河套地区指黄河在阴山山脉以南的部分地区，周围三面濒临黄河，周围六七千里。嘉靖年间，该地区被蒙古鞑靼部所占，蒙古军事势力以此为重要基地，不断向内地发动进攻和掠夺，让百姓苦不堪言。可以说，河套不收复，边关无宁日。为此，曾铣雄心勃勃，立志收复该地区，并写奏疏上呈朝廷，夏言极力给予支持，且获得嘉靖皇帝的恩准。严嵩则阳奉阴违，表面上赞同，但暗地里却在诅咒，并计划布置陷阱。

赵文华、鄢懋卿、罗龙文也纷纷表示认同。

严嵩说道："你们说的我自然明白，可是有什么办法呢？"

严世蕃说道："办法自然有，我想了个办法，还是在收复河套事上多做文章。"

"噢，说来听听。"众人充满好奇。

严世蕃鬼点子尤其多，他说道："先找一些不祥之兆，并与收复河套联系在一起，在合适的时候奏报皇上，让皇上震惧，再使人搜罗曾铣和夏言的罪证，再如此如此这般……"

众人伸长了耳朵听，边听边点头说好。严嵩竖起大拇指夸道："不愧是我的好儿子，我当首辅有望咯！"

众人均喜形于色。赵文华拍马屁道："嗯嗯，小阁老不愧是诸葛亮在世。"

罗龙文说道："阁老本来就是我们的大丞相，这大丞相宝座只有阁老您才配坐。"

其他人纷纷大声附和。

严嵩听了十分开心，转而叮嘱儿子道："顺便告诉你们一个好消息，夏言写青词不专心，水平太次，被皇上训斥，皇上对他已不像之前那么信任了。这是个机会。世蕃，你可要在青词上多下功夫，写出高水平，让皇上更加信任我们。"

"爹，您放心，我会的。"

于是，严党开始一步步实施他们的计划。

严嵩先是收到陕西澄城县麻陂山山崩、吼声如雷、昼夜不绝的消息。当时的人迷信，认为这是分崩离析之象，故十分惊恐，但严嵩为此无比兴奋，不过觉得一个不祥之兆不够，且时机尚不成熟，故隐匿不报。

当兵部进呈收复河套的具体方案时，京城突然狂风大作，尘沙漫天，让人外出困难。这又是个不祥之兆。

严嵩同样感到兴奋不已，就像久逢甘霖一样开心。他觉得时机成熟了，便在嘉靖皇帝举行祈祷长生的斋醮时，将陕西山崩和京城尘暴的奏报与收复河套的奏章一起进呈给皇帝。嘉靖皇帝看到后，果然感到震惧和沮丧，再经过已被严嵩买通的道士陶仲文的"胡说八道"，嘉靖皇帝便认为收复河套不吉利。他问陶仲文该怎么办？陶仲文说只要由内阁首辅和边防大将当替身，便可化险为夷，皇帝仍然能够万寿无疆。嘉靖皇帝信以为真。

随后，蒙古军事势力图谋进犯延安府和宁夏镇，严嵩在嘉靖皇帝面前说这是由于曾铣意欲收复河套才导致对方要报复，责任在曾铣及支持他的夏言。嘉靖皇帝又信以为真。

接着，严嵩又指使曾经被曾铣弹劾过的甘肃总兵官仇鸾，上疏揭发曾铣和夏言的罪行，包括曾铣收复河套完全是肆意屠杀百姓、欺君罔上，曾铣曾向夏言行以重贿，夏言包庇罪臣、败坏封疆等，于是皇帝不仅不再支持收复河套，还下令逮捕曾铣，由锦衣卫都督陆炳主持审理。

夏言在位时，曾经拟旨查办陆炳贪赃枉法之案，陆炳因此怀恨在心。现今看到夏言牵连在内，因此要加以报复。严嵩也知道陆炳与夏言有这些纠葛，因此主动向陆炳送财送礼交好，希望他严加审理，往死里审。陆炳心领神会，付诸行动，刑讯逼供，审出曾铣曾经让其子曾淳，将数万两金子托夏言妻父苏纲交给夏言。

锦衣卫审理后，交给三法司（刑部、都察院、大理寺）拟罪定刑，三法司在皇上以及严嵩的施压下，看着皇帝和严嵩脸色办事，最后以"交结近侍官员"的罪名定罪，即交结首辅夏言。因为按《大明律》，交结双方皆当斩。其实这就是个莫须有的罪名，那严嵩不知有多少的地方官员与他交结，若也以该罪论处，都该死许多回了。虽然夏言上了许多的奏疏进行辩解，但嘉靖皇帝均当耳边风，且严嵩一再鼓动，让皇帝下定杀死夏言的决心。

就这样，曾铣和夏言先后被斩首，上演了旷古奇冤。夏言被斩首时，原本晴朗的天突然阴云密布，大雨如注，似乎老天也在哭泣。

消息传到南方的俞大猷，俞大猷听了震惊不已，一位知名首辅就这样死去，让人无法接受。在门前摆上香案和祭品为夏言和曾铣祭奠。他痛骂严党，并为朝廷失去正直之臣而感到痛惜。不过，他相信善恶到头终有报，只是来早与来迟。

# 第十四章　倭患又起

　　一波还未平息，一波又来侵袭。夏言死后，严嵩自然而然登上内阁首辅宝座，他开始大肆清除异己，并改变夏言时实行的政策，由此，东南抗倭局势陡然转变。

　　一天，赵文华府上来了两位客人，其中一位是赵文华的叔父赵德美，也是赵文华老家宁波的富商；另一位则是福建的富商张珠。此二人在双屿港做贸易时结识。而且，二人还带来不少的金银财宝。

　　看到叔父大老远地跑到京城，赵文华有些诧异，问道："叔父，你怎么来了？有什么事吗？"

　　赵德美说道："就是因为有事，才不得已大老远地来到京城。顺便介绍下，这位是我做生意认识的朋友，叫张珠，福建人，你叫张叔就好。"

　　张珠说道："赵大人身居高位，我只是一介商人，叫我名字就好了。"

　　赵文华说道："你是我叔父的朋友，我还是叫你张叔吧。叔父、张叔，快快请坐。"

　　于是赵德美和张珠在楠木制成的椅子上坐了下来。赵文华吩咐下人上龙井茶。然后问道："叔父，到底发生了什么事？快说吧。"

　　赵德美说道："侄儿，你知道我们家以经商为业，赚的都是辛苦钱，原本我们在双屿港与洋人做生意做得好好的，可是那浙江巡抚朱纨不仅把双屿港荡平了，还不让我们下海，抓到下海之人就关进监狱甚至砍头，这就是断了我们的活路，现今多少经商人士和沿海百姓都苦不堪言啊。你身为朝廷官员，叔父求你为我们做主，把朱纨赶走，让我们可以经商。"说毕，赵德美做下跪状，张珠见状也跟着下跪。

赵文华赶紧把二人扶起来："别，别这样。我明白了。那朱纨确实不是好东西，竟敢挡我们的财路，我一定竭尽所能为你们做主。"

张珠感激涕零，说道："太感谢赵大人了。我带了点薄礼，望收下。如果还需要打点其他官员，我们也准备好了。"说毕打开箱子，将一大盘金子递给赵文华。

赵文华两眼发光，笑得乐开了花，说道："那我就不客气啦！"收好金子后，赵文华又说道，"你们在我这吃完晚饭，我带你们去见我的义父，当今大丞相严大人。我想他也会为你们做主的。"

"那就太好啦！"

当晚，严嵩在府上见到了赵德美和张珠，收起他们献上的金银财宝，听取了他们关于东南形势的汇报，然后只说了一句话："你们受苦了。"

原本赵文华信心满满，以为义父会义愤填膺，说些如何清除朱纨的话，但不料却是一副十分平和的样子，于是他便鼓动道："干爹，朱纨是夏言一党的人，既然夏言倒了，朱纨又是我们的拦路虎，我们应该采取什么措施吧。"

严世蕃也跟着说道："就是啊！"

严嵩说道："朱纨是夏言提拔的不假，但他是个忠实的人，有能力，只是脑子一根筋，一味蛮干，不怎么懂得转弯，我想我们还是先礼后兵，看看能不能争取成为我们的人，为我所用。这样吧，文华，你去浙江一趟，找朱纨谈谈，让他改改政策，我们不计前嫌，最好为我所用。"

赵文华说道："干爹说得对。还是干爹宽宏大量。我明天就动身。我们先告辞了。"

赵德美和张珠也说道："谢谢阁老，我们先告辞了。"

没多久，赵文华和赵德美、张珠来到浙江，在浙江巡抚朱纨的府上找到朱纨，且赵德美和张珠同样带来了金银财宝。

朱纨看到赵文华带着赵德美和张珠二人，还带着礼品箱，心里猜到了对方的意图，但还是作出不知其意的样子："赵大人千里迢迢屈尊来到鄙人寒舍，请问有什么公干吗？"

赵文华笑了笑，说道："是有点公干，又有点私事要麻烦朱大人。"然后眼睛瞥了下赵德美和张珠，示意对方呈上礼物。

赵德美和张珠立马将箱子拿到朱纨面前并打开，里面是金银财宝，价值不菲。朱纨扫了一眼，知道是何物后做了个拒绝的手势，并将箱子推回，说道："感谢你们的美意，本官领取朝廷的俸禄，已经知足了，至于非正道之财，本官从不收取。你们拿回去吧。"

赵德美说道："这只是我们的一点心意，大人您就不必客气。"

朱纨更坚决地说道："不，我不会收的。你们有什么事就直说吧，不用这些金银财宝，该干的事我照样会干的。如果你们硬要送我，那我就去忙别的事了。"

赵德美见朱纨执意不收，不知如何是好，他瞥了眼赵文华，看他有何办法。赵文华见对方不收礼，又是敬佩又是尴尬，不过心想等下走时不把礼物带走便是，于是轻轻做了个手势，让赵德美先把礼物放下，并对朱纨说道："朱大人高风亮节，真是令我敬佩。那我就开门见山吧。我这次来是受了严阁老的嘱托，也是受了诸多沿海百姓的嘱托。朱大人大力抗倭，赢得双屿之捷，严阁老对此给予很高的评价，还想很好地栽培您。只是万事有个度，朱大人严海禁太过了，沿海商人经商没法继续，生存维艰，还望朱大人体察民情，改改政策，放宽海禁，让百姓有活路。您说是不是呢？"

朱纨说道："赵大人，麻烦您届时帮我转达下我对严阁老的谢意。我知道严海禁难免影响了沿海百姓的生活，但这也是不得已而为之。

你们也知道，严海禁之策是明太祖立下的祖训，且现今仍然很有必要执行，当前倭患严重，假若一旦放开，届时倭寇势必大肆侵略，那沿海百姓要遭受严重的痛苦。所以实在不好意思，政策暂时还是不能改。你们经商的，我奉劝你们就不要跟倭寇和海盗做私下交易，暂时可以在大明朝领域内做生意嘛。假若有一天倭患彻底解除了，我想朝廷也会下旨开展海外贸易的。我们自然遵从。你们说是不是？"

赵文华说道："这个……现今倭寇不是被你驱逐了嘛，朱大人多虑了吧？"

朱纨说道："不不，双屿港之战后，倭寇不是往南逃躲在海岛上就是往倭国逃，势力仍不可小觑，依然虎视眈眈，很可能就卷土重来。"

赵文华显得不耐烦了，说道："朱大人，不会啦。跟你说吧，严阁老想拉拢你，成为我们的人，所以才派我跟你谈。严阁老示意你放宽海禁，让商人们可以经商。你照办就是。如果你连严阁老的话都不听，那我们只好献上罚酒了。"

朱纨不怕对方威胁，依然不示弱，说道："赵大人，什么我们的人你们的人，我是朝廷命官，我是执行朝廷的旨意，而不是严阁老个人之意。"

"你……难怪严阁老说你一根筋，果然如此。那算了，我们告辞。"赵文华起身拍拍衣袖，头也不回地往外走，脸色相当难看。赵德美和张珠见状也跟着起身，但是没有带装着金银财宝的箱子。

朱纨提醒道："诸位等等，还有你们的箱子带上。"

赵德美不知该带走还是留下，又请示赵文华，赵文华说道："带走带走。"

于是赵德美和张珠抬起箱子往外走。朱纨虽然送到门口，但赵文华依旧头也不回。

走到门口，张珠对赵文华说道："朱纨确实顽固。赵大人，你说我们怎么办？难道就这样善罢甘休了？"

赵文华说道："有我干爹在，这事好办，敬酒不吃就让他吃罚酒。我们只要让人找些理由弹劾他，他就完了。我们都能把夏言搞死，何惧一个小小的朱纨。"

"原来这样。那就好。那这事就拜托您了。这箱子的金银财宝也归您了。"张珠将箱子递给赵文华。赵文华笑了笑，接了过来："那我就不客气啦。"

赵德美说道："侄儿，你就多用点心，我们家族的生意也靠你了。"

"叔父放心。"

赵文华回到京城后向严嵩作了禀报，添油加醋地说了一番朱纨的坏话，表明此人没法拉拢，只能清除。严嵩信了，于是交代其党羽开始行动。

没多久，一位叫周亮的御史和一位叫叶镗的给事中上奏疏指出朱纨权力太大，滥用权力，请求降低朱纨的官职，以弱其权。最终朝廷将朱纨降为浙江巡视，权力大大降低。朱纨十分愤懑，上疏自辩，但均被严党的人给截取了，扔到了垃圾桶。

更严重的打击还在后面。没过多久，御史陈九德上疏弹劾朱纨，指出朱纨擅杀走私犯人，简直是草菅人命。于是朝廷革除朱纨一切职务，并下令由锦衣卫陆炳亲自率人马前往浙江逮捕朱纨。朱纨获悉后，更加忧愤，他自知自己斗不过政敌，也不想向他们屈服，想着与其被严党折磨而死，还不如自尽更加痛快，于是饮毒酒而死。死前大呼："去外国盗易，去中国盗难，去中国濒海之盗犹易，去中国衣冠之盗尤难。"呜呼哀哉！

陆炳到了浙江，看着朱纨的尸首，不禁感到失望。他手下问道："大人，这样回去怎么复命？"

陆炳说道："可以以朱纨畏罪自杀复命。"

手下又说："这样回朝廷的话，我们两手空空，似乎有辱使命啊！是不是可以拘捕朱纨的部将回去交差？"

陆炳笑道："嗯，好主意。"于是把朱纨的得力副手卢镗和柯乔以及参将尹凤逮捕关押起来，还把卢镗和柯乔定为死罪。

消息很快传到俞大猷这里，俞大猷简直不敢相信自己的耳朵，一代名将就这样陨落了？天呀！这怎么可能？但这就是事实，想着朱将军对自己的关心，想着与朱将军相处的一幕幕，想着朱纨的忠心耿耿和报国热忱，他不禁为失去这么一员大将而感到痛心，禁不住流下伤心的泪水。

在一旁的邓城平日虽然十分倔强，但此时也十分伤感，看到大哥流下泪水，他的眼眶也湿润了。他愤慨道："明明是报效朝廷，却遭到如此对待，这又是严党惹的祸，我真想亲手把严嵩、严世蕃父子砍了。"说毕拔刀狠狠地往一根木头砍去，顿时木头分成两半。

邓子龙也说道："藩国兄说得对，严嵩、严世蕃父子欺人太甚，我也恨不得亲手把他们给剐了。"说毕握起拳头重重地往桌面击打，"砰"的一声响起。

刘邦协说道："我们都是想为朝廷建功的，可是朝廷如此不分青红皂白，真让人伤透了心。我现在真正理解我哥为何不愿出山了，为这样的朝廷卖命，还不如回家种田习武得了。"

邵应魁说道："也不知皇上怎么想的？前面杀了夏阁老、曾铣将军，现在又杀了朱将军，这岂不是自断手足吗？"

邓铨说道："我看皇上就是个昏君。"

邓钟也附和道："忠奸不分。"

欧阳深说道："我们不能怪皇上，主要还是严党把控朝廷，蒙蔽了皇上，罪在严党。"

李良钦说道："诸位息怒。我们做了我们该做的事，问心无愧就好。

夏阁老、曾将军、朱将军虽然逝去，但我相信史册会记载他们功德的。"

李杜说道："李师父说得对。眼下还有件要紧事，我们的兄弟卢将军还有海道副使柯乔也被定为死罪，尹凤将军被关押，目前只是收监，我们应该设法营救才是。"

邓城说道："那是朝廷定的罪，我们这些小将，哪有本事营救。要的话就去监狱好了。"

邓铨、邓钟跟着说道："爹，我跟你去劫狱。"

邓子龙、俞咨岳、俞咨荣也异口同声道："我也去。"

俞大猷做了个打住的手势，说道："劫狱万万不可，那是救火不成反烧自身。我理解大家的心情，我也一样愤慨。可是普天之下，莫非王土；率土之滨，莫非王臣。食君之禄，当为君分忧。忠君报国是我们作为臣子的本分。欧阳兄说得对，我们不能责怪皇上，那是严党蒙蔽了皇上。我们尽心尽力杀倭报国，做到问心无愧就是。我最担心的是，严党把控了朝廷，朝廷很可能改变抗倭策略，不久倭患又起，之前的付出则功亏一篑。"

李杜说道："大哥，劫狱不行，营救困难，不过我有个想法不知可不可行？"

"请说。"

李杜说道："虽然严党把控朝廷，但正直人士还是有的。虽然我们只是小将，没有那么大的权力可以放卢将军、柯将军、尹将军出来，但我们可以给朝中正直人士写信，请求设法营救。"

俞咨岳说道："我也有个想法，何不直接上疏皇上？让皇上明辨是非，惩办奸臣。"

李杜说道："咨岳你有所不知，直接上疏皇上的话，奏疏势必会被严党的人截取，当前严党势力强大，我们这样无异于以卵击石，风险太大。"

俞咨岳点了点头。

俞大猷思索片刻，说道："我们现在确实没有其他更好的办法。我去京城时，认识了徐阶大人、王忬大人、张经大人，他们都是正直人士，那我就给他们写信。"

王直自从双屿港战败逃回日本后，暂在九州西部面积不大的五岛列岛落脚。此次战败损失惨重，兵士减员一万多人，收集残兵败将后只有三四千人，而且物资损失更大，许多金银财宝和物品未运出来。队伍士气低落，王直本人也愁眉不展，接下来该怎么办呢？他深深思索。

就在一筹莫展之际，王直的住所来了两位客人。一位是五岛的大名宇久盛定，因为王直之前也受过宇久盛定资助，算老朋友了，自然认识，但对另一位不认识。宇久盛定介绍道："王船主，这位是肥前国大名松浦隆信的使者门多郎。"因王直刚来到五岛时，看到岛上有五个山峰，故自号"五峰船主"，别人就尊称他为船主。

王直用倭语向对方问了好，对方也回了个好，并恭敬地鞠了个躬。王直请二位客人到富有徽式建筑风格的房子内入座，让仆人泡上来自大明国的上等茶叶。只是纳闷，自己虽然听说过松浦隆信，但并没有接触过，不知使者前来是为何事。

接着，门多郎掏出一封信递给王直，王直接过来阅读，原来是松浦隆信的亲笔信，邀约他到肥前国商谈具体的合作事宜。

宇久盛定说道："王船主，我们五岛地偏岛小人少，财困民贫，没有能力支持您出海发展。而肥前国比我们这富得多，松浦君也是我的老朋友，人挺仗义，又十分看重您，我说王船主不如早点前往肥前国做进一步商谈，势必会有大收获。"

王直说道："非常感谢！我会前往的。"

门多郎说道："那我们等候您大驾光临。"

　　刚送走宇久盛定和门多郎不久，辛五郎也找上门来。辛五郎说道："王船主，你们国家有句古话，叫作胜败乃兵家常事，你就不必为此耿耿于怀了。我看待在这偏僻的五岛不是个办法，你和我还是去萨摩见我的主公吧，我相信我的主公会给你提出好办法的。"当时萨摩国的岛津氏实力较强，已将其周边一带统一。辛五郎所在的大隅及另一国日向均归顺了岛津氏。

　　"这个……"王直一时不敢答应下来。他对萨摩挺熟悉的，以前去过多次，该地方位于九州的西南部，离五岛列岛并不远，要去并不难。但问题是他欠了萨摩大名岛津氏不少债，因为之前岛津氏支持他到大明朝劫掠，除了在人力物力上给予支持外，还在财力上给予大力支持，但这个支持不是无偿的，而是类似投资，需要回报的，可战斗败得一塌涂地，不但连收益都没有，而且连本钱都打水漂了。只是他不敢直说这个原因，只好找了个借口："这次战斗后，我感到身体不适，让我先休息几天再说吧。"

　　"那好吧。您好好休息。我先告退。"

　　辛五郎走后，王直把二位分别叫叶宗满、谢和的心腹以及义子王澈、侄子王汝贤叫到屋内，向他们说明了松浦隆信邀约和辛五郎劝说去萨摩的事，征求他们的意见。

　　叶宗满说道："松浦隆信邀约一定得去，这相当于为我们开了新的一扇窗啊，很可能新增了合作伙伴啊，对我们十分有利。至于岛津氏那，我们还欠他们的债，你去了势必难堪，但不去也不行，毕竟是合作过的，不能因此断了关系。"

　　谢和说道："松浦隆信那我也支持去。至于岛津氏那，何不派徐海将军和他叔父徐惟学替你去，他们跟岛津氏挺熟的，人也有威望，见过世面，口才也好，善于交际，我看派他们合适。"

　　王澈和王汝贤说道："对，这是个好办法。"

王直说道："好，那就这么定了。"

于是，第二天辛五郎再上门时，王直便把徐海和徐惟学叫来，托词说自己身体不适，麻烦他们跟辛五郎去萨摩一趟。徐海和徐惟学身为王直的部下，以服从命令为要，便答应了下来。辛五郎见此情景，只好如此，几人便一起前往萨摩国了。

辛五郎、徐海、徐惟学前脚刚走，王直就找到宇久盛定，请他帮忙引荐，并带上叶宗满、谢和、王漱和几名兵士前往肥前国拜见松浦隆信，在一处十分气派的住宅里见到了身材高大、气宇轩昂、穿着和服的松浦隆信。

松浦隆信见王直登门了，喜笑颜开，十分热情，亲自到门口迎接。宇久盛定向双方做了介绍后，松浦隆信向王直作揖道："久闻王船主大名，今日终于得见，真是幸会啊！"

王直也作揖道："我也是久闻松浦君大名，接到您的邀约后，我就迫不及待想见您了。"

"是吗？那就太好了。请屋里坐吧。"松浦隆信让仆人上茶，茶上毕，他说道，"这可是来自你们大明国的大红袍，得益于之前的经商交易，我们才有幸能够喝上贵国的贡茶啊！现在也款待王船主你这样高贵的客人。"

"非常感谢！"王直喝了两口，赞道，"果然是纯正的大红袍，好茶！好茶！"随之话锋一转，"原本我们在大明国生意做得好好的，可是突然来了个叫朱纨的将领，严厉海禁，还要将我们赶尽杀绝，让我们损失惨重，致使在贵国要喝上大明国的茶叶、用上大明国的瓷器可就不像以前那么容易咯。"

松浦隆信说道："这我有所耳闻，但你也不必灰心。据我所知，你所说的朱纨已死，他原来实施的政策已被改变，明朝廷又宽海禁、默许经商了。"

王直赞道："松浦君的消息还真是很灵通啊！我的探子也收到了这个消息了，确实如此。"

松浦隆信说道："所以你的机会又来了，这也是我邀约你的意图。我可以出资资助你，出人由你调遣，出船队供你用，我们的平户岛和松浦津可以任你使用，作为你的发展基地。我们可以利益分享，五五分成如何？你到时候给我换回先进的火炮、火铳，或者给我金银财宝也行，你看如何？"松浦隆信心想，当今日本群雄角逐，各国间互相攻伐，邻国诸雄对肥前国虎视眈眈，肥前国要想立足或者有所作为，必须增强军事实力和财力，那么跟王直合作势必可以实现这个意图。

宇久盛定跟着说道："这确实是好机会。王船主答应了吧。"

王直、叶宗满、谢和、王澍彼此看了看，都是喜上眉梢，互相点头表示同意。王直开心道："很好，非常感谢松浦君的支持，那我们合作愉快！"

"好，那我们以茶代酒，为我们合作干杯。"接着，松浦隆信又叫来三个人，向王直介绍，一位叫门多郎，一位叫田助四郎，另一位叫萧显，说他们各带领了几千人的船队，有着丰富的海盗和海商经验，今后就归王直调遣。王直感到机会来了，可以东山再起了，于是欣然接受。

而徐海在辛五郎的带领下，来到了萨摩国，在华贵的庭院式住宅里见到被称为"岛津家的英主"的岛津贵久。

寒暄一阵后，岛津贵久问道："徐将军，你们的王船主怎么没来啊？"

徐海说道："我们的船主身体不适，故委托我来拜见您，他让我向您转达他对您的问候。"

"哦，原来这样。我看你们的王船主可不是身体不适，而是心里有愧，躲着不敢见我吧？"

徐海和徐惟学均显得有点尴尬："哪里哪里！"

岛津贵久说道："据我所知，你们的王船主去肥前国会见松浦隆信了。哪里是身体不适？"他的消息够灵通的，是派出各路探子打探来的消息。

"这个……"徐海和徐惟学还不知该事，显得十分吃惊。不过徐海想一想也觉得可能，因为他也没觉得王直身体哪有不适，而拓展新的合作方也很正常，故没有争辩。

岛津贵久继续说道："徐将军，我看你和你叔叔都是能人，能力出众，海商经验丰富，号召力强，你们何必还屈尊于王船主之下。我倒有个主意，有助于你们发展，不知你们是否同意？"

徐海问道："是何高见？请讲。"

岛津贵久说道："我愿意和你们合作，我出资出人支持你们发展，获得利益后我们分享，如何？"他想，既然王直不可靠，那我就重新找合作人。

徐海觉得机会来得太突然了，十分激动和振奋。想一想之前为王直打拼，累死累活的，到头来却是损兵折将，人财两空，时常意见不合还要服从，真是气死人。现在有机会单干，那再好不过了。他问了问叔叔徐惟学，徐惟学在这行里算老经验了，知道什么该干什么不该干，点头说好。于是徐海说道："好，那我们合作愉快！"

随后双方谈起具体的合作方案，达成协定。岛津贵久又叫来两个人，一位叫陈东，一位叫麻叶，陈东是岛津家的书记，办事能力强；麻叶是岛津家的武将。岛津贵久命令陈东和麻叶以后接受徐海的统一指挥。他们答应说好。

徐海回到五岛后，走进自己的宅子，夫人王翠翘立即迎上来，说道："夫君，你回来啦，这是去了哪里呢？可让我好等。"随后倒碗水给徐海喝。

徐海喝了水后，突然亲了下娇艳欲滴、楚楚动人的夫人，笑道："有好事。大大的好事。"

王翠翘说道："天天在这小岛上，离我们老家那么远，想回去又回不了，在这里除了面朝大海外又没啥好玩的，会有啥好事？"

徐海说道："离回去不远了。我们很快就能杀回去。我们的好日子就要来啦！到时有你享不尽的荣华富贵。"

"究竟是怎么回事？"王翠翘迫不及待地想知道。

"我告诉你，不过你可要保密。"

于是，徐海把见到岛津贵久、与他合作的事告诉王翠翘。她听了后，也喜上眉梢。突然她想到什么，问道："那王船主那你怎么交代？"

徐海说道："这个我跟我叔叔商量过了，我暂时还是王船主的部下，听他指挥，但是一旦我翅膀长硬了，我就跟他脱离关系，展翅高飞。单飞的事暂不能让王船主知道，所以你要保密。"

"放心吧。你是我的夫君，我肯定会保密的。"

"这才是我的好娘子。"徐海色眯眯道，然后把美人抱上床亲热起来……

王直在万事俱备后，选择合适的季风，率领两万人、数百艘船来到大明国，选择浙江金塘岛的烈港（今舟山金塘沥港）为巢穴。浙闽等地的商人及海盗知悉后，纷纷前往依附，致使王直势力越来越大。他们一方面开展贸易，另一方面动不动侵入沿海县府进行劫掠。

而明军在强大的倭寇面前，屡战屡败。嘉靖三十一年（1552）四月，象山百户秦彪战死；同年五月，瑞安百户李潮、高良战死；同年六月，台州知事武日韦战死。浙江台州、温州、宁波等府县纷纷告警，败报不断，震惊朝廷。

# 第十五章　浙江抗倭

在京城裕王府邸里，礼部尚书徐阶、兵部尚书张经、兵部武选司员外郎杨继盛拜见裕王。自从夏言、朱纨被杀后，正直派势力一落千丈，而严党势力如日中天，且大力支持排行第四的景王朱载圳，成为拥护景王派，希望景王朱载圳能够当上太子。徐阶、张经等人只好寄希望于裕王。裕王名为朱载坖，为嘉靖皇帝的第三子，由于前面的二位兄长均已病逝，裕王以次序当为太子，只是嘉靖皇帝一直未予册立。

徐阶说道："殿下，自从朱纨将军被迫自杀后，朝廷未设浙江巡抚，海禁放开，海防形同虚设，东南倭患又起，数万倭寇攻打浙江沿海府县，到处烧杀抢掠，形势十分严峻。这样下去，危矣！"

张经说道："殿下，严嵩对倭寇听之任之，朝廷大臣敢怒不敢言，还望殿下出面，任用贤能之人，对倭寇再予以重击，拯救我大明朝，保大明朝千秋万代。"

裕王虽然向来小心谨慎，但作为一名年轻气盛的男人，作为未来很可能继承大统之王，面对当前这个情形，也感到无比愤慨，说道："哼，严嵩着实可恶，祸乱朝纲，陷害忠良，只顾个人私利，不顾我大明朝之安危。本王知道诸位大人都是我大明朝的股肱之臣，忠心耿耿，你们有何好计策？"

徐阶说道："依臣之见，浙江当设巡抚，且须正直之臣担任，臣推荐王忬调任浙江巡抚，虽然他刚出任山东巡抚，且才三个月，但臣觉得浙江更需要他，他是个忠心耿耿之臣，值得信任。同时，要选拔一批善于抵抗倭寇的干将奔赴浙江，比如俞大猷、卢镗、尹凤、汤克宽等。还要继续实施严海禁之策，直至彻底扫除倭患。"

张经说道："若要推荐人选，就不要通过内阁，否则被严嵩知道了，他肯定给否决了，或者他会再推荐严党的人，那就对大局不利了。望殿下在适当的时候向皇上进言。"

此时杨继盛发话道："二位大人说的对策我赞同，下官也想到个办法，只是不知当讲不当讲？"

"请讲。"

杨继盛继续说道："严嵩卖官鬻爵、大肆受贿，搜刮民脂民膏，陷害忠良，罪行累累，百官看在眼里，却不敢对其弹劾，我愿意以我的名义上疏弹劾他，让皇上撤其职、治其罪。如何？"

徐阶十分爱护杨继盛，其为人正直，爱憎分明，干事能力强，早在杨继盛在国子监学习时，就超凡脱俗，时身为国子监祭酒的徐阶就欣喜之。同样，身为杨继盛上司的张经也十分看好他，乐于栽培，但是二人均不同意弹劾，不能让他重蹈覆辙。

徐阶摇头道："现在弹劾严嵩不是好时机，风险太大，弄不好反而被他伤害。继盛你是吃过这个亏的，应该知道。"

此前杨继盛上书弹劾过严嵩的死党——边关大将仇鸾，却因此下了诏狱，后被贬到偏远的狄道（今甘肃临洮）当典史。后来好不容易才再度起用。

张经也说道："不可，不可。严嵩正受宠，势力强大，弹劾他无异于以卵击石。"

杨继盛说道："我听二位大人的便是。"口头虽这样说，但心里却依然想着弹劾。

裕王说道："徐大人、张大人说得对，本王十分认同。弹劾暂就算了。

对了，你们最近有没写青词？本王想献给父皇。"

"有的。我已写好一篇，请殿下过目。"徐阶掏出一张写有青词的纸，递给裕王，裕王看了后满意地说好。

过了两天的清晨，裕王朱载垕前往西苑见他的父皇。裕王恭恭敬敬地鞠了个躬，双手抱拳，说道："儿臣给父皇请安。"

嘉靖皇帝说道："垕儿，最近在忙什么啊？"

裕王说道："儿臣最近在学习写青词。"

嘉靖皇帝听到"青词"二字便精神抖擞，说道："是吗？不错啊！有没写好的啊？"

"倒是有一首。"裕王掏出写好的青词，递给他父皇，"请父皇指点。"

嘉靖皇帝接过后认真阅读起来：

"士"本原来大丈夫，"口"称万岁与山呼。
"一"横直过乾坤大，"两"竖斜飞社稷扶。
"加"官加爵加禄位，"立"纲立纪立皇图。
"主"人自有千秋福，"月"正当天照五湖。

阅读完毕，嘉靖皇帝喜笑道："好！好一首藏头诗。"嘉靖皇帝虽然觉得这首诗的文学价值不怎么样，但它把"嘉靖"两个字的笔画全部按照顺序排进每行诗的第一个字，组成"藏头诗"，表达了对皇帝歌颂之情，确实是下了一番苦功夫的，因此大加赞赏。

裕王看到父皇开心地表扬自己，心里也美滋滋的，他说道："谢父皇。不过儿臣这首青词是经过徐阶大人指导才写成的，功劳也有他的一半。"

嘉靖皇帝说道："是徐阶啊！他青词功夫确实不一般，每次给我的青词质量都是上乘的，确实是在用心做事。"

裕王说道："是的。徐尚书确实是忠心耿耿、鞠躬尽瘁。儿臣还有事要奏，只是不知当讲不当讲？"裕王见父皇高兴，便想把正题说出来，但又担心父皇责骂他多管事，只好先征求父皇意见。

嘉靖皇帝说道："讲吧。"

裕王说道："自从朱纨死后，浙江便未设巡抚，治理不善，海防松弛，倭寇乘虚而入，据报有数万众，浙江沿海府县深受其害。儿臣斗胆建议重设浙江巡抚，并调派一批善于抗击倭寇的得力干将，力保我大明海疆太平。"说毕，裕王瞄了瞄父皇的脸色，发现父皇依旧十分平和，并没有因此生气。

嘉靖皇帝轻轻点了下头，说道："嗯，你有没有合适的人选啊？"

裕王说道："儿臣觉得山东巡抚王忬可担当浙江巡抚大任。此人忠心耿耿，富有才干，且有当巡抚经验。"

"嗯。"

见父皇同意了，裕王开心，同时自己放松开来，壮壮胆再建言："儿臣还觉得现在内阁严阁老独大，权倾朝野，排斥异己，为所欲为，这样不利于我大明朝久安，儿臣斗胆建言让徐阶入阁。"言毕又瞄了瞄父皇的脸色。

嘉靖皇帝对此并没有责备，而是夸道："看来壸儿长大了，想的问题很周全，不愧是我的儿子，能为父皇分忧啦。"

裕王感到松了一口气，被夸后感觉心里美滋滋的。

随后，嘉靖皇帝把太监李芳叫过来，让他传口谕给内阁和吏部，让徐阶兼任文渊阁大学士，进入内阁，参与朝廷机要大事；让王忬担任浙江巡抚；让吏部选拔一批得力干将调往浙江。

严嵩接到李芳口谕后，吃了一惊，心想徐阶这么厉害，竟然能够获得皇上的信任进入内阁。但很快归于平静，心想一个职位比自己低的徐阶根本不必放在眼里，那夏言此前还是首辅，最后不仅滚蛋还被杀头呢。

徐阶得知自己进入内阁后，并没有因此飘飘然，虽然自己获得皇上的信任，但皇上有时说变就变。而且他知道严嵩的实力还是很强大的，务必从夏言的死吸取教训，不能跟严嵩硬碰硬，该忍时得忍，必须采取更加理性的方式与之共事，必须保持谦虚谨慎，再伺机把严嵩拉下台。当他第一天来到内阁上班时，见到后到的严嵩，便恭敬地向他作揖，说道："严阁老早。"

严嵩漫不经心地拱了下手，低声地回了句："你也早。"

当严嵩走进来后，徐阶立马用袖子擦了擦首辅的宝座，说道："严阁老请上座。"然后又端来已经准备好的茶，"严阁老请用茶。严阁老有什么事尽管吩咐，我绝对听您的，叫我往东我就往东，叫我往西我就往西。"

原本严嵩还想在徐阶面前再摆摆架子，找机会训斥下他，可是看到徐阶对自己如此恭敬，简直像个自己的仆人似的，都不好意思训斥了。

喝了两口茶后，严嵩说道："皇上口谕说要选人到浙江担任巡抚，你觉得谁合适啊？"

徐阶一听就知道严嵩有意测试自己，皇上都说王忬名字了，还何必再选人吗？但他不直接说王忬，而是换了个方式："严阁老说谁合适就谁合适，您选谁我也选谁。"

严嵩笑了笑，说道："嗯。"

严嵩心想，看来这个徐阶还不错，很配合，不足惧。但转而一想，常言道，知人知面不知心，或许徐阶可能是表里不一，表面笑笑的，但笑里藏刀，说不定心里暗藏杀机。防人之心不可无啊！

不过，过了一阶段，严嵩对徐阶的猜忌因一件事而打消，徐阶提出将长子太常寺徐璠之女许配给严世蕃之子，严嵩大喜，答应了下来，心想两家都联姻了，那关系就密切了，还有啥好猜忌的？因此对徐阶给予充分信任。只是苦了徐阶的这位孙女，后来随着严嵩、严世蕃的倒台而死去，成为政治婚姻的牺牲品。

朝廷很快就正式任命王忬提督军务，巡抚浙江，兼管福、兴、漳、泉四府。王忬接到任命状，立即奔赴浙江。他知道面临的倭患形势十分严峻，抗倭压力巨大，困难重重，特别是浙江当地能征善战的将领少之又少，要完成使命异常艰巨，可是皇命不可违，哪怕前方刀山火海也要毅然向前。他相信事在人为，只要努力，会有一番作为的。

到浙江后，他就上奏要求调任俞大猷和有关部下以及一位叫汤克宽的将领，并上奏请求释放卢镗、尹凤、柯乔。朝廷鉴于当下形势危急，正需得力干将，于是准奏。

很快，俞大猷就接到任命状，任分守温台宁绍地方左参将。俞大猷知道浙江倭患严重，但他是喜欢挑战的人，有仗可打更乐意，因此想早点到浙江打倭寇。

俞大猷召集众将士，以洪亮的声音说道："当前浙江百姓正遭受倭寇侵略之痛，朝廷要调任我等前往浙江杀敌，此行前途艰险，但也是建功立业的好机会。众将士，有谁愿意跟我去浙江？"

"我愿意！"

"我愿意！"

"我愿意！"

……

大家异口同声地说道，异常坚定。这种人人愿意舍身报国的情景让俞大猷十分感动。但是他想福建也须留些人才镇守，想了想，他跟师父李良钦说道："师父，您德高望重，徒儿希望您留在福建发挥作用。"

李良钦想想自己年纪大了，远征他乡体力不济，留在家乡更好，便欣然答应。

此外，还劝说弟弟俞文猷、欧阳深、周冕、邓钟等也留下来守卫福建。

他们虽然也想去浙江，但为了服从大局表示同意。

当俞大猷看到伍端和郑履祥时，问道："伍端、履祥，你们是广东人，想回广东还是留在福建，抑或是一起去浙江？"

两人不假思索地回道："去浙江杀倭寇。"

"好！"

接着俞大猷对二位女将说道："玉妹、丹心，你们也留下来吧。"

不料，李玉妹说道："俞将军，让我跟咨岳哥一起去浙江前线打仗吧。我能行。"

俞丹心也说道："邓铨哥哥去哪里打仗，我也跟他去哪里打仗。"

邓子龙瞥了眼俞丹心，笑道："丹心，你是不是不放心你的铨哥哥啊？难道怕他飞走了不成？"众将士听了都笑了起来。

俞丹心噘了下嘴巴，说道："我也是想为国杀敌的嘛。"

俞大猷说道："有这想法值得表扬，那就一起去吧。"

在综合考虑后，俞大猷共选了三千名将士。临行前，传唤兵向俞大猷报告："俞将军，夫人求见。"

俞大猷有点诧异："我夫人来了？"

他想，夫人不是在泉州老家吗？怎么赶来了？他赶紧来到门外迎接，看到果然是自己的夫人陈佩兰来了，还带着小儿子俞咨皋。

俞大猷上前打个招呼："夫人，你来啦。"然后抱起孩子亲了下，"叫爹爹。"

俞咨皋许久没见父亲，有点生疏，一时不敢叫出声，在陈佩兰的教导下，才轻轻地叫了声："爹。"

俞咨岳、俞咨荣也走过来跟母亲相见，亲切地叫声"娘"。家人难得团聚。

进屋后，俞大猷问道："夫人，你此次前来有事吗？"

陈佩兰说道："听说你要去浙江，就特意来看看你，为你送行。"

俞大猷说道："原来这样啊，辛苦你了。"

陈佩兰说道："你、岳儿、荣儿可要保重，平平安安地回来。我会天天在观音菩萨面前为你们祈福的。"

俞大猷说道："放心吧。你照顾好皋儿，也保重身体，平日别太劳累，吃好睡好。"

就这样，一家人团聚没多久，就要匆匆分别了。陈佩兰跟丈夫和儿子们挥手道别，禁不住流下伤感的泪水……

俞大猷来到浙江杭州后，先去拜见王忬。王忬闻报俞大猷来了，喜出望外，带着其他将领来到大门口相迎，说道："俞将军，我盼星星盼月亮，终于把你给盼来了。"

看到上司这么热情，俞大猷也十分开心，作揖道："多谢抚台大人！"

王忬说道："来，我给你介绍下几位将领。"

王忬先介绍一位身姿挺拔、气势刚健的将领，说道："这位是右参将汤武河（汤克宽，字武河）。今后你们可是我的左膀右臂，有你们在我就有信心了。"

俞大猷上前与汤克宽握手，说道："汤将军，今后我们可得精诚团结抗倭。"

汤克宽说道："嗯，久闻俞将军大名，能与俞将军共事，汤某不胜荣幸。"

接着王忬要介绍卢镗，俞大猷说老相识了，不用介绍。他上前与卢镗来了个拥抱，说道："声远，你受苦了。"

卢镗说道："幸好有抚台大人上奏朝廷赦免我等之罪，不然我还真见不到你了。"想着自己奋勇杀敌，却被定成死罪，感觉好冤。但要到鬼门关前夕又被赦免获释，真有种死里逃生的感觉，人生之大起大落令人感慨万千。只可惜的是，自己的上司朱纨大人再也回不来了。

在一旁的尹凤、柯乔也感慨道："是啊！今后我等必誓死效劳于抚台大人。"

王忬说道："应该是为皇上尽忠。"

王忬一一介绍各位将领后，对俞大猷说道："俞将军，你先好好歇息，改日我们再详谈如何？"

"好的。"

稍事休息后，俞大猷来到王忬府上。王忬热情接待，吩咐仆人上茶，两人边喝茶边聊抗倭大计。

王忬说道："志辅，我听说你在福建招抚过山寇。那你觉得现今招抚王直可不可行？"

俞大猷说道："我觉得招抚不是现今的好策略。因为招抚是有条件的，需在我大兵压境且敌方实力不支的情况下才可招抚，但现今倭寇初来乍到，势力正盛，敌人并没有力屈而求我。故暂不适合招抚。"

王忬点点头，说道："嗯，说得有理。倭寇四处出动烧杀抢掠，今日攻我绍兴、明日攻我台州、后日攻我宁波，我军疲于应付。对防御倭寇，你有什么好的策略？"

俞大猷说道："来浙江之前我也在思考这个问题，那我就谈下个人见解。我认为须建立多层次的防御体系。其一，要歼敌于海上，派出舰船备之于海，设立多只游兵船只，伏于各海岛，对从大洋初至之敌进行打击，不让敌人登岸。海上之战，无非就是大船胜小船，大铳胜小铳，多船胜少船，多铳胜少铳，故备之于海关键要有船只。福建福清造的大福船十分适用，今后可在福建多募船，并配备先进的火铳火炮，多募水兵。"

王忬说道："嗯。我同意你的主张。那其二呢？"

俞大猷继续说道："其二，要多派兵船在河港防守。倭寇一旦深入河港登陆，其隐患比海岸登陆还要大。为何呢？因为在海岸登陆的话，倭寇不敢深入内地太远，主要是担心船只丢失，若船只丢失，由于我们沿海实行海禁，他们难以找到船只，所掠货物将无船可载。而从河港上岸的话，倭寇随时可抢到我船只，越深入内河，可抢的船只越多，故倭寇肆无忌惮地抢掠，祸患更大。故须注重河港的防守。"

王忬赞道："志辅见地果然独到。"

俞大猷说道："多谢抚台大人。其实这些都是平日防御倭寇总结出来的经验。那我接着讲第三策，即要御城镇，在各城镇筑牢城墙，多布兵防守，并发动百姓参与防守，平日加强演练，以备倭寇攻击。其四，海岸登陆虽比河港登陆隐患小些，但也要防守。可在乍浦、澉浦、临山、昌国、湖头、石墩、大嵩、健跳、松门等各设兵船一艘，以防倭寇登岸。其五，要注重练兵，既要练水兵，提高船上作战能力；也要练陆兵，使兵善于作战，能在各个地形作战，既能设伏也能防伏。练兵时还要练胆，我们的兵士往往胆小，见到倭寇就害怕和怯战，故要先练胆，练成不怕死的勇士。"

"嗯嗯，说得好。"王忬不停地点头，十分开心，"听你一席话，我知道怎么做了。"

俞大猷接着说："当今倭寇占据烈港。我认为我们得集聚合力直捣其巢穴。"

"我也正有此意。接下来我会把行辕设在宁波。明日我们去前线视察，再定如何作战吧。"

"好。"

第二天，王忬带着俞大猷、汤克宽、卢镗等将士前往宁波前线视察，并坐船远眺烈港，充分了解当地的地形地貌，再制定作战方案，尽量做到天时地利人和都有利于己方。

就在王忬等人视察前线后没几天，倭寇那边却发生了内讧。事情经过是这样子的：

一日，徐海率领部下在巡海时，看到有支商船模样的船队从杭州方向驶到大海。他的部下麻叶来到徐海面前说道："将军，前方有支商船，杭州方向来的，估计载有不少的财物，要不要打劫？"

徐海走到甲板远眺了下，喜出望外，同意道："好主意，我们不抢那就被别人抢了。兄弟们，全速前进，准备攻击。"

于是徐海的船加速前进靠向商船，每个人拿着砍刀，面目狰狞，恨不得张开血盆大口尽快把商船给吃了。

商船发现倭寇的船靠来，船上的人十分紧张，不过一位穿着华贵丝绸衣服的商船掌柜赵德美却十分镇定，他来到甲板上，高声喊道："诸位兄弟，你们是王船主的部下吗？我这船是要驶往烈港的，是受王船主委托才运送补给物资的，请你们放行。"

麻叶问徐海："将军，怎么办？劫还是不劫？"

徐海觉得现在实力增强了，很想单干，哪怕对方真的是要跟王直做生意，那也不怕，于是索性狠下心，说道："对方肯定是假冒的，别管他，劫。"

于是倭寇们继续靠近商船，当近在咫尺时便跳船过去，见人就杀。商船上的人见对方来真的，打又打不过，能逃命则逃命。赵德美等人赶紧换乘小船逃走，只可惜许多的货物就这样被抢了，损失可谓惨重。不过，赵德美并不甘心，船划行了一段水域后，他下令掉头跟踪倭船。

刚才被抢劫时，赵德美以为抢劫的人应该不是王直部下，估计是来自其他地方的倭寇或海盗。但是，跟踪之后，他发现对方的船队也是朝着烈港方向驶去，不过是朝烈港西岸靠岸，而王直则驻在烈港东岸。

"怎么会这样？"一个大大的疑问悬在赵德美脑子里，难道王直不讲信义了？可是又觉得不对，跟王直做生意多年，彼此合作得还行，若真劫货难道以后不想做生意了？不太可能吧。他思索片刻，决定前往烈港找王直问个究竟。

小船靠岸后，立即有倭寇拿着刀走过来，大声喝道："喂，你干吗的？"

赵德美恭敬地作揖，说道："我叫赵德美，是王船主邀我来谈生意的，我和王船主是老朋友了，麻烦禀报一下。"

"那好吧。"

过了一会儿，王直在一个大房子里会见了赵德美。王直笑容满面，十分热情地作揖，说道："赵掌柜，你终于来啦，我可等你挺久了。货物送来了就好，请坐，先喝杯茶我再去看货。"

赵德美看到王直这么热情，心想难道对方是故意装的吗？"王船主，我的船队被劫了。"

王直大惊："什么被劫了？那可是我所需的补给物资啊！说，哪路海盗这么大胆敢劫你我的货？"

赵德美压低声音说道："那群人劫货后，将船开到了烈港西岸。"

"什么？烈港西岸？不会吧？"王直更加吃惊，烈港西岸不是徐海驻扎吗？难道他故意搞事？

赵德美回道："是的。他们还杀了我的人。"

"竟有此事。走，我们去看个究竟。"

王直带上赵德美和几位部下乘船到烈港西岸港口。赵德美看到了他的船只就停在港湾里，货物正被一群人搬上岸。"王船主，就是那些船。"

人赃俱获，王直没什么好说的，只是奇怪徐海难道是故意的，还是搞错了？

王直登上岸，对着搬货的人吼道："你们都停下来。谁让你们搬的？你们的徐将军在哪？赶紧叫他出来。"

那些人怔住了，一看是王船主，都吓得不知所措，赶紧把上司徐海叫来。

王直指着徐海的鼻子生气道："徐海，你不知道这是我要的补给物资吗？你为何还敢抢？还杀了赵掌柜的人，这是为何？赶紧说。"

徐海见王直对自己怒吼，他也来了气，顶撞道："不就是抢了几艘船的物资、杀了几个人吗？习以为常了，王船主有生气的必要吗？"

王直看到对方不以为然，更火了，大声说道："这可是我要的货物，你也敢抢，你是不是活腻了？来人，把徐海押下去。"

王直几位部下上前要押徐海。徐海见势拔出刀来，喝道："谁敢！实话告诉你，我就是跟着你干腻了，老是受气，想单飞怎么样？"他的部下见状也纷纷拔出刀。王直部下也跟着拔出刀。双方似乎要来一场血拼，场面异常紧张。

就在这时，岸上走来一个老者，此人就是徐惟学，他强装出一副笑脸说道："都是自己人，自己人，别这样，赶紧把刀收起来。"徐海见叔叔来了，只好听了，向部下使了个眼色，部下便把刀收起来。王直部下也跟着收刀。

徐惟学对王直作揖道："王船主，误会，误会，您别生气，我问了，这确实是场误会，我侄儿不知道商船是给我们送物资的，误以为是其他的商船。我代他向您道歉。今后再也不会犯这样的错误了。"

王直听了气稍稍顺了些，说道："徐叔叔，是误会就好。可是从刚才的架势看，我看你侄儿是想另起炉灶啊！"

徐惟学说道："哪里敢？刚才的话都是气话，您大人不计小人过。"

这时岸上又走来一个人，此人便是倭寇头领辛五郎，他听到部下禀告说王直和徐海闹起来，便立即赶过来劝和，说道："你们想干吗？都是自己人，难道自己人还要闹内讧吗？你们没听说浙江来了很厉害的俞大猷吗？如果要闹内讧，那么俞大猷不用来杀我们，我们就自己完蛋了是不是？我跟你们说，我们要精诚团结，一致对外，知道吗？"

　　王直觉得辛五郎说得有道理，加上他是头领，威信高，便同意道：
"将军说得是，我听你的就是。"

　　徐惟学跟着说道："我也听将军的。"他伸手碰了下徐海，示意
其表态。徐海有点漫不经心地拱了下手，说道："我也听将军的。"

　　辛五郎说道："这就对了吗？按你们古话说，叫和气生财嘛。那
你们听我的。商船货物让王船主做主，王船主记得分一些给徐将军。
还有，记得把商船还给赵掌柜，该付的钱得付。今后，我们得好好练兵，
筑牢工事，团结一致对付明军。"

　　"遵命！"

　　终于一场危机就这样化解。不过这只是表面，其实徐海心里还是
不痛快，依旧想着单飞。王直心里也清楚，看样子徐海就是想另起炉灶，
以后能合就合，真合不来也不勉强，那就分道扬镳。

# 第十六章　烈港之战

　　俞大猷、汤克宽等将领在王忬的部署下，均将军队在宁波前线有序驻扎下来，开始做好进攻烈港的各项准备工作，包括置办粮草、战船、武器以及开展登岛作战演练等。可以看到，在练习场上，在刘邦协教头认真教授下，兵士们正全身心投入到武艺练习中。

　　此外，擅长水战的邓城、邵应魁、颜扬也在水域认真教授水兵们开展水战。但是有一项十分重要的工作却做得不如意，那就是对烈港及金塘岛倭寇军事情况的侦察。虽然已远眺对岸，但隔得有点远，并不能看得一清二楚，而太近的话又担心惊动倭寇被追击。

　　正在犯难的时候，传唤兵进帐禀告："俞将军，有个倭寇模样、自称叫王大海的人来到岸边时被我们抓到，但他说自己不是倭寇，认得您，还要见您。"

　　"王大海！快请上来。"俞大猷振奋起来。自从倭寇在双屿港战败逃到日本后，就一直没有王大海的消息，没想到他还能活着回来。

　　没一会儿，兵士将王大海押上来。俞大猷打量了下，果然是王大海，便命令部下快放开他。王大海跪拜道："俞将军，王大海有要事要拜见您。"

　　俞大猷立即扶起他，拍了拍他的肩膀，嬉笑道："大海，许久不见，我们还以为你牺牲了或者去倭国不回了呢。这次怎么回来？"

　　认识王大海的李杜、邓城、俞咨岳、俞咨荣等人发现真的是王大海，也十分高兴，纷纷上前跟他握手，说道："大海，果然是你，没想到你还活着，太好了。"

王大海笑了笑，说道："自从王直在双屿港战败后，我就跟王直去了倭国，后来又跟着来到烈港。我听头领说将军您来到浙江了，就想过来看您。对了，我这次特地带来了烈港和金塘岛的地图，我自个偷偷画的，看看能否用上。"王大海在衣服口袋里掏出一张地图递给了俞大猷。

俞大猷打开地图一看，喜出望外，虽然地图美术功底不怎样，但那岛形、山地、平地等画得有模有样，最重要的是地图上十分详细地标明了倭寇在岛上的军事设施，如在烈港的设有沥表门、西堠门两座水寨，倭寇军队驻扎在烈港东西两岸的开阔地，在岛的四周如柏塘山、双尖岭、老鹰岩、仙人山、大庙湾山、外岙岭、礁安岭等布有哨点。俞大猷拍了拍王大海的肩膀，说道："不错，太好了，我正需此图，你可立下了一大功啊！"

王大海乐开了花，笑道："多谢俞将军夸奖！只要能用上就好。"

俞大猷发现烈港旁边的一座叫巨石岭的山没标示哨点，便指着问道："这座山怎么没哨点吗？"

王大海说道："哦，这是座石头山，四面都是悬崖峭壁，高不可攀，就没布兵。"

"原来这样。"

恰好也在帐内的郑履祥问道："请问这山有多高？"

王大海回道："大概有五六十丈高。"

郑履祥说道："俞将军，我最擅长攀援，我相信可以爬上去。用得着我的话随时吩咐。"

俞大猷点头道："好。可以的话你爬上去发射火箭烧倭营。"

"好主意。"

俞大猷又问王大海："大海，现在倭寇情况如何？"

王大海说道："自从你们驻扎宁波后，倭寇有点紧张，最近都在修筑工事备战。对了，前些日子王直和徐海因为彼此有矛盾差点打起来，后来经辛五郎劝说才勉强合着。"

"嗯。明白。对了，你是怎么过来的？"

"我是乘小船过来的。"

俞大猷眼睛一眨，立即想到了个主意，说道："我想派几个人跟你潜入金塘岛，到时做我们的内应，可以不？"

"我听俞将军的。"

于是俞大猷让邵应魁、颜扬、俞咨荣以及一位本地籍叫侯得的兵士化装成百姓模样，吩咐他们要做哪些事和注意事项，然后跟随王大海潜入金塘岛。

万事俱备，只待令下。

嘉靖三十二年三月十一日夜，巨大的黑幕笼罩着大海，大海正涨着潮，风呼呼地吹着，海浪一波又一波地冲向岸边的礁石，发出阵阵如擂鼓般的轰鸣声。

突然，金塘岛上空连续有火光划过夜空，然后岛上多处有大火冒了起来，在夜幕中十分显眼。

原来是郑履祥先驾船来到金塘岛，携带火箭爬上巨石岭，然后点起火箭向倭寇集聚区射去。这火箭起到一箭双雕的作用，一是当作发起战斗的信号，二是能够轻易让倭营着起火来。而更早前潜入金塘岛的邵应魁、颜扬、俞咨荣、侯得见火箭发射，也四处点火，顿时烈港火光冲天，还在睡觉的倭寇们梦中惊醒，不知何故，乱作一团，有的甚至连衣服都来不及穿，就匆匆跑到外面；有的衣服着了火，痛得哇哇大叫。

辛五郎、王直、徐海等头领被部下叫了起来，他们还算镇定，赶紧到营外观察，料定是明军偷袭来了，嘶吼着下令："不要慌乱，不要慌乱，快，赶紧灭火，快，投入战斗……"

已经在大海船上的俞大猷、汤克宽等做好了准备，只待火光亮起。按照先前王忬大人的部署，俞大猷负责进攻烈港沥表门，汤克宽负责进攻西堠门，尹凤负责在外围拦截逃敌。现今，看到金塘岛火光终于亮起，俞大猷下令船队全速前进。在海风的助力下，加上水兵的奋力摇桨，数十艘船只疾速冲向金塘岛。

俞大猷船队以数艘子母船打头阵，该船长三丈余，设有风帆，亦有人工划桨。前两丈部分和普通舰船一样，后一丈余部分只有两边的船帮板，腹内中空，藏着一叶小舟。该船虽然并不大，但功能特殊，前舱装着茅、柴、油、火药等易燃易爆物品，船前设有长长的狼牙钉，当字母船冲向敌船时，钉子扎进敌船船板，兵士点燃物品，母船与敌船一起燃爆，子船则可安全驶回。

此次船队配置了多艘的大福船，俞大猷所在的帅舰"水龙号"就是大福船。大福船是在福建所造的大型船只。该船底尖上宽，如楼般高大，可容纳百人，可将敌船直接犁沉。船上设有2桅，船尾高耸，设有木楼，便于瞭望。船的两边设有护板，可作屏障。船上配有大佛郎机火炮、火铳、火箭、火砖等武器。因为船大船重，不利于浅水作战。

此外，船队还配有开浪船、苍山船、鹰船、沙船等。它们各有特点。如开浪船既有风帆又有桨橹，速度快得似飞一般，便于追逐敌船。苍山船属于浙直船，其比福船小，帆橹兼用，船身低矮，吃水浅，适用于浅水区作战。鹰船产自浙直，两头尖，行驶快，甲板四周有茅竹制成的护板，不怕敌人弓箭射击。沙船平底，掉头容易，但四周没有护板，其与鹰船相配合作战，往往是鹰船在前冲锋，沙船在后跟进，适用于与敌人短兵相接的作战。

当船队到达烈港后，众人看到倭寇的船只已在港湾排开迎战。俞大猷下令子母船冲锋上去。倭寇看到明军竟然派这么小的船冲上来，均哈哈大笑起来，心想这不是以卵击石吗？因为夜色笼罩，倭寇看不清船的甲板上是否有人，但出于谨慎还是举起弓箭或火铳胡乱射击。不过明军兵士躲在船里面，并不怕会被射击到，他们用力摇橹，加速冲上前去，点着茅柴，然后乘着子船脱离。顿时，数艘冒着火的船撞上倭寇的大船，将倭寇的船只引燃，倭寇们这才知道那明军船只的厉害，因为着火慌作一团。王直赶紧命令部下灭火，同时将船只分开，避免连着燃烧。

俞大猷所乘的大福船往沥表门驶去，当进入港湾时，突然船身震了一下，然后就不动了。兵士们纳闷："怎么回事？"然后纷纷往船下看。

有个本地籍叫叶七的兵士向俞大猷禀告："俞将军，倭寇在港湾里设置缆绳，船被缆绳缠住了。"

俞大猷心想倭寇真是太狡猾了，竟然在水里设置缆绳。他知道大福船吃水深，一旦被缠住，就没法发挥作用。而且自己这条船没法动弹的话，后面的大福船也没法驶进来，那就麻烦了。转眼间，俞大猷想到了个办法，便大声问道："有谁敢下去砍断缆绳？"

叶七不假思索地回道："将军，我下去。"

此前经招抚后投入明军的伍端和几位兵士也说道："将军，我也下去。"

俞大猷说道："好，你们注意安全。"

于是几人拿好砍刀，来到船舷纵身跃入水中，找到缠着的几根缆绳砍起来。倭寇开始看到明军船只突然停住时，还在窃喜布置的缆绳防护阵终于发挥作用了，让明军无法进入港湾。但他们很快发现有几个人跃入水里开始砍缆绳，便举起火铳朝砍缆绳的士兵射击。

叶七正在砍着大缆绳，突然背部一阵剧痛，原来是被火铳射中了，背部汩汩地冒出鲜血，但他强忍着疼痛继续砍绳，在砍断一条绳子的刹那间，颈部也中了一枪，他依旧使出浑身的力气将绳子砍断。

伍端在砍另一条缆绳时，看到叶七快不行了，流出的鲜血将一片海域染红，为之焦急万分，吼道："叶七，挺住！"

他伸手抓住叶七的手，而叶七说道："别管我，你快看书。"然后就闭上了眼睛，沉入了水中。

伍端十分痛心，大吼："叶七，叶七。"

船上的兵士见状也为之难过，同时对倭寇更加痛恨，纷纷举起火铳或弓箭向倭寇射击，逼着倭寇退缩。

在叶七、伍端等人的努力下，所有缆绳终于被砍断。大福船又行驶起来，直朝倭寇的船只犁去，连续犁翻几艘敌人船只。其他大福船也跟着开进来犁倭寇相对较小的船只。而诸多的开浪船、苍山船、鹰船、沙船等随之与倭寇船只相接，兵士们拿着武器跳到倭寇的船只与倭寇厮杀。现场杀喊声、火铳声、刀碰触声、哀号声、海风吹拂声此起彼伏。

倭寇在明军强大的攻击力下，招架不住，或者被斩杀，或者跳到海里，或者举手投降。王直见场面快崩溃了，便跟辛五郎说道："将军，我们不要死拼了，还是赶紧突围吧。"

辛五郎说道："我同意。可是前后都有明军的船队，怎么突围？"

王直说道："我看沥表门的明军强些、西堠门的明军弱些，那我们就集所有船队之力，朝西堠门一个方向冲去，总能突围出去一部分。"

辛五郎说道："好主意，就按你说的办。"

俞大猷看出倭船要逃走的样子，命令船队堵住出口，兵士们继续厮杀，不让倭寇突围出去。然而天公不作美，就在此时海上刮起阵阵狂风，"呼呼"作响，吹得船只东倒西歪，几乎要覆没。俞大猷的船只甚至还被风吹得偏离了港湾。

王直船只同样被风吹得剧烈摇晃，倭寇们也害怕不已。然而王直看到的却是机会，他跟辛五郎说道："将军，你看明军的船只被风吹得闪开了一个不小口子，我们船只掉头，趁乱冲过去吧。"

辛五郎赞同道："吆西，好主意。就这么办。"

于是王直船只掉头，借助风力趁乱冲出重围。有些船只跟着突围出来，不久船只来到外海。此时，正在此等候的尹凤看到倭寇船只，冒着大风杀了过来，用大福船犁沉数艘倭船，杀了一百多人，俘虏两百多人。王直暗暗叫苦，他不敢恋战，向着东边方向逃窜。尹凤追了一段，但担心风大船覆没，不敢追太远。

过了阵子天已蒙蒙亮，风也小了。俞大猷、汤克宽、尹凤均来到烈港，冲杀残留的倭寇。倭寇们已成为穷寇，战斗力不强，纷纷投降。就这样，没多久，明军便攻占了烈港，相当于把倭寇的巢穴给占了。此战歼敌一千多人，俘虏一千多人，只是没有抓到辛五郎、王直、徐海等头领。

俞大猷问尹凤："尹将军，你看到倭寇船只逃到哪了吗？"

尹凤回道："往东逃去了，有可能还在其他小岛上。"

俞大猷对李杜说道："这样吧。李杜，你写个战报，先坐船回去向抚台大人禀告。"

李杜回道："遵命。"

俞大猷又对几位将军说道："汤将军你到岱山岛巡视，尹将军你到衢山岛巡视，我则去嵊泗岛巡视，倭寇很可能还在这些岛上，我们不让敌人有喘息机会，如何？"

"对，好的。"

此时，旭日在东方海平面徐徐升起，红红的大大的，十分壮观和美丽。但是将士们没有时间欣赏美景，不顾疲劳继续驾船前进，果然在各岛的沿岸看到一些倭寇，于是又冲上去一阵厮杀，倭寇招架不住继续逃遁。俞大猷来到嵊泗岛西岸时，发现还有倭寇大型船只在那里，可以断定倭寇头领还在那里。于是下令急速冲上去。

辛五郎发现明军船只来了，赶紧下令："日向彦太郎，你率船只缠住明军，其他的船赶紧跟我走。"

日向彦太郎不好违抗，只好服从，于是驾着船只硬着头皮迎战，只是没几下子就被俞大猷的将士打得不行了，倭寇们纷纷投降，日向彦太郎不愿投降，还想反抗，便被明军的火铳击毙。

而辛五郎等继续逃遁，这下他们学聪明了，来到嵊泗岛东北角海域时，辛五郎想让船队分开逃跑。他说道："我们船队聚在一起，这样很不利，还是分开行驶，分散明军注意力。这样吧，王船主你往北行驶，吸引明军注意力，有劳你了。我和徐海将军往南行驶，日后再相见。"

王直说道："好吧。"他便下令部下往崇明岛进发。

俞大猷发现有船队往西北方向逃窜，于是依旧紧追不舍。但是由于视线被嵊泗岛的山峦所阻挡，他无法看到往南逃窜的倭寇船队。

王直看到明军船只又跟来了，十分气愤，大呼不好，赶紧商讨应对之策。他问道："门多郎、田助四郎、萧显，明军一直追来，你们说怎么办？"

门多郎说："还是回日本吧。要跑赶紧跑，不然来不及了。"

田助四郎说："我也赞成回日本。"

王直说道："我也这么认为。"

萧显说道："回日本我心不甘。"

王直说道："萧老弟，我也不甘心就这么走了。但是我们回日本不是就忘了这里。我们是回去搬救兵，到时再杀过来。"

门多郎、田助四郎说道："对，搬救兵再杀过来。"

王直说道："好，那就这么定了。赶紧出发。"

于是倭寇们驾船往大海东边方向驶去。俞大猷追了一段，已经到了大洋，但没有追上，无奈望洋兴叹。

随后，俞大猷、汤克宽、尹凤等来到岸上巡抚行辕拜见王忬。王忬来到门口笑脸相迎，说道："这次能够取得烈港大捷，辛苦你们了。"

俞大猷说道："感谢抚台大人！这次我们虽然攻占了倭寇的烈港巢穴，但是让王直等头领跑了，这是我的责任，请抚台大人治罪。"

汤克宽说道："不，我也有责任。"

尹凤也跟着说道："我也有责任。"

王忬说道："我是巡抚，即使有责任，也是我来承担。好了，你们别自责了。你们都饿了吧？我准备了酒席请你们。"

"多谢大人！"此时俞大猷还真的感觉饿了，进入酒席后，胃口大开，吃得饱饱的。

随后，王忬将烈港战斗情况写成奏疏上报朝廷。几天后，朝廷接到了王忬的奏疏。朝臣们聚在一起，议论起来。

张经说道："王忬果然不负众望，取得烈港大捷。真是振奋人心。"

徐阶说道："是啊！是啊！王忬以及俞大猷、汤克宽等都是好样的。"

严嵩也凑了过来，轻咳两声，说道："只可惜没抓到倭寇头领。"

赵文华附和道："是啊！本来能一网打尽的，那俞大猷竟然让辛五郎、王直等头领跑了。"

一位叫赵炳然的巡按御史也跟着说道："常言道擒贼先擒王，可是我们军队不仅不先擒王，还让他们跑了。实在令人感到愤慨。"

张经听了感觉十分不爽，说道："前线战斗异常辛苦，将士们已经勇敢作战了，虽然是有些遗憾，但我们更应该看到，我们起码端掉了倭寇的老巢，杀了倭寇一千余人，俘敌一千余人，功劳还是很大的。"

徐阶说道："倭患是长久积成的，倭寇十分狡猾，要想一战就一劳永逸，难。万事有个过程，相信只要我们保持这个作战状态，不久就能擒住倭寇首领。"

严嵩说道："功是功，过是过，功要记，但过也不能忘。不然会让将士骄傲的，而骄兵必败。你们说是吧？"

赵文华、赵炳然拍马屁道："阁老说得对。"

而徐阶、张经却哑口无言："这……"

没几日，赵炳然上了个奏疏，奏疏写了前方将士取得的功劳，但也写上失事将士的罪状，指出参将俞大猷、汤克宽等具有斩寇功，但因让倭寇头领逃走，建议加以处罚。

最后，内阁对奏章进行票拟，即将批阅建议写在纸上并贴在奏疏的对面上以进呈。严嵩是内阁首辅，他提的意见起主导作用，他建议夺俞大猷俸禄半年，可戴罪剿贼。徐阶虽然不苟同，但他自知实力小于严嵩，不便与之争辩，便默认了。最后皇上授权秉笔太监陈洪表示同意。严嵩与秉笔太监陈洪早就串通好了，平时财、礼打点到位，故陈洪对严嵩的票拟基本都认同。

消息传到浙江，俞大猷心里认同这个处理结果，觉得自己确实有责任，因此保持沉默。但是其他将士却为之鸣不平。

邓城用拳头捶了下桌子，愤愤道："大哥，朝廷怎么可以这样处理你？你是个只靠俸禄过生活的将军，罚俸半年，你还怎么养家糊口？"

李杜说道："大哥这次战斗功劳赫赫，应该记功才对，怎么可以罚俸？"

邓子龙说道："就是，我看准是严嵩故意捣鬼的。"

刘邦协说道："我虽然年纪大了，不像年轻人那样血气方刚，但对这样的处罚我也十分愤慨。"

俞大猷说道："诸位别介意。让王直等逃走，我有责任，这个处罚我接受。"

王忏十分看重俞大猷的才能，知道他一心忠诚许国，在这次战斗中立了头功，怎能因一些纰漏就抹杀功劳呢？他也十分愤慨道："这个处罚不合理，我要再上奏疏为俞将军申辩。"

于是王忬又写了份奏疏，写明俞大猷的功劳，他本人就擒斩倭寇七百余人，焚毁敌船五十五艘，海警暂息，请求恢复俞大猷的俸禄。

奏疏被递到内阁，徐阶看到后，不敢拿主意，递给严嵩，说道："严阁老，王忬为俞大猷申辩，您看该如何是好？"

"哦，是吗？我看看。"严嵩看了奏疏后，说道，"这么说俞大猷功劳还真不小。徐阁老，你看怎么办？"

徐阶说道："严阁老你说怎么办，我就怎么办？"

严嵩听了，心里暗喜，心想徐阶这人不错，很顺从，他说道："我就是犹豫不决。你先说说看，没事。"

徐阶说道："俞大猷是个将才，当今倭患未绝，朝廷还是需要这样的将领为国效力。上次罚俸半年已经警醒他了，相信他今后会吸取教训，更好地杀敌报国。"

严嵩说道："嗯，我的本意也是警醒他而已。那就恢复他的俸禄吧。"

徐阶心想，你严嵩竟然也会说人话了，实在难得，说道："严阁老宽仁之心、爱将之心令徐某钦佩。相信俞大猷会十分感激的，会更好地杀倭寇的。"

就这样，内阁票拟时同意恢复俞大猷的俸禄，皇帝也同意了。王忬等人获知后，松了一口气，说这才公平合理嘛。俞大猷也十分欣喜，并感谢君恩。

## 第十七章　受到处分

王直在浙江烈港战败后逃回日本，稍作休息后，他来到肥前国找松浦隆信。为了博得松浦隆信的好感，此次他穿着华贵而崭新的衣服，且让手下抬着几个装饰十分精美的大箱子来。

松浦隆信看到王直登门拜访，有点惊讶，问道："王船主，您不是去明国了吗？怎么这么快就回来了？"

王直说道："我们有句古话说无事不登三宝殿。我是有事找松浦君。"然后吩咐手下打开箱子，只见里面全是金光灿灿的金子和十分精美的各式珠宝玉器。这些都是从大明国做贸易或抢掠得到的财宝。虽然王直在烈港战败，但他不忘派重兵保护好这些财宝，提前装在船上，成功脱险运回日本。

松浦隆信看得两眼发光，问道："您这是？"

王直说道："这些都归松浦君您了。您上次出资资助我去明国，现在我赚了钱，把该分的份额分给您。这可相当于您上次出资额的两倍。"

"这样啊！那太感谢王船主了。"松浦隆信兴奋不已，用手拿起一件件财宝看了又看，摸了又摸，简直爱不释手，心想这次投资总算有大回报，真是太好了，"王船主您辛苦了，我要设宴款待您。"

"谢谢松浦君！"

于是松浦隆信让仆人上好酒好菜款待王直。王直大口大口地吃喝起来。但他此行不是为了喝酒，也不是为了送钱，而是以钱为诱饵，让松浦隆信出更多的兵。酒过三巡，王直发话道："松浦君，我跟你禀报下我们去明国做生意的一些情况。"

"请讲。"

"原本我们在明国做生意做得好好的，可是明国派了个叫王忬的将领，不仅不让我们做生意，还派重兵要剿灭我们。我们现在兵士实力不足以抗衡明军，希望松浦君高抬贵手，再派些兵士助我们赢得战斗。到时赚到了钱，我会一文不差地奉送给松浦君您的。"

一提到丰厚的利润，松浦隆信就口水直流，说道："这个好说，要多少？"

"多多益善。"王直胃口还真大。

"好，我尽力。"松浦隆信说道。当然他不会把精兵强将派给王直，因为他还要依靠这些精兵强将在战国战斗中赢得胜利，他主要是帮忙召集游荡无赖之徒、因战乱形成的流民、失地农民甚至罪犯等让王直统领。

随后，王直又以同样的方式游说其他国的大名资助他，比较容易地凑起了由武士、浪人、罪犯等组成的两万人队伍。王直对这些人说大明国黄金遍地、随便抢，发财绝对不是梦。这些人在金钱的诱惑下，纷纷加入倭寇行列，气势高涨，跟随王直一路劈波斩浪来到大明国。王直似乎吸取了前次的教训，本次不将倭寇聚在一个海岛，而是分散在南直隶、浙江沿岸的多个地方。

王直还纠合浙闽等地的其他各路海盗加入他的队伍一起参与劫掠，如成功说服福建海盗吴平、曾一本等加入劫掠行列，以此进一步扩大力量。

此外，王直还想说服占据普陀岛的海盗陈思盼也参与战斗，但是遭到陈思盼的拒绝。陈思盼觉得自己单干更好，不想受制于人，而且他知道明军有个很厉害的俞大猷作为主将，现在公然与俞大猷挑起战斗，实力上不允许，不仅不能获得好处，反而可能偷鸡不成蚀把米，甚至被釜底抽薪。

但是王直看中了陈思盼占据的地盘和拥有的队伍，很想据为己有；且认为如果降服不了陈思盼，那自己如何能在众海盗中树立威信。他想了想，萌生了一个主意，邀请陈思盼赴宴，当然这是个鸿门宴。陈思盼虽然左右为难，但最终还是参加了。席间，王直以掷碗为号，让埋伏在暗房的部下杀了出来。陈思盼寡不敌众，就这样被杀死了，地盘被王直占有，众多的部下也被王直收拢，让王直的力量得到充实。

王直的野心不只是这些，他还想以杀陈思盼为功，请求明朝官府允许通商互市。于是王直率众倭寇突入定海关（位于舟山定海），表明此行不是动武抢掠的，而是来献陈思盼的人头的，并写了封书信，请求呈给王忬大人。明军不敢怠慢，立即照办。

王忬收到书信，读了起来，书信指出明朝官府一直要拘捕为非作歹的海盗陈思盼，现今我王直帮官府完成了这个任务，同时请求官府允许我王直与内地商人互市，且官方不要参与互市中。

王忬阅毕，又将书信递给俞大猷、汤克宽等阅览，然后问道："你们看怎么办才好？"

俞大猷说道："我认为现今互市时机尚未成熟，现彼方势盛，且狼子野心难改，动辄抢掠，加上不允许官方参与，这就是干了坏事还不让官府管，怎能可以？"

汤克宽说道："现今我大明朝国策是实施海禁，如果我们私自答应互市，恐怕会被朝中人士特别是严党抓住把柄，这将对我们很不利。"

王忬说道："嗯，你们说得对。那就拒绝吧。"

就这样，官府拒绝了王直的要求。

王直为之十分恼怒，愤愤道："既然敬酒不吃那就让你们吃罚酒。既然不让互市，那我就明着抢掠。"

王直还会同了辛五郎、徐海的队伍，并下达全面进攻抢掠的命令，于是江浙各地烽烟再起。倭寇从南北两个方向同时进发，北面由王直率领门多郎、田助四郎、萧显等部，从南直隶的南汇、常熟登陆，经苏州、湖州或松江、嘉兴等地带，直朝杭州进军；南面由辛五郎率领徐海、陈东、麻叶等部，从宁波登陆，经绍兴，同样剑指杭州，企图与北路倭寇在杭州实现大会合，可以说胃口相当大。

在进攻苏州时，倭寇遭遇苏州同知任环与军民的奋力抵抗，让倭寇被迫退却。在进攻嘉兴海盐时，汤克宽和指挥姚洪、县令郑茂及军民众志成城，奋勇战斗，斩杀了先入城的倭寇，并将倭寇挡在城墙之外，最终退去。卢镗在海盐城外设伏，大败萧显。

不过，也有不少官员、将士在抗倭中献出宝贵的生命，如都司周应祯中倭寇埋伏被杀，部下两千余人阵亡；署都指挥金事夏光在与倭寇激战中中箭身亡，部下数百人战死；崇明知县唐一岑英勇战死；常熟知县王铁战死；把总马呈图以及指挥采炼、姜节、吕凤、王相、姚岑等战死。此外，南汇、吴淞、乍浦、嘉善等陷落，诸多百姓被倭寇杀害。苏、松、宁、绍各卫所、县都被抢掠的达20多处。虽然王忬主政期间加强了各城镇的防御，但是因时间短，准备还不充分，守卫力量还不够强大，而此次倭寇有备而来、势力强盛，在这种情况下，明军显得疲于奔命。

作为分守温台宁绍地方左参将的俞大猷，切实负起责任，带领军民在宁波绍兴一带奋力抵御倭寇，擒斩倭贼一千余人。他在当地实施的防海洋、防河港、防城镇的防御体系也充分发挥出作用，做了更足的准备，调动更多人力物力投入抗倭中，让倭寇每前进一步都付出惨重的代价，有效保卫了当地人民的生命财产。

俞大猷想到，要更有效地打击倭寇，关键得端掉其巢穴，而倭寇巢穴均设在海岛上。俞大猷探知普陀岛、朱家尖岛、桃花岛均为倭寇各部的巢穴。其中，普陀岛为萧显部的大本营。俞大猷决定集中兵力向普陀岛进军。

八月十五的夜晚，天空玉盘般的圆月洒下皎洁的光辉。虽然是中秋节，但因为倭寇的侵袭，众多将士和百姓没法过上祥和的团圆节。俞大猷和将士们不仅不能在佳节休假，还要打响一场激烈战斗。俞大猷挥师四面围攻倭寇，他本人率军负责进攻海岛的东岸，由一位叫火斌的武举率军负责进攻西岸，由邓城父子率军负责进攻南岸，由把总张四维率军负责进攻北岸。战斗打响后，各路合力猛攻，倭寇招架不住，连连退让，甚至想逃跑都没处逃，最后岛上数百倭寇被全歼，连萧显也被斩杀。战斗取得胜利。

俞大猷为了更好地在海洋防御倭寇，避免海岛被倭寇占领成为巢穴，他决定派将士留守海岛。他看了看部将，对武举火斌和大儿子咨岳说道："火斌、咨岳，你们带三百兵士留守海岛。记住，人在岛在。"

"遵命。"

于是火斌带领俞咨岳、李玉妹等人留在岛上修筑工事，以防倭寇来袭。而俞大猷本人则率军前往其他海岛直捣倭寇巢穴。

不久，有一小股倭寇欲登岛找萧显，却发现岸边尽是自己人的尸体，岛上全是明军，吓得赶紧返航，然后赶往王直处禀报。

王直获知普陀岛被明军占领、萧显可能也死在战场后，十分恼怒，誓要夺回。他立即派出七百人的队伍，向普陀岛的明军进攻。火斌决定豁出去了，率军与倭寇殊死战斗，打退倭寇一轮又一轮的进攻，杀得倭寇尸横遍野，让倭寇开始胆寒。俞咨岳在战斗中十分勇敢，一人斩杀了十余名倭寇。李玉妹也是斩杀数名倭寇。

王直不甘心失败，又派一千名倭寇增援。而明军三百勇士只剩一百余人。俞咨岳看到海岸密密麻麻的倭寇向上拥来，料知靠自己这么点兵力要战胜倭寇几乎不可能。他对火斌说道："将军，这么打下去不是办法，我们突围吧。"

此时的火斌身上有创伤，衣服都被鲜血染红，但他轻伤不下火线，依旧拼死守岛，他说道："俞将军说过，人在岛在，我们不能走，跟倭寇拼到底。这样吧，你和玉妹想办法离开这里，前去俞将军那报信，让俞将军派兵增援我们。靠你了。"

"遵命。"

俞咨岳想从阵地的背面突围出去，便和李玉妹下山，但刚走到半山就发现倭寇也在背面爬上来。此时，倭寇已发现他们，叽里呱啦地喊着杀、抓活的。无奈，俞咨岳和李玉妹又只得回到阵地。火斌看到他们回来，问道："怎么回来了呢？"

俞咨岳说："将军，背面也尽是倭寇，我们无路可走了。与其被他们活捉，还不如和你们一起与倭寇决一死战。"

火斌说道："好样的。"

明军先用石头砸倭寇，石头用完了，便挥舞大刀与倭寇近距离砍杀。一个个倭寇倒下，而明军也一个个减少。俞咨岳连杀了数名倭寇，自己身上中了数刀，浑身是血。突然一名倭寇从背后袭击，向俞咨岳脖子砍了一刀，俞咨岳慢慢倒下了。李玉妹见状，哭声震天地喊道："咨岳！"然后冲上去，把偷袭的倭寇杀死，接着又连杀几名倭寇，但此时明军所剩无几，这样下去自己会被活捉和侮辱，一念间，她选择了与亲爱的人一起上天堂，于是挥刀自刎，死时与俞咨岳相拥在一起，场面令人动容。

明军没有一人投降，直至全部壮烈牺牲，上演了惊天地泣鬼神的守岛之战。虽然普陀岛又被倭寇占领，但他们的精神永存。

倭寇赢得胜利后，欣喜若狂，又跳又唱的。但倭寇队伍中有一人却心如刀绞，此人就是王大海，他跟随王直而来，看到明军被包围、一个个倒下，看到所认识的俞咨岳和李玉妹相继而死，很想救他们，却无能为力，因此心里更加难受。等到晚上的时候，他趁着没人注意，驾着一艘小船来找俞大猷。

天明时分，王大海终于找到俞大猷，声音哽咽道："俞……俞将军，大事不好……"

俞大猷预感到不妙，但还是一副镇定的样子，说道："大海你慢点说，发生了什么事？"

"王直攻占了普陀岛，我们的将士们全部……全部殉……殉国，咨岳、玉妹也殉国了。"王大海哭了出来。

"什么？"俞大猷头脑如遭五雷轰顶般巨震，虽然他是个坚强的人，但忍不住眼泪也流了下来。

"我的兄弟们，我的岳儿，玉妹，是我对不住你们。"俞大猷深深自责，没料到王直还会派兵攻打普陀岛，且自己没有派兵去打探和救援，这是自己疏忽了，感到对不起将士们。

王大海说道："俞将军，派兵攻打倭寇为死难将士报仇吧。我这次回去恐怕会被倭寇识破我的身份，我就不回倭寇队伍做密探了，还是让我回到明军队伍跟俞将军一起杀倭寇吧，这样才解我恨。"

邓城说道："大哥，此仇不报非君子。我们赶紧攻打过去吧。"

李杜说道："擒贼先擒王，王直现在岛上，正是擒拿他的好机会。大哥，你下命令吧。"

刘邦协也说道："志辅，赶紧派兵打吧。我也要去报仇。"

俞大猷坚定道："好。同意大家的请求，那就跟我们一起去杀倭寇吧。传令下去，赶紧集合，立即出发。"

于是俞大猷率船队向普陀岛进发。

王直在岛上看到了明军的船队来了，还发现帅舰的旗帜上写着"俞"

字，料定是俞大猷来了。他知道俞大猷厉害，也知道杀了守岛的全部明军，对方肯定是来拼死报仇，不禁胆寒起来，怎么办？三十六计走为上计，他下令让几艘船一百余人断后，自己则带着大部队赶紧逃跑，能跑多快就跑多快，能跑多远就跑多远。

当俞大猷来到普陀岛时，轻易打败了小股的倭寇，但发现倭寇主力已经跑远，着实感到可惜。

上岸后，看到生命已经逝去的将士们，依旧保持着手握大刀或怒目圆睁的姿态，令人动容。俞大猷找到儿子俞咨岳，将其搂在怀里，万分难受，说道："儿，爹对不住你。"

还对李玉妹说道："玉妹，你真是我的好儿媳，只是爹对不住你，你还没过门就……"还没说完就泪如雨下。

二儿子俞咨荣还找到大哥的宝剑，上面刻着"精忠"二字，如今确实为国尽忠了，他哭道："大哥，你醒醒啊！我舍不得你走啊！我们还要一起练剑一起杀倭寇啊！"

俞大猷特意将儿子俞咨岳和李玉妹安葬在一起，为所有死难的将士们祭奠亡魂，高呼："兄弟们，火斌，岳儿，玉妹，你们为了保卫大明疆土，英勇殉国，精神永存。你们安息吧，我们会找倭寇为你们报仇的……"将士们恸哭起来……


普陀岛三百将士殉国事件以及南直隶、浙江其他诸多地方相继被倭寇侵略事件很快传到朝廷。嘉靖皇帝也十分重视，罕见地在西苑同时召集裕王、严嵩、徐阶一起议事。

严嵩说道："皇上，江浙倭患严重，有王忬指挥无方的原因；普陀岛将士全军覆没，与俞大猷军事部署不当和救援不及时有关。已有御史上疏弹劾王忬和俞大猷，请求治他们的罪。老臣不知如何处置是好。还请皇上定夺。"

其实，严嵩知道王忬和俞大猷作战失利，心里暗自高兴，可以说是幸灾乐祸，还指使严党的人对他们进行弹劾。

徐阶听到严嵩说"请求治他们的罪"，心里暗呼不好，但又不敢当着他的面反驳。他看了看皇上，期待皇上能从轻发落。

嘉靖皇帝说道："念在他们是初犯的分上，治罪就算了。但给予警醒下还是有必要的，就给俞大猷'戴罪立功'的处分吧。王忬也不适合再当浙江巡抚了，当今大同正被北房侵犯，还是改王忬巡抚大同吧。"

徐阶听了松了一口气，为王忬和俞大猷感到庆幸，说道："皇上圣明！"

严嵩虽然不苟同，心想这样真是便宜了他们，但皇命难违，也跟着说道："皇上圣明！"

嘉靖皇帝问道："那你们说说，谁适合巡抚浙江啊？"

严嵩回道："皇上，臣认为罗龙文可巡抚浙江，虽然他曾在浙江失败过，但他已吸取了教训，会胜任此职的。"

嘉靖皇帝听了感觉哭笑不得，本想说严嵩你是不是老糊涂了，这样的孬种也配担当大任，但最后还是比较委婉地说道："严阁老，你的玩笑开得有点大吧。"

"这……"严嵩哑口无言，面红耳赤，心想手下无良将真不是办法，看来以后还得拉拢善于打仗的良将成为自己人。

嘉靖皇帝问徐阶道："徐阁老，你说说谁合适？"

徐阶在严嵩面前本不敢多发话，但皇上都问了，那不说也不行，他想了下，回道："臣倒觉得有一人合适，即徐州兵备副使李天宠，其曾在南直隶多个地方击退过进犯的倭寇，指挥有方，富有抗倭经验，可代王忬巡抚浙江。"

嘉靖皇帝点头道："嗯。那就擢李天宠为左金都御史，巡抚浙江。"

"遵旨。"

裕王发话道："父皇，儿臣有个建议。不知当讲不当讲？"

嘉靖皇帝说道："讲。"

裕王说道："当今倭寇进犯之地已从浙江蔓延到南直隶等地，儿臣认为有必要设个总督大臣，便于统筹处理多地讨倭事宜。"

嘉靖皇帝想了想，点头道："嗯，有道理。那你觉得谁可担此大任？"

裕王说道："儿臣认为兵部尚书张经大人可担此大任。张经曾总督过两广军务，平定地方叛乱，累有战功。儿臣认为其也势必能在讨倭中建功。"

嘉靖皇帝说道："嗯。张经确实十分合适。严阁老、徐阁老，你们的意见呢？"

既然皇上都说合适了，作为大臣哪还敢提什么意见。严嵩心里本想推自己人任此职，可是根本就没有上得了台面的人选。而徐阶本就是张经的好朋友，十分清楚其才干，能让张经任总督，他由衷高兴。于是两人都说赞同。

只是严嵩今天隐隐感觉到不妙，原本裕王一向胆小怕事、没什么主见，可是今天他不仅得到皇上的召见，还提出用人之道受到皇上的肯定，这样下去对自己不利。

原本严嵩与皇上的第四子景王朱载圳交好，想扶持他当太子，但现今皇上召见了裕王却不召见景王，如果裕王今后当了太子乃至坐上皇帝宝座，那自己估计就麻烦了。不过，他又安慰自己，不用怕，现在还有时间，凭着自己的实力，可以战胜裕王的，可以扶持景王接替皇帝位的。

很快，朝廷就命张经总督江南、江北、浙江、山东、福建、湖广诸军，专办讨倭，便宜行事。并任命李天宠为浙江巡抚。

而俞大猷虽然受到"戴罪立功"的处分，但他无怨无悔，认为这

是应该的、合理的，他知耻而后勇，奋力杀敌。不久，在吴淞所大败倭寇，
击沉倭船十一艘，斩首二百五十四人，还在绍兴柯桥击杀倭寇二百多人。
由此朝廷便撤销了对俞大猷的处分并给予奖励。

# 第十八章　大捷却大悲

　　接到朝廷任命后，张经迅速来到浙直抗倭前线全力开展工作。他深知俞大猷的才干不一般，邀请他到总督行辕商讨抗倭大业。俞大猷立即从浙江启程，马不停蹄地赶往位于苏州的总督行辕。

　　到达目的地时，俞大猷拜见了张经，并发现浙江巡抚李天宠、参将汤克宽也在场。俞大猷一一行礼问好。寒暄一阵后，诸位聊起抗倭事宜。

　　张经问道："俞将军、汤将军，你们先说说当前倭情。"

　　俞大猷说道："好的，总体而言情况不容乐观。据探报，近期倭寇头领辛五郎回到日本搬救兵，达一万余众。加上原有的倭寇，南直隶、浙江一带倭寇三万余众。倭寇依仗人多势众，十分嚣张，四处劫掠。从倭寇进犯主要目标来看，主要是南直隶松江、苏州，再伺机进一步进犯浙江嘉兴、湖州甚至杭州等地。"

　　汤克宽说道："是的，当今形势严峻。由于倭寇太多，战线过长，我军显得兵力不足，防御不够，疲于应付，导致倭寇往往很容易就进入内河、内地。还得想想如何增兵才是。"

　　俞大猷说道："确实是兵力不足。我曾经向王忬大人建言过，要御倭于海洋、内河、河港和城镇，可是在兵力不足的情况下，这些策略难以有效实施。我建议，其一可在本地多招募士兵，只是需要时间练兵；其二向其他地方调兵，该方式更快捷。"

张经说道："看来形势的严峻还是超乎我意料。你们说得很好。向其他地方调兵不失为当前御倭的良策。本官任两广总督时，就曾用过狼土兵，深知狼土兵战斗勇猛，本官打算再调用狼土兵。你们怎么看？"

俞大猷知道，狼兵又称"俍兵""狼师"，是广西土司组成的地方武装。所说的土兵是湘西土家族的地方武装。他们军纪严明、团结一致，作战时骁勇无比，如虎狼一般，令贼胆寒，故在剿匪时多次被征调，发挥出巨大的作用。他赞同道："好。"李天宠和汤克宽也表示赞同。

此时，俞大猷还想到僧人，说道："部堂大人，少林、伏牛、五台等僧人武艺精湛，训练有素，棍法高超，其长棍能够有效克制倭刀，我建议可以前往各寺庙征召僧人加入抗倭队伍中，必定能够发挥应有的作用。"

张经微笑道："嗯，是个好主意。我会派人去邀请的。"接着他又说道："俞将军，你的御倭才干有目共睹，我十分欣赏你、看好你。当今南直隶受到的威胁比浙江还要强，可以说南直隶更需要你。我有个想法，想调你来南直隶御倭，并升任你为提督直隶金山等处地方海防副总兵、都指挥金事，只要你同意，我立马呈报朝廷，相信朝廷一定会批准的。你意下如何？"

"这……"俞大猷觉得有点突然，一时不知如何回答。

而李天宠和汤克宽均抱拳笑道："恭喜俞将军。"

俞大猷抱拳回了礼："谢谢！"又对张经大人说道，"部堂大人，我听您安排便是。多谢了！"

张经说道："那就好。"

李天宠说道："部堂大人，我有句话不知当讲不当讲？"

张经做了个"请"的手势："请讲。"

李天宠说道："当今我们面临的敌人不仅仅有倭寇，还有严党之流，他们甚至比倭寇更可怕。朱纨大人曾说过'去外国盗易，去中国盗难，去中国濒海之盗犹易，去中国衣冠之盗尤难'。望部堂大人吸取教训，防范衣冠之盗。"

张经叹了口气，说道："是啊，朝局如此、忠良遭冤，实在令人痛心。我等关键是要勠力同心御倭，以骄人战绩获得皇上信任。不然一旦战事不利，就会遭到严党势力的诬蔑弹劾，于我不利。能否取得胜利，有劳诸位了。"张经作了个揖。

诸位将领作揖回道："我等必当勠力同心御倭。"

很快，俞大猷便正式到南直隶任职。一段时间后，他欣闻狼兵已到南直隶。

对于狼兵的到来，总督大人张经十分重视，特意率一些将领在苏州府城外的大路口迎接。百姓们得知闻名天下的狼兵到来，简直如久旱逢甘霖，故纷纷走出家门观看迎接。只见狼兵穿着少数民族的服饰，足足有好几千人，他们精神饱满，队伍整齐，军纪严明，十分威武。百姓们想，这下打败倭寇有希望咯。

狼兵队伍领头的是一位虽已有五十六岁，但仍然英姿飒爽的瓦氏夫人。瓦氏夫人本姓岑，名花，自小习武，擅使双刀，武功高强。她嫁给田州（今广西百色田阳）土官岑猛为妻后，改为"瓦氏"。后岑猛及其儿子因战事而亡，而承袭田州土官的孙子年纪尚幼，瓦氏夫人便主政代理知州事。其间她努力维护地方治安，发展农业，兴办教育，让百姓得以安居乐业，并获得百姓的爱戴和拥护，从而树立起很高的威望。此次张经传令征调田州土官岑大禄、岑大寿领兵出征。作为曾祖母的瓦氏夫人义不容辞地表示同意，但她顾及曾孙岑大禄、岑大寿尚年轻，担任主将恐怕能力不够，便请示督府允许她亲自带兵前往江浙前线抗倭。督府知道瓦氏有胆略、有威望，便准其所请，并授予"女官参将总兵"军衔。

瓦氏夫人带来田州狼兵共四千余众，包括曾孙岑大禄、岑大寿及诸多的家将、家丁均在列。除田州外，还有归顺州土官头目黄虎仁领兵八百余众，南丹州土官之弟莫昆、莫从舜领兵五百余众，那地州土官头目罗堂领兵五百九十众，东兰州土官头目岑褐领兵七百余众。总共六千余众。

张经见这么多狼兵到来，喜笑颜开，走上前欢迎，说道："瓦氏夫人、诸位头目，一路辛苦啦！"

瓦氏夫人和诸位土官头目纷纷下马，异口同声地说道："拜见部堂大人，感谢部堂大人远迎，我们不辛苦。"

随后，张经向瓦氏夫人等介绍起诸位将军："这位是俞大猷将军。"

瓦氏夫人向俞大猷作揖道："久闻俞将军大名，今日终于得见，真是欣慰。"

俞大猷回了个礼，说道："本将也久闻瓦氏夫人是位巾帼英雄，今日一见，果然是英姿飒爽、气宇轩昂啊！"

瓦氏夫人回道："俞将军过奖啦！望俞将军今后多多指教。"

"也望瓦氏夫人多多助我力。"

"一定一定。"

接着张经还向瓦氏夫人介绍起汤克宽、卢镗等将领，促进认识，希望大家精诚团结，齐心协力抗倭。

紧接着，又有来自各地寺庙的数百名僧兵到来，增添了抗倭力量。

时倭寇不断往松江府一处叫柘林的地方聚集。柘林南临杭州湾，北为松江府腹地，往西则为浙江嘉兴，倭寇认为驻扎此地既方便往内地侵略，一旦战事失败又方便下海逃命，故有越来越多的倭寇盘踞于此，估计多达两万余众。

张经准备对该部倭寇进行围剿。当狼兵稍作休整后，张经命令，瓦氏兵、僧兵隶属于俞大猷统领，驻扎于金山，为剿寇西路；南丹、那地、东兰兵隶属于一位叫邹继芳的游击将军统领，驻扎于闵行，为剿北路；归顺兵及招募的思恩兵和广东东莞打手隶属于汤克宽统领，驻扎于嘉兴平湖辖区内一个叫乍浦的地方。三路军互成掎角之势。

只是湘西保靖兵、永顺兵尚未到来。张经想等保靖兵、永顺兵到来实力增强后再对倭寇进行合围剿灭。可以说，万事俱备，只欠东风。可是，张经谋划好的剿倭计划赶不上变化。

时下朝廷密切关注着东南抗倭情况。包括严嵩及其党羽也十分关注，只是他们不是真心想为抗倭大业做多大的贡献，而是想从中插一手捞取政治资本、增强自身实力。严嵩想，抗倭是朝廷重中之重的大事，但我的亲信却没有在抗倭大业中担任要职、发挥不了作用，这样下去势必会被皇上冷落，恐怕危险会相伴而来。这样可不行，怎么办？

在召集亲信商量、绞尽脑汁谋划后，严嵩授意干儿子赵文华向皇上上疏，提出御倭七事：祭海神、降德音、增水军、募余力、察贼情、差田赋、遣视师。嘉靖皇帝认为这些对策实行过多项，并不新鲜，且效果一般，不过他认为祭海神、遣视师还是有必要的，便让朝臣廷议。

兵部尚书聂豹明确表示反对，他认为张经已经督理海防事宜，不宜再遣重臣，否则会互相掣肘、不利于统一指挥。可以说他预判问题很精准。但是信仰道教的嘉靖皇帝却十分想祭祀海神，也对张经不太放心，心中打算派遣朝臣视师。于是他对聂豹的反对十分恼怒，竟给聂豹降俸二级的处分。其他朝臣见状，明白了皇上的心思，便纷纷迎合，表示赞同赵文华的提议。

严嵩见机会来了，赶紧向皇上推荐赵文华前往东南祭海神并视师。嘉靖皇帝觉得赵文华虽无指挥千军万马的能力，但祭祭海神、视察军队总该会，便准许了。

赵文华获得这个差事，神气十足，感觉如捡到巨额财宝一样喜不自胜。

回到家后，抱抱这个婆娘，亲亲那个小妾，满脸堆笑地说道："我要发达啦！我要发达啦！"

婆娘问道："是啥事让你这么高兴啊？"

赵文华骄傲地回道："我要当钦差大臣啦，是皇上亲自差遣的哦，去了东南后，我就是最大的官，那些总督大臣、巡抚大臣都得向我低头，牛吧？"

婆娘主动拥抱他，夸道："确实牛！夫君真厉害！"

很快，赵文华便带着一批手下，乘着高贵的马车，趾高气扬地前往南直隶。到达松江时，原本以为张经会率一批将士在城门外敲锣打鼓地迎接，可是现场却十分冷清，只有四位将兵在此迎接。该四人即俞大猷、李杜和邓子龙、邓铨。俞大猷原本也不想干这样的活儿，他不信什么神，因此在抗倭百忙之时觉得祭海神不过是多此一举，但是张经委托他接待赵文华，他只好听命。

俞大猷上前行了个礼，说道："末将俞大猷在此恭候赵大人。"

赵文华也不下马车，只是撩起车帘探出头来瞥了眼俞大猷，然后眼睛转向其他地方，问道："俞大猷，你身居何职啊？"

"回大人，副总兵。"

赵文华十分不满地问道："你们的张经大人呢？他怎么不来？怎么只派个副总兵来迎接我啊？"

俞大猷回道："回大人，原本张大人也来过此地想等候迎接您，但因为有紧急抗倭事务要处理，便先走了。不过，他有交代，等你回来后，就带您去见他。"

"那你带我去见他吧。"

"遵命。"

于是俞大猷带领赵文华进了城。一旁的邓铨悄悄问俞大猷："俞伯伯，这姓赵的当什么官？架子好大，目中无人的样子。"

俞大猷示意邓铨小声点，说道："他可是朝廷钦差大臣。"

邓子龙说道："还是内阁首辅严嵩的干儿子。"

邓铨点点头："难怪。"

在行辕，张经会见了赵文华，作揖道："赵大人光临，本官有失远迎，还望见谅。"

赵文华也没有回个作揖礼，只是冷冷道："常言道，大人不计小人过。本大人是皇上钦差的，就不计较这些了。"

张经一听心里也不满，这话里可伤人啊，岂不是把我当成小人？你赵文华又算什么，不就是严嵩的一条走狗嘛。但是他不想直接顶撞赵文华，只是选择沉默。

赵文华继续说道："张大人，皇上命我来祭海神，这个你得花花心思，要搞得隆重，要抓紧搭好祭台，备好祭礼。"

张经心想应对抗倭事务就十分繁忙了，还要抽出时间祭海神，真是劳民伤财，但这是皇上下令的，只好服从："好的。赵大人一路劳顿辛苦，您先到驿馆休息下吧。休息后指导我们如何准备，怎么样？"

赵文华听到只是安排到驿馆休息，又心生不满，但尚未去驿馆，不知驿馆情况如何，不好下结论，便简单应了句："嗯。"

随后几天，赵文华督促指导祭海神工作，耗费不少人力在海边搭了个大祭台，好好装饰一番，同时准备了许多供品，择了个吉日，让几百名官员和将兵参与，请了道士，隆重举行祭海神活动。

祭海神结束后，赵文华仍不离开，他还要巡视抗倭战事。他想，祭海神后，如果能够赢得战事胜利，那就说明祭海神发挥了作用，自己也有功，回京城就好邀功领赏。

可是，赵文华发现张经虽手握重兵，但阶段来无战事打响，不禁纳闷。于是他找到张经，问道："张大人，我来东南已有些时日，海神也祭了，可是迟迟不见你出兵杀倭，这是为何呢？"

张经说道："赵大人，是这样的，我们已征调永顺兵和保靖兵，但他们尚未到，等他们到了，我们再对倭寇进行合围剿灭。"

赵文华说道："永顺兵、保靖兵没到，不是还有卫所兵、狼兵，难道不能先派他们打倭寇？只是天天养着兵、耗费大量军粮却不立功，可有愧于朝廷啊？"他恨不得速速来个大胜利，好早日回去交差。

张经说道："赵大人有所不知，现在倭寇势力正盛，多达两三万人，而我们目前兵力不足，战斗力一般，若仓促攻打，很难收到效果。"

赵文华哼哼几声，说道："我看你们是被倭寇吓破了胆，不敢攻击了吧？"

张经觉得哭笑不得，说道："非也，非也。"

他知道赵文华根本不懂军事，都懒得跟他谈论这些，简直是浪费时间，便说道："赵大人，这样吧，我们再研究研究下军事部署，择日再向您禀报如何？"

赵文华说道："那好吧，尽快便是。"然后甩甩袖子走了。

好不容易送走了赵文华，张经原本以为可以清静几天，不料，第二天、第三天，赵文华又来催促出战，真让人烦。怎么办？他想到叫俞大猷商讨下对策。

张经把情况向俞大猷作了说明，问道："俞将军，永顺兵和保靖兵尚未到，而赵文华天天催出兵，你看该不该出兵？"

俞大猷说道："计出万全，乃图大举。永顺兵和保靖兵已在路上，只要稍过些日子就可到达，届时一鼓而擒，可坐算而见效也。而若仓促出战，就有违之前的战事部署，一着不慎，满盘皆输啊。"

张经说道："嗯，我也这么认为。只是赵文华天天催促令人烦得很，他毕竟是皇上派来的，完全置之不理也不是个办法。"

"那也是。"

张经又说道："我有个想法，不然你瞅准时机，跟倭寇打个小仗，应付下赵文华，如何？"

俞大猷回道："行。那我来安排。"

会谈结束后，俞大猷便谋划跟倭寇先干一仗。他探知有一股二百名左右的倭寇前往一处叫吕巷的地方进行劫掠，立即调派八百名狼兵前往伏击。当倭寇进入伏击圈后，狼兵一拥而上，个个身先士卒，挥舞着大刀勇猛地杀向倭寇。倭寇见对方比自己还强悍，且人员明显多于自己，士气大降，虽然进行力拼，但无奈寡不敌众，很快便败下阵来。最后经清点，有一百多名倭寇被杀死，另有一百名当了俘虏。

当战胜的消息传到赵文华耳朵时，他异常兴奋。得知此战是俞大猷指挥的和狼兵参战的，他便迅速来到俞大猷帐下。一见面，赵文华便竖起大拇指夸道："俞将军，你厉害！真是指挥有方，赵某佩服。"

被赵文华夸奖，俞大猷觉得有点怪怪的，之前他不是盛气凌人吗？难道这次太阳从西边出来了？

"过奖过奖。多谢赵大人夸奖。"

赵文华看到帐内有位穿着少数民族服饰、精神抖擞的女将军，好奇地问道："俞将军，这位是？"

俞大猷介绍道："是统领狼兵的瓦氏夫人。"同时也向瓦氏夫人介绍赵文华："这位是钦差大臣赵大人。"

赵文华向瓦氏夫人作了个揖，说道："久仰大名。你们狼兵厉害，一出战就立了大功，赵某也为之高兴。"

瓦氏夫人回了个礼，说道："多谢赵大人。"

赵文华说道："瓦氏夫人，我有件事要跟俞将军单独谈下，麻烦您回避下。"

"好的。"说毕瓦氏夫人先出去了。只是俞大猷觉得纳闷，赵文华怎么还单独跟我谈？不知他葫芦里卖的什么药。

见帐内只剩两个人了，赵文华便坐了下来，先清咳两声，再说道："俞将军，跟您商量件事。我看您挺有才干的，是个能将，我十分欣赏您。您能不能向我这边靠拢？"

俞大猷一脑子的疑问，不知其所指，问道："赵大人，您想说什么？直说便是。"

赵文华继续说道："好。我想说的是，希望您为我再打几个漂亮仗，只要您听从我的指挥，我会向严阁老保举您，到时您升迁就易如反掌。如何？"

俞大猷一本正经地说道："打仗本来就是我的天职。不过赵大人，我打仗可是为朝廷、为百姓，可从来就不论为哪个大臣。只要时机成熟，我自然会全力以赴打仗。"

赵文华笑了笑，说道："对，你说得对。只是张大人迟迟不肯出兵，我等得不耐烦，希望俞将军能够按我的吩咐出兵打败倭寇。"

俞大猷心里明白了，他冷笑一下，解释道："赵大人，部堂大人并不是不肯出兵，而是在等永顺兵和保靖兵的到来，他们到来后，我们的实力将大大增强，到时我们再合围一举歼灭倭寇。常言道，心急吃不了热豆腐。希望赵大人多点耐心。"

赵文华并不听劝，反而有些失望，语气重重地再次问道："那你真的不出兵？"

俞大猷应道："时机未到。"

赵文华的脸色如六月天阴晴不定，刚才还晴空万里，现在瞬间就阴云密布，冷道："哼，那算了。我自有办法。"然后甩甩袖子，头也不回地走出帐外。

赵文华之所以说有办法，是因为他认为还可以在瓦氏夫人那做做文章，心想此窗不能开、那窗总能开吧。随后，他便来到瓦氏夫人帐下。瓦氏夫人见到这么高级别的赵大人亲自前来帐下，着实吃了一惊，赶紧搬椅子请坐，倒茶水请喝。

赵文华开口说道："瓦氏夫人，你我刚接触，有些情况可能您不了解。我向您介绍下，本大人是奉皇上之命前来东南办差的钦差大臣，其中一项很重要的差事就是视师，包括张大人、俞将军等都得听我号令，当然也包括您。知道吧？"

瓦氏夫人点点头："嗯，我知道了。"只是不知对方讲这些要干吗。

赵文华微微一笑，继续说道："我早就听说狼兵十分骁勇，这次吕巷之捷，就是明证，我为之高兴，也佩服瓦氏夫人带兵有方，本大人特来褒奖你们。"

能被钦差大臣夸奖，瓦氏夫人由衷开心，恭敬地抱拳回道："多谢赵大人！"

赵文华说道："那您希不希望狼兵继续建功立业啊？"

瓦氏夫人斩钉截铁地回道："当然。"

赵文华见瓦氏夫人句句顺着自己的意图回答，心里暗喜，并抛出自己真正的意图，说道："那好，我得知漕泾有一股倭寇，我令您速速出征前往讨伐。"

瓦氏夫人心想他是钦差大臣，听他命令是应该的，便回道："遵命！"然后问道，"知道倭寇有多少人吗？"

赵文华说道："七八百人吧。"

"好的。"于是瓦氏夫人命令下属调集狼兵一千人迅速赶往漕泾（今上海金山区漕泾）。

此时金山的漕泾确实有一股倭寇在，且越聚越多，人数很快就多达到三千左右。领头的是倭寇头领门多郎，他和海盗小头领吴平及副手曾一本带领一帮倭寇、海盗到漕泾集结，准备在附近一带劫掠。他们突然看见一群穿着不同寻常衣服的队伍，还觉得有些好奇。门多郎问吴平："这些是什么人啊？"

吴平一脸茫然，回道："我也没见过啊。"

曾一本说道："听说叫狼兵，是广西少数民族的武装。前几天他们还杀了我们一百多人，挺厉害的。当时我也在场，好不容易才突围出来。将军，你说怎么办？撤不？"

门多郎说道："你说错了。我们才是真正的狼，他们不过是只羊，狼正想吃羊呢，我们人明显比他们多，不用怕，给我勇敢地杀就是。"

"将军说得好。对，杀就是。"

战斗开始，双方杀成一片。瓦氏夫人见倭寇明显是己方的几倍，暗呼不好，但既来之就要杀之，于是策马带头冲锋，挥舞着双刀，在阵中冲杀，接连斩杀倭寇好几人。狼兵们看到首领如此威猛，也奋力拼杀。

倭寇看见一个上了年纪的女将竟然如此厉害，便增加兵力将瓦氏夫人重重围困，一些人挥刀跟瓦氏夫人相拼，还有些人专门抓住瓦氏夫人坐骑的尾巴，将其鬃毛几乎拔尽。

随着战斗的进行，由于倭寇人多势众，且门多郎也带头冲杀，战局渐渐向倭寇一方面倾斜，狼兵死伤甚多。瓦氏夫人见状，觉得这样拼杀下去恐怕将全军覆没，便下令撤退。

但倭寇并不轻易放过狼兵，继续层层围困。狼兵则仍然奋力突围，其间付出惨重的代价，瓦氏夫人的家丁几乎全部战死，十几个头目也战死，兵士伤亡数百。

张经和俞大猷获知瓦氏夫人听赵文华令出征陷入困境后，异常震惊，也异常担心，立马由俞大猷率军前往解救。

俞大猷到达战场外围时，发现瓦氏夫人已经突围出来，但后面仍有大部倭寇紧追不舍。俞大猷命令弓箭兵射箭，几排弓箭兵在阵前有序地搭弓射箭，箭矢如雨般射向倭寇，在前面追赶的倭寇纷纷倒下，后面的倭寇见状扭头就跑。门多郎见明军大部队来了，认为见好就收，不敢再冒风险，便下令撤退。

俞大猷来到瓦氏夫人前面，见她略显疲态，关心地问道："瓦氏夫人，您没事吧？有没有受伤？"

瓦氏夫人说道："多谢俞将军前来解救。我没事，就一点皮外伤，不要紧。只是……"她看了看狼兵队伍，牺牲了许多人，现有人员也是一副军容不整的样子，不禁感伤，叹息一声："只是我的队伍损失不小。"

俞大猷说道："辛苦大家了。回去让兄弟们好好休息养伤。"

瓦氏夫人说道："嗯。俞将军，实在不好意思，没打好仗。赵大人明明说倭寇只有七八百人，可实际是数千人。所以……"

俞大猷说道："瓦氏夫人，赵大人刚来，对军务并不清楚。您是个好将领，但听我一句劝，今后若赵大人再令您出征，您务必及时告知于我，我会好好把握，战则争取大胜，避免惨败。"

"嗯，明白了。多谢俞将军指点。"

赵文华也得知了狼兵战败的消息，但他并不以为然，既没有前去慰问，也没有好好检讨自己，而是认为胜败乃兵家常事，没必要因一次失败而耿耿于怀。而且他还想着再调更多的兵出征，于是又找到张经。

此时的张经正在与浙江巡抚李天宠议事，一见到赵文华前来，就觉得烦，但出于礼貌，还是请他坐，让下属上茶，问道："赵大人，您有何指教？"

赵文华说道："现在倭患严重，动不动就到城镇村庄劫掠，张大人应该速速出兵御倭才是。"

张经平静地说道："我知道形势严峻。前天我刚派俞将军对劫掠的倭寇进行抵御啊！"

赵文华冷笑一声，说道："那个仗太小了。你应该派更多的兵士跟倭寇好好打一仗。"

张经提高了嗓门，说道："关键就是我们的兵士不够多，故正等永顺兵和保靖兵到来。"

赵文华也跟着提高嗓门，说道："难道没有永顺兵和保靖兵就不能打仗？我们现在不是有狼兵、卫所兵吗？"

张经知道对方又是老调重弹，令人无语，他本想发怒，但控制住了火气，尽量用平静的语气说道："赵大人，何必这么急呢？心急是吃不了热豆腐的。你刚令狼兵打了一仗尚且失利，何况要捣毁倭寇老巢呢？"

赵文华知道张经讽刺他，气愤道："你……"然后又看了看李天宠，问道，"李大人，你的浙江兵也迟迟未动，应该速速出兵才对。"

李天宠回道："赵大人息怒。浙江兵少，战斗力弱，暂且不宜出兵，在等待合适的时机才出兵。"

赵文华"哼"了两声，说道："我说你们就是故意串通一气，不听我的号令。"

张经说道："不是不听，也不是不想出兵，确实是时候未到。本官自有谋略和计划，赵大人您就不要再催促了，免得一着不慎满盘皆输。"

赵文华愤道："好，张经，你好固执。有你好果子吃。"然后头也不回地走出去。

张经心里想说，你才固执呢。

赵文华走后，李天宠提醒张经："部堂大人，赵文华毕竟是朝廷派来的，这样跟他闹僵也不是个办法，你看是不是再跟他好好解释解释？"

张经说道："已经解释很多遍了，可他就是听不进去。他就是严嵩的一条走狗，啥都不懂，就知道乱吠。朝廷还授予我'便宜从事'的'尚方宝剑'呢，而且我的品级比他高，何必惧他？何必听他乱指挥？不用理会他，我们把仗打好便是。"

赵文华回到住处，依然心急火燎，马上让下属拿出纸墨笔砚，自己思虑片刻，便洋洋洒洒写起弹劾奏疏，其虽然文章水平一般，但写起弹劾奏疏却十分擅长，没多久工夫，一篇栽赃嫁祸、胡编乱造的奏疏便写好了，指出张经糜饷殃民，畏寇贻患，错失战机，请朝廷治罪。还指出李天宠与张经沆瀣一气，也一并弹劾。写完后，立即派人送往京城。只是这一切张经、李天宠浑然不知。

过了三日，永顺兵和保靖兵终于到了。其中永顺兵由永顺宣尉使彭翼南带领，保靖兵由保靖宣尉使彭荩臣带领，合计兵力达一万两千人。张经看到这么多兵士到来，终于松了一口气。此外，张经还征调南直隶、浙江各府县兵将和乡兵前来抗倭。这样土兵加上狼兵、卫所兵、招募兵、乡兵等，合计兵众达三万多人。张经认为这样可以跟倭寇好好打一仗，于是他立即开展围剿倭寇的行动部署。

屯聚在柘林的倭寇通过探报，也得知了狼土兵到来，明军向柘林合围的消息，不禁引发一阵骚动。众倭寇聚集一堂商议应对之策。

门多郎说道："各位将军，我们这离海很近，要走赶紧下海乘船走吧。"

徐海说道："据最新探报，明军已派水师在柘林沿海待命，我们还要朝大海处撤吗？"

门多郎惊道："啊！不会吧？"

辛五郎扭头问王直："王船主，你看怎么办？"

王直打开嗓门高声说道："我们好不容易才从日本搬来数万兵众，哪甘心就这么轻易地撤退？如果撤回日本，我们哪有颜面见诸位支持我们的大名。现今我们的实力远甚明军，那些明军还有什么狼土兵，不过就是摆摆样子的，均是不堪一击。我们怕什么啊？"

各位听了王直这么一说，均觉得有道理，纷纷附和道："对，不能撤。"

徐海也跟着说道："没错，我们不能撤，我们要把明军打败打服。"

"对，说得好。"

辛五郎也发话："既然大家都同意，那我们就不撤退。那下一步该怎么打？各位说说看。"

徐海说道："不然再次向杭州进军如何？那里可是人间天堂，金银财宝多得很。"

王直说道："正是由于杭州地位突出，所以明军已在我们西侧派重兵层层设防，难度太大。我认为可以朝北面的苏州进攻，明军防守力量相对薄弱，而且苏州及周边一带也是富庶之地。大家觉得如何？"

诸多的人纷纷表示赞同。辛五郎也说道："我的意见和王船主一样，那就这么定了。大家做好准备，明日就向苏州进发。"

第二天，张经接到探报，倭寇很快冲破明军防线，朝北进发。张经立即召集俞大猷、汤克宽等将领商议对策。

俞大猷说道："依我看，倭寇进攻的目标就是苏州。必须集中重兵在半途截之，决不让倭寇侵略苏州。"

张经说道："对，我也这么认为。"他看了看地图，看到一处叫王江泾的地方，这里属于嘉兴最北端，紧挨着苏州界。他伸手指了该地点，说道："王江泾水网密布，就在京杭运河旁，我们在此处进行拦截并围剿。诸位觉得如何？"

"好。"俞大猷和汤克宽等均赞同。

于是张经用洪亮的声音下令道："诸将听令。俞大猷率所部、瓦氏狼兵、僧兵等进驻王江泾西面攻击倭寇，卢镗率保靖兵、任环率府县兵和乡兵在王江泾北面阻击，汤克宽率永顺兵和水师从南面攻击，邹继芳率南丹、那地、东兰狼兵及卫所兵等从东面攻击。"

众将高声应道："遵命。"

战场形势正如张经、俞大猷所料，倭寇在明军有意或阻或放的诱导下，果然来到王江泾。战斗开始，旌旗飘扬，战鼓擂响，诸路明军四面围攻倭寇。俞大猷与刘邦协、李杜一起在指挥台筹划指挥，并密切关注战局变化。邓城父子英勇冲杀，连杀数名倭寇。邓子龙使着长枪接连让倭寇胸膛或脖子穿孔，鲜血喷涌。邵应魁和颜扬挥舞长剑让倭寇眼花缭乱、防不胜防、命丧黄泉。俞咨荣、俞咨益、俞咨禹几位兄弟左冲右突，奋勇杀敌，誓为死去的哥哥俞咨岳报仇。瓦氏夫人挥舞双刀，带领狼兵冲杀到倭寇阵中，誓为上次死难的将士报仇。永顺兵、保靖兵士气正盛，十分勇猛，杀倭甚多。任环身先士卒，带领将士形成一道坚固的堡垒，让倭寇难以往前逾越半步。还有汤克宽率明军水师通过运河来到王江泾，用火攻焚烧逃到岸边的大量倭寇，用火铳将乘船逃跑的倭寇打得落花流水。

战斗从日出打到日落。明军获得大捷，歼敌两千多人，另焚溺而亡者也甚多。这场战斗堪称倭患以来明军取得的最大一次胜利，大大鼓舞了明军的抗倭士气和百姓的抗倭勇气。

在此次战斗中，有一位叫胡宗宪的官员出奇计鸩杀倭寇值得一提。胡宗宪已近不惑之年，四方脸庞，粗眉大眼长须，相貌堂堂。嘉靖十七年中进士，历任益都、余姚二县知县，后升任御史巡视宣府、大同，嘉靖三十三年任浙江巡按监察御史。此次他奉命率浙兵、乡兵也赶到王江泾剿倭，但是其所率兵士战斗力一般，难以抗衡面目狰狞、凶狠无比的倭寇。怎么办？胡宗宪想了想，想到了个办法。他命人找来一百多坛的好酒，将毒药投到酒中，原样密封，不露半点破绽。然后命士兵装成商队的模样，驱车载着酒朝有倭寇的地方驶去。见到倭寇时，装成无比害怕的样子，丢下酒坛、车辆就跑。倭寇们上前查看，他们口干舌燥，发现有美酒，便开怀痛饮，结果没多久就肚痛难忍，捂着肚子喊疼，不断翻滚，不久口吐白沫而死，总共死了几百人。此外，胡宗宪还让街市的酒庄也在酒里下毒，让米店在米里下毒，当倭寇掠夺了美酒、大米并食用后，又死了不少人。

这时，胡宗宪想到了一个人，即赵文华，速速赶到他行辕向其禀报该战果。赵文华由于不满意在驿馆住，后经协调已搬到松江府的一豪宅居住和处理公务。近日虽然外面战事很激烈，将士们忙得很，但赵文华没能参与到指挥中，闲得发慌。突然听下属说有官员登门拜访，立即迎接。

"下官胡宗宪拜见赵大人。"胡宗宪作揖道。

赵文华看到胡宗宪，十分开心，握着胡宗宪的手说道："原来是汝贞（胡宗宪，字汝贞）啊！你怎么会找到我这啊？"原来，他们俩在京城时就认识。当时胡宗宪到严府拜见严嵩时，也见过赵文华，只是当时赵文华对级别较低的胡宗宪并没放在心上，因此没有深入交往。不过现在不一样了，在南直隶没几个朋友，那些地方官员对自己又冷淡，现今难得看到认识的，觉得倍加可贵。

胡宗宪说道："我现在浙江任巡按监察御史，听说您来到了南直隶，早就想拜访了。这次我受征调，带兵来剿倭，就想着找机会拜访您。我刚打了个胜仗，就立马来向您禀报。"

赵文华喜道："还是汝贞牵挂着本大人啊！打了胜仗好啊！说说具体情况。"

于是胡宗宪将如何在酒中下毒毒杀几百倭寇的事说了一遍。赵文华竖起大拇指夸道："汝贞真行！计策用得真好！你赶紧把这个战绩写成奏报。"

"我已写好了。"胡宗宪把写好的奏报交给赵文华。赵文华看了看，说道："好，我会上报朝廷为你记功的。"

胡宗宪欣喜不已："多谢赵大人。"

"今后，你有空多来我这喝喝茶、聊聊御倭军务，有战报及时禀告予我，如何？"

"遵命。还望赵大人今后多多指教。"

"一定一定。"赵文华很快就把胡宗宪当成值得信赖的人了。

……

话说张经打了胜仗后,兴高采烈,写了捷报向朝廷呈报,本以为能得到朝廷的嘉奖,但等来的却是晴天霹雳的消息,即被逮捕入京,与他一起被逮捕的还有李天宠。

朝廷要逮捕张经、李天宠!这消息如雷一般迅速在江浙一带炸响。无论是将士还是地方官员抑或是百姓均觉得不可思议。只有赵文华心知肚明,幸灾乐祸。

俞大猷听到消息也如丈二和尚——摸不着头脑。他得知前来逮捕的人是锦衣卫都督陆炳,立即找他求情。"陆大人,张大人、李大人刚打了胜仗,他们都是好官,朝廷怎么会逮捕他们?是不是其中有误会?"

陆炳说道:"俞将军,不可能有误会,我们锦衣卫是奉命行事,有公文的。"他特地将公文掏出来给俞大猷看。

俞大猷还是不相信自己的眼睛,说道:"这……怎么会这样?可是,张大人、李大人确实是好官,还望陆大人在朝廷为他们多说说好话。我们将感激不尽。"

陆炳说道:"俞将军真是有情有义。我就实话告诉你吧,是赵文华上疏弹劾了张大人、李大人,说他们糜饷殃民,畏寇贻患,错失战机。严嵩也十分支持弹劾,立即奏报皇上,皇上下令本官前来逮捕。"

俞大猷恍然大悟,感觉面前一阵寒气袭来,让他怔了下,但是他还不想就此放弃,依旧不依不饶地说道:"原来这样。那是严阁老、赵大人他们误会了。此前赵大人是催促过张大人出战,但因为要等待永顺兵和保靖兵到来,故没有立即出战。后来的事实是赢得了大捷。还望陆大人帮忙解释清楚。"

陆炳说道:"俞将军,有些事是你我都没法做到的。我知道你的人品正直,故跟你多说几句。所幸的是弹劾名单里没有你,你就少管吧。不然受到连累就麻烦了。"

俞大猷觉得十分无奈,求情无用,只好悻悻离开。他感到十分沮丧,感觉双腿无力,感叹忠良难当,但也期望朝廷会明辨是非,澄清事实后把张大人、李大人给放了。

然而现实是异常的冷酷无情。

张经入狱后,上书进行自辩,详细描述抗倭过程,但是嘉靖皇帝不理会,而严嵩落井下石,巴不得治张经死罪。

当然也有大臣为其鸣不平。徐阶知道此事后,为之震惊,他知道张经、李天宠均是自己的同道中人,绞尽脑汁想救一把。他找到了裕王,认为裕王说话分量重,于是请他出面,一起去向嘉靖皇帝求情。

等嘉靖皇帝做好斋醮后,裕王和徐阶才能说上话。裕王说道:"父皇,王师大胜,足以夺倭寇之气,张经、李天宠是有功的,恳求父皇饶恕他们吧。"

徐阶跟着说道:"是啊,皇上,求皇上开恩。"

嘉靖皇帝说道:"张经是得知赵文华上书弹劾后才用命剿倭,罪不可赦。"

徐阶说:"皇上,据我所了解,事实并非如此。张经是在不知道赵文华上书的情况下出兵剿倭的。望皇上明察。"

但是嘉靖皇帝此前已听信严嵩的谗言,深信不疑,板着脸说道:"你们不用为他求情。快回去吧。朕还要做功课。"他所说的功课无非就是诵经、炼丹之类。

裕王看到父皇不耐烦了,只好降低诉求,说道:"皇上,儿臣建言可令张经、李天宠戴罪立功。"

不料,嘉靖皇帝连这个诉求也不答应,说道:"你们不要再劝了,不然一并治罪。"说毕就走开了。

这令裕王、徐阶十分无奈，感到皇上固执的同时，也深感背后严嵩实力的强大。裕王知悉，严嵩利用自己受宠、得势的条件，更加密切地与景王勾结在一起，全力支持景王当太子，这对自己形成非常大的威胁，严嵩真是令人可气可恨。徐阶也清楚自己实力尚不足以抗衡严嵩，也无法让皇帝改变决策，无法解救张经、李天宠，这让人无比痛苦。此外，还有李用敬、阎望云等大臣也上书为张经、李天宠鸣冤辩诬，但嘉靖皇帝固执己见，还将李用敬、阎望云一同打入大牢。其他大臣见状，害怕被惩治，纷纷噤声。

最后，张经和李天宠被推至西市斩首。值得一提的是，一起斩首的还有兵部员外郎杨继盛。而现场则有许多百姓围得水泄不通，有鸣不平的，也有看热闹的。百姓们也知道严党势力为所欲为，祸乱朝纲，欺压百姓，但长期以来大家也纳闷为何就没有人弹劾他呢。

事实是有人弹劾的，如有叫沈束、徐学诗、沈炼的相继弹劾严嵩，但结果不是被杀，就是逮捕入狱。最典型的直谏之臣要数杨继盛。杨继盛曾被徐阶劝过暂不要弹劾严嵩，因为严嵩势力正盛，弹劾不成反而会受其害，但他披肝沥胆，执意要弹劾，呈上《请诛贼臣疏》，揭露严嵩十大罪状，包括"坏祖宗之成法""窃皇上之大权""掩皇上之治功""纵奸子之僭窃""冒朝廷之军功""引背逆之奸臣""误国家之军机""专黜陟之大柄""失天下之人心""坏天下之风俗"。但结果是被打入死牢，受尽各种酷刑，严党要他供出谁是主使，但杨继盛坚贞不屈，一直说是自己的主意，与其他大臣无关。严党便下定决心杀之，在向皇上提交斩张经、李天宠名单时，故意将杨继盛也附在其后，嘉靖皇帝没有细看，就批准一起杀了。

临刑前，张经对李天宠说道："子承（李天宠，字子承），是我连累了您，实在愧对于您。"

李天宠说道："张大人别这么说，不就是个死嘛，我不怕。要说愧对于我的，那是严嵩老贼。我做鬼也不会放过他的。"

张经又对杨继盛说道："仲芳，您的胆识令我佩服，只是您年纪尚轻，我为您感到惋惜。"

杨继盛说道："张大人，我还得向您说声抱歉，我弹劾严嵩没能如愿成功，如果成功治了他的罪，你们俩就不会落到今天的下场了，而是登堂领赏才对。但是，我相信世间自有公道，日月也会为我们做证。虽然今天丢了头颅，但世人会认清严党的罪行，加深对严党的愤恨，相信严党之死也不远了。"然后高声诵起临刑诗，"浩气还太虚，丹心照万古。生前未了事，留与后人补。"

"好，说得好！"张经赞道，"我们的丹心会照万古的，而严贼势必遗臭万年。"

百姓们听到后，纷纷鸣不平，不少人流下泪水。现场引起一阵骚动。兵士赶紧维持好秩序。这时人群中冲出两个年轻人，拿着酒坛和碗，走向张经、李天宠、杨继盛，但被兵士拦下。其中相对年长点的那位年轻人朝监斩官说道："大人，让我们敬几位大人酒，送几位大人最后一程吧。"

监斩官一看该二位年轻人，不就是兵部右侍郎、蓟辽总督王忬大人的儿子王世贞、王世懋兄弟吗？特别是哥哥王世贞，才气十分了得，于嘉靖二十六年中进士，现为刑部郎中，特别是其所作诗文极佳，被称为才子，十分出名。由此，监斩官便同意了。

张经、李天宠、杨继盛也认得王世贞兄弟，见他们拿酒前来，开心地打招呼问道："世贞、世懋，你们怎么来了？"不过，张经明白现场会有严党的眼线，便好意提醒道："世贞、世懋，你们的好意我们心领了，但是这里危险，你们还是回去吧。"

王世贞说："不，我们不怕死。"然后倒出三碗酒，拿着酒送到张经、李天宠、杨继盛嘴里喝时，贴近耳朵悄悄地说道："裕王、徐阁有话要转告您，他们不便来，特赠酒让我等为你们送行和办丧事，虽然没能成功解救你们，但日后必定为你们报仇和昭雪。"张经、李天宠、杨继盛听后，十分感动，低声说道："谢谢！"

斩首时辰已到，张经、李天宠、杨继盛正义凛然、抬头挺胸走向斩台，没有流下一滴泪，倒是许多的百姓看了泣不成声。在斩首的一刹那，天空突然刮起风、下起雪来，呜呼哀哉……

事后，王世贞、王世懋兄弟及一些好心人冒着风险为几位死难者收殓和办丧事。这让严嵩、严世蕃父子得知，遭到他们的大恨，并找王忬父子的茬。此后没几年，严嵩就假借王忬抵御北寇失职罪上奏皇上，最后将王忬斩首，让王世贞、王世懋兄弟相泣号恸。

## 第十九章　得罪严嵩

俞大猷在王江泾大捷中也作出了重要的贡献，但是他的功劳以及张经等众将领功劳全被赵文华抢去。赵文华本人则如鸡犬升天，没多久被朝廷任命为右都御史，提督浙直军务，成为浙直最大的官。他本人心眼狭小，因为俞大猷之前没有听命于他，故记恨于心，认为俞大猷是跟张经一伙的，欲加以陷害。赵文华不仅不给俞大猷报功，还找了个金山卫失利的罪名，给俞大猷"夺职，充为事官，戴罪杀贼"的处分，即夺去俞大猷都指挥金事的职级，只保留副总兵的官位。

虽然被处分，但俞大猷并未因此颓废，而是继续尽忠报国，尽力带好兵杀倭寇。就在被处分后的第五天，他就与任环率兵攻击陆泾坝的倭寇，将河船布伏于河中，当倭寇抬船渡坝未完全渡过之时，俞大猷指挥军队予以猛攻，大败倭寇，歼敌二百七十余人，焚毁贼船三十余艘。这也是俞大猷注重整备河船、歼敌于内河的结果。此后不久，俞大猷率水师在常熟一名为三丈浦的地方击沉倭船七艘，歼敌一百三十多人。随后，又在平望斩倭七十九人，在马迹山斩倭九十三人，在茶山斩倭六十七人，等等。

然而，俞大猷的获胜并未获得赵文华的认可，不但战功被抹杀，而且得到更严厉的处分，被革去百户的祖职，这对俞大猷来说可是相当大的打击。要知道这百户祖职可是先祖俞敏跟随明太祖奋勇杀敌而得来了，现在到了自己这代竟然被革去了，这真是有愧于祖辈。革职的理由是说俞大猷拥兵观望、纵贼聚集。这其实是莫须有的罪名。俞大猷一直尽心尽职抗倭，然而张经被逮捕后，倭寇得以喘息休整，倭患又严重起来，就像割韭菜一般，割了一茬另一茬又长出来，这责任主要是赵文华。他不懂军务，老是整人，让原本拧成一股绳的抗倭队伍变成一盘散沙。

刘邦协、李杜、邓城、邓子龙等人听说俞大猷被革去祖职，十分生气，纷纷来到俞大猷帐下。邓城怒目圆睁，愤愤道："大哥，这还杀什么倭寇，杀了那么多倭寇，那严嵩、赵文华还这样整你，我还不如去杀那些奸臣。"

邓子龙跟着愤愤道："就是，我也去杀奸臣。"

伍端说道："我说在这再这么待下去没意义，不但没法好好杀倭寇，反而可能被奸臣诬陷逮了去，还不如别管这里的事了，早点回老家得了。"

俞咨荣、邓铨附和道："就是，我们回福建吧。"

刘邦协心里也是憋着一团火气，说道："老夫以前在永春过着平和安详的日子，本想来这里助志辅建功立业，没想到奸臣却如此待志辅，这是什么世道啊？！我真想揍揍那些奸臣，再回永春隐居。"

李杜叹息一声，说道："局面就是如此，一时难以改变。我也很伤心，想必大哥比我们更伤心。不过，我想被革祖职了还回去，我们不甘心。还是尽力争取撤销处分。"

俞大猷倒是沉得住气，他用平静的语气劝说道："我理解大家的心情，但请别激动，也不用伤心。杀敌报国是我们应尽之职，还望诸位把心安下来。待他日抗倭全胜了，自然会回去的。"

邓城说道："大哥，这得等到猴年马月啊。反正我心安不下来。杀敌没劲。"

几位年轻人附和道："就是。"

就在这时，门口进来三个人，众人一看，原来是狼兵、土兵的首领瓦氏夫人和彭翼南、彭荩臣。瓦氏夫人不停地咳嗽，面容憔悴。俞大猷赶紧搬椅子让瓦氏夫人等人坐，倒水请他们喝。俞大猷听说瓦氏夫人生病了，关心地问道："瓦氏夫人，您身体怎样？有没有请郎中看看？"

瓦氏夫人尽量控制住咳嗽，说道："吃了几服药，但不中用。俞将军，我是来向您辞行的……"还没说完，又咳嗽起来。

俞大猷惊讶道："辞行？！什么情况？"

彭翼南帮忙说话道："感谢圣恩，能给我们狼土兵建功的机会，赢得王江泾大捷，瓦氏夫人被皇上封为二品夫人，我和荩臣也获得朝廷的褒奖。但是我们信任的张大人已被逮捕，现今我们无仗可打，将士们也心灰意冷，归乡心切。故我们已向赵大人请求回乡。"

俞大猷说道："原来这样。瓦氏夫人，您可得养好身体。"

瓦氏夫人说道："会的，我回广西治疗比较好。感谢俞将军一直以来的关心，也祝福各位将军能够安康。那我先告辞了。"

"好的。"俞大猷送瓦氏夫人到门口，看着她离去的背影，他百感交集。此刻，他也想家了，挂念着老家的妻子陈佩兰和小儿子俞咨皋，恨不得飞回去跟妻儿团聚，可是为了报国，为了使命，他不能就这样甩下包袱不管了。

俞大猷深知，自从张经被逮捕后，抗倭形势陡然急转直下。客兵想走，本地卫所兵战斗力不行，主帅又频频调换，先是周珫总督浙直军务，但只任职一个多月就被赵文华弹劾去职，而以杨宜代之，但杨宜仅任职半年又被罢官。真不知道赵文华究竟想干什么。

赵文华做事风格就是对不迎合他的人，予以疏远甚至打击，迎合他的人才会加以考虑。他其实也明白自己对军务并不怎么懂，需要依靠能臣。想了想，他想到已任右佥都御史、浙江巡抚的胡宗宪，觉得此人既善于迎合他，又有计谋才干，于是加以笼络。一次进京时，还将胡宗宪一并带上，而胡宗宪也十分情愿迎合。

来到京城后，赵文华带胡宗宪来到严府拜见严嵩、严世蕃父子。见面，特地将准备好的珍珠翡翠、古玩字画奉上。

赵文华又专门掏出一个十分精美的小盒子，打了开来，只见是两根高级人参，他说道："这是汝贞特地托人从朝鲜购买的千年人参，能够延年益寿，特献给干爹。"

严嵩看了看人参，微笑起来，然后又看了看胡宗宪，说道："难得汝贞有这份心。老夫谢过啦！"

胡宗宪说道："阁老您客气了。这是下官应该做的。"

严嵩对赵文华说道："文华，你弹劾了周珫、杨宜，朝臣可颇有议论。地方大员频频换人也不好，还是要从我们的人中，找个有能力、能胜任之人总督南直隶、浙、福等处军务，有力抗击倭寇，以此堵住那些朝臣的嘴。"

赵文华说道："儿子明白，儿子今日正是为此事而来。儿子已想好推举之人，此人远在天边，近在眼前。"

严世蕃插话道："你是说汝贞？"

赵文华笑着点点头："对。"

严嵩说道："汝贞，你是我的得意门生，文华多次夸奖你，我也十分欣赏你。只要你愿意跟着我干，我就向皇上推荐你任总督之职。你本人有没有什么意见？"

胡宗宪跪拜道："多谢阁老提携，本人愿意跟随阁老，即使肝脑涂地，也在所不惜。"

严嵩笑道："嗯，那就好。快起来吧。"

胡宗宪站起来后说道："下官有件事想问，只是不知当讲不当讲？"

严嵩说道："请讲。"

胡宗宪说道："我来京城时，听朝臣议论朝廷准备派人拘捕俞大猷进京，不知是否有这回事？"

严嵩说道："是有这回事。这是我的主意。"

严世蕃说道："那些朝臣就会非议。但是我爹想办的事，非议也没用。"

严嵩说道："俞大猷写了《论柘林用兵十难》，但是不交给老夫，却交给徐阶，分明是看不起老夫。"

赵文华跟着附和道："我也曾想笼络他，可他就是不吃我这套，反而向着张经，真是不识抬举。"

胡宗宪心里明白了，原来是俞大猷得罪了严嵩，但是他仍鼓起勇气说出自己的诉求："阁老，诸位大人，俞大猷是有错，但我认为不至于逮捕，朝廷此前已经革了他的祖职，下官认为这就足可让俞大猷警醒了……"

胡宗宪话未说完，赵文华感到不妙，怕惹严嵩生气，心都提到了嗓子眼儿，连忙提醒道："汝贞，你怎么帮俞大猷说话呢？"

不过严嵩想知道原因，平静地说道："让汝贞说完。"

胡宗宪继续说道："用兵之道，任将为急。古称百战而名将出。今承平日久，武事废弛，名将难得。我总督几省军务，若手下无良将的话，就像巧妇难为无米之炊，势必会一事无成，有负圣恩。这也不是阁老想要的吧？而目前所见，俞大猷、卢镗、汤克宽者，确实是能将，我们还需用之。下官认为应该委任以原职，重以事权，不计前嫌，不因小失大，责以后效。其就会感念再生之恩，必当誓死效命，勠力同心，自能成功。"

严嵩听着觉得有道理，他心里清楚手下拍马溜须之人不少，但真正会打仗的少之又少，要打胜仗还得依靠能将，打了胜仗才能博得皇上的宠信。于是说道："汝贞说得有道理，那好吧，看在汝贞为他求情的分上，暂不押解俞大猷进京了，就让他杀贼立功吧。"

胡宗宪松了一口气，抱拳道："多谢阁老宽容！"不过，胡宗宪也听出严嵩话外之音，如只提暂不押解，意味着以后一旦失职或得罪了他，后果依旧很严重。

严嵩认为胡宗宪这人可靠又有能力，是难得的人才，便决定向皇上推荐其担当大任。在推荐之前，他来到内阁，看到徐阶已到，正在泡茶。

徐阶看到严嵩进来了，笑脸相迎："严阁老来啦，我请你喝茶，上好的西湖龙井，老家人特意带来的。"

严嵩说道："是吗？那我可要尝尝。"

徐阶泡了一杯茶，客气地端给严嵩喝，说道："现今东南倭寇肆虐，百姓遭殃，要喝到正宗的西湖龙井还真不容易。"

严嵩应道："是哦。"他觉得徐阶对自己态度好，自己心情愉快，便想多说几句，"徐阁老，东南倭患还是挺严重的，还是需要能臣御敌，老夫想推荐胡宗宪总督浙直及福建军务。你意下如何？"

徐阶心想，当时张经干得好好的，偏是你要予以加害，让大好的局面陡转直下，可是他又不敢直言，只能迎合严嵩道："严阁老说得对，也识人准，胡宗宪是最佳人选，我赞成。"

严嵩说道："那就好。对了，还有俞大猷，本来他是有罪的，需逮捕进京审问，但念及当今正是用人之际，就让他戴罪立功吧。你对这个意下如何？"

徐阶听到逮捕进京，心里一惊，但又说戴罪立功，悬着的心松了松。他心里想，你严嵩杀了我的左膀右臂和得意门生张经、李天宠、杨继盛，还要治罪忠心耿耿的俞大猷，真是好狠心；虽然我的孙女嫁给了你孙子，我们是亲戚关系，但我还是对你恨之入骨；只是我现在实力不够，只好选择隐忍。

于是徐阶奉承道："严阁老真是宽宏大量。我是松江人，深知老家倭患严重，正需能臣干将。严阁老能够推荐胡宗宪，又让俞大猷好好立功，我感到很欣慰，相信有严阁老的运筹帷幄，有贤臣能将的舍命效劳，一定能够早日将倭寇驱除出中华大地，届时严阁老功劳将永载史册。"徐阶心底还想补充，是载入史册奸臣传，遗臭万年。

严嵩听了满脸堆笑，说道："哈，好，但愿如此。"

# 第二十章　结识戚继光

在严嵩的大力推荐下，胡宗宪如愿以偿，被擢升为兵部左侍郎兼都察院左金都御史，又加直浙总督，总督浙江、南直隶和福建等处的兵务，可谓位高权重。同时，他深感责任重大，深知这个位置不好坐，不仅要适当溜须拍马，关键还要作出成绩、打胜仗，不然就会步前几任总督的后尘。而要打胜仗，务必招揽、重用各种杰出的人才，让人才安心效劳，做到人尽其才。他深知俞大猷是个将才，抗倭经验丰富，要加以重用。刚上任，他就着手谋划抗倭大计，并派人将俞大猷、卢镗也请来。

当俞大猷、卢镗骑马来到总督行辕门口时，发现另有两个人也刚下马，其中一人走近来打着招呼："志辅兄、声远兄，你们也来啦！"

俞大猷定睛一看，这不是台州知府谭纶吗？此前因战事需要有过交往，知道谭纶才三十多岁，年轻有为，为人光明磊落，办事沉着坚毅，对军务十分精通，是个值得深交的同僚。"子理，你也来啦！"俞大猷看了下谭纶旁边的那位，更加年轻，约二十七八岁模样，长得英俊高大，配上一副盔甲，显得十分威武。只是不认得此人。谭纶说道："志辅，你猜猜这位将军是谁？山东登州来的……"

俞大猷立刻明白了，他早听说有位山东登州来的抗倭能将，最近刚升任浙江参将，负责防守宁波、绍兴、台州一带。不用等谭纶说全，他就笑道："哈，我知道啦，是元敬（戚继光，字元敬）。"他迎上前去，作揖道："元敬，早就听说你在登州抗倭事迹，真是后生可畏，我早就想见你了，今日得见，幸甚幸甚。"

戚继光回了个礼，面带笑容道："俞将军，久仰了。多谢俞将军夸奖！俞将军是抗倭前辈，身经百战，我还得向您学习。今后多多指教。"

这时，大门口走来一位身材修伟、文质彬彬，以朗然如鹤唳般的声音说道："诸位将军，部堂大人正恭候你们，里面有请。"

俞大猷一看此人，此前见过。此人名徐渭，字文长，绍兴人，多才多艺，在诗文、戏剧、书画等各方面都独树一帜，名声很广。俞大猷问道："文长，您怎么会在这？"

徐渭笑道："部堂大人招贤纳士，我受部堂大人之请，前来任幕僚，希望能为抗倭大业做点贡献。"

能将徐渭这样的名士招揽进来，俞大猷由衷敬佩胡宗宪，他说道："原来如此，那我们就是同僚啦。以后共同努力。"

徐渭说道："嗯，共同努力。"

进入厅堂后，诸位一一向胡宗宪行礼问好。胡宗宪见诸将到来，满脸喜色，客气地请大家坐，吩咐仆人上好茶。

胡宗宪喝了口茶，说道："今日能够与诸位将军齐聚一堂，我由衷地感到高兴。朝廷任命我为总督，寄希望于我等能够力保东南太平。我刚履新，深感肩负的担子沉甸甸的，需要诸位将军勠力同心。我这人注重唯才是举，不计前嫌，不管出身，不分党派，只要能够精忠报国、建功立业，我必当向朝廷请功，升职奖赏绝对没问题。"

俞大猷听后情不自禁鼓起掌来，说道："感谢部堂大人，我们必当勠力同心。"

其他几位也鼓掌附和道："对，我们必当勠力同心。"

胡宗宪微笑道："很好。"然后又说道："今天召集诸位前来，主要是议议接下来如何御倭才好。俞将军，你先说说目前倭情吧。"

俞大猷说道："好，那我先说。总体而言，倭患依旧严重。虽然王直逃回日本，但其势力仍不可小觑，他仍在幕后指挥着倭寇队伍。而且倭寇头领辛五郎以及徐海、陈东等党羽召集大量的倭寇，以舟山岑港为巢穴，不断向内地进犯，进攻目标主要为南直隶的松江、苏州，浙江的嘉兴、宁波、绍兴、台州等。我们经常是顾此失彼，防不胜防。"

谭纶说道："我们台州近两个月就遭遇倭寇侵犯五次，形势严峻，防卫压力很大。"

戚继光说道："宁波、绍兴也属于前线地区，更是频频遭殃。而我们明军战斗力不强，难以抵御倭寇侵袭。不过，我正在努力训练兵士，增强防卫能力。"

卢镗说道："通过这几年御倭，我就感觉倭寇怎么就像野草一样，我们割了一茬它又长一茬，好像割不尽的样子。"

胡宗宪笑道："卢将军这个比喻得很形象，实际确实如此。诸位想过是什么原因没？我认为主要是没有斩草除根。如果把倭患的根子除了，那还能再长吗？"

众将纷纷点头说道："有道理。"

胡宗宪继续说道："所以，我们可以换下思维，根据形势变化适时改变御倭策略。具体用什么策略，大家各抒己见。"

这时，徐渭站了起来，说道："部堂大人，我有话想讲，只是不知当讲不当讲？"

胡宗宪说道："今天是内部会谈，有什么想法都可以说，说得好本官自会采纳，说不好本官不会怪罪。"

徐渭说道："多谢大人！我认为可以实行招抚。这得从敌我双方实力来讲，从我方面看，御倭多年，连年征战，耗费大量钱财，且如今客兵纷纷溃散，主兵实力有限，御倭胜算不大；从敌方来看，倭患的严重与汉奸王直、徐海之流紧密相关，若成功招抚，许多问题便迎刃而解。王直、徐海等在我军的打击下，数次战败，实力下降；且据了解，敌方内部也开始发生矛盾，比如王直与日本大名存在矛盾，王直与徐海，徐海与陈东、麻叶等均存在矛盾，不再团结，我们可以施计予以招抚、离间和分化。"

胡宗宪说道："文长说得很好。不瞒诸位，我也考虑过招抚之策。诸位怎么看？"

俞大猷先说道："此前王忬大人也跟我谈过招抚策略，我那时不建议招抚，因为当时倭寇势力正盛，而我军实力较弱。如今情况有所变化，倭寇在王江泾之战战败后，实力下降，我认为可以考虑招抚。但值得注意的是，招抚向来都是强者向弱者招抚。现今倭寇还没有败到溃不成军的程度，而我们的实力也不是绝对在倭寇之上，所以，我认为剿抚并举比较妥当，一方面实行招抚，另一方面该打还得打，让敌人输得心服口服，死心塌地接受招抚，避免抚而又叛。同时，防御之事还得做好，我建议在沿江、沿海港口增设兵船，在大海中增设巡哨攻捕的兵船，派遣能将统领水军，多招募水兵，妥善组织渔船抗倭，继续寻求和任用抗倭人才，做好陆兵训练，保证粮饷及时供应。"

胡宗宪点头道："嗯，说得有道理。其他几位意见呢？"

卢镗、戚继光都说道："赞同俞将军之见。"

谭纶说道："我也赞同。但有一点我还得提醒部堂大人，就是招抚的话恐怕引起朝廷言官议论，他们不懂真相，会说我们跟倭寇屈膝求和或者通倭犯罪之类的话，那风险不可谓不大。"

胡宗宪深知其中存在风险，但他觉得有把握化解这个风险，说道："这确实。我会向朝廷上疏，奏请遣使宣谕日本。"

徐渭说道："听了诸位将军之言，我倒觉得'招抚'二字可以改改，改为'招降'如何？"

胡宗宪听后笑道："哈，还是你徐文长有墨水，'招降'用得好，招使敌人来投降，妙！"

其他人也纷纷说妙。

胡宗宪叮嘱徐渭道："文长，具体怎么个招降法，你跟其他谋士好好议议，到时向我禀告。"胡宗宪所说的谋士指郑若曾、茅坤、沈明臣、王寅等。胡宗宪在招揽重用将士的同时，也将东南颇负盛名的文人招入麾下，为其出谋划策。

徐渭回道："好的。"

胡宗宪说道："那今天我们就议到这。诸位回去后，好好练兵防御，相机痛歼倭寇，拜托各位了。"胡宗宪向诸位作了个揖。

众人站了起来，作揖回礼，用响亮的声音齐声说道："遵命！"

俞大猷回到自己营地后，便召集众将士商议部署歼敌方案。在接下来的时间里开展了系列歼敌行动，每仗都打得十分漂亮。

俞大猷率卢镗、邓城、邓子龙、邵应魁等在南直隶吴淞江口进行伏击。当倭寇船队通过时，俞大猷下令打响战斗。此时，战鼓擂响，埋伏在岸边草丛的明军兵船如神兵天降般出现在倭寇船只前面，对倭寇船只进行攻击；两岸还有许多的兵士出现，用火炮袭击倭船，并斩杀欲登岸逃跑的倭寇。此战共击沉贼船十三艘，斩首三百五十级。

随后，俞大猷率军相继在名为营前沙、茶山、西庵、沈庄等处歼灭倭寇一千人，虽然每仗不大，但达到了积小胜为大胜的目的，有效打击了倭寇嚣张气焰。

而在浙东的戚继光，也迎来了抗倭以来的一场大考验。

当时一股八百多名的倭寇侵袭宁波龙山所。龙山所城是明朝东南沿海的海防军事重镇，倭寇企图占领龙山所城，方便其登陆进犯内地。戚继光接报后，率两三千名明军紧急赶往龙山所，占领山坡的有利地形，做好迎敌准备。当倭寇从海岸冲杀上来时，戚继光下令兵士冲杀。然而，面对数量比己方少的倭寇，明军刚冲杀下去一会儿，就纷纷拼命往回逃跑，而倭寇则士气旺盛地往前冲。

戚继光大吼："别逃别逃，快给我顶住，不然军法处置。"然而无济于事。戚继光原先知道明军战斗力差，但没想到这么差，明明数倍于倭寇仍怯战溃退。

在危急时刻，戚继光跳上一块高石，使出自己射击之专长，搭上箭用力拉弓，瞄准了似首领模样的倭寇。只听见"嗖"的一声，箭飞了过去，顿时那名倭寇"啊"的一声倒地不起，倭寇人群有点吃惊，但片刻后仍继续前进。戚继光又拉弓射了一箭，再次射死倭寇，倭寇们有点错愕，便停下进攻的脚步。戚继光又射出第三箭，再次让倭寇身亡倒地。这时众倭寇大惊失色，开始后退。

兵士见将军戚继光接连射死三名倭寇，赞其厉害，纷纷掉回头来。戚继光抓住时机，下令部队反击，明军便开始冲杀，然而刚冲杀一阵子，又纷纷返回来。戚继光不知所以，抓住一位兵士问道："怎么了？难道倭寇又杀回来了？"

那位兵士说道："不是，是倭寇逃到沙滩了，有的上船了，我们追得差不多就行了，以往都是这样子。"

戚继光十分无语，气得差点吐血。天啊！怎么会有这样的兵士啊？根本就没有兵士的素养和战斗力啊！下次倭寇再来的话，该怎么抵抗啊？

真是怕什么就来什么。被吓着的倭寇似乎缓过神来了，觉得明军只有主将一人厉害不用怕，只要备好盾牌就可以抵挡袭来的箭。几天后，倭寇又席卷而来，还带来了盾牌，且增加了人数，达到两千人左右。

戚继光心里十分清楚，要再靠自己一己之力和滥竽充数的手下战胜倭寇，简直比登天还难。他知道俞大猷和谭纶均招募和训练了一支军队，战斗力强，于是派人向俞大猷、谭纶求援。

俞大猷、谭纶接报后，赶紧率领队伍赶来支援。到龙山所时，发现龙山所城已被包围。俞大猷和谭纶从南北两面对倭寇进行冲杀。戚继光发现援军来了，也组织兵士对倭寇进行反击。

倭寇在内外被夹攻的情况下，招架不住，开始逃跑，有的朝内地逃跑，明军一路追击斩杀；有的朝大海逃跑，则被在海上等候多时的由汤克宽率领的明军水兵狠狠打击。此战明军共歼敌一千余人，另倭寇溺水而死者无数。

此战也是俞大猷、戚继光、谭纶首次联合作战。三人志同道合，可谓惺惺相惜。

战后，戚继光叫手下拿酒来，敬几位将军一杯，感谢几位将军的相助。戚继光说道："从此次战斗我真正感受到志辅兄、子理兄所招募和训练的兵士战斗力确实强，而我所带的卫所兵战斗力确实差。我也要向二位学习，也打算招募和训练兵士。"

俞大猷和谭纶均说道："好，我赞成。"

此后，戚继光亲自在义乌等地招募十分彪悍的矿夫、农民三千多人，将其训练成闻名的"戚家军"，并根据东南沿海地区多丘陵沟壑、河渠纵横、道路窄小和倭寇作战特点等情况，创造出攻防兼宜的"鸳鸯阵"，在与倭寇的作战中，屡战皆捷。

俞大猷收获多次胜利，让胡宗宪十分高兴，并向朝廷请功。很快，朝廷不仅恢复了俞大猷的祖职，还升其为镇守浙直总兵官。卢镗则升为副总兵官。邓城、邓子龙、邵应魁等均获得提拔和奖赏。

# 第二十一章　诱歼徐海

与此同时，招降工作也已开展。

经过人才推举和慎重考虑，最后决定派遣宁波人蒋洲、陈可愿出使日本。该两人通习日本风俗，且能言善辩，十分适合做游说使者。朝廷任命两人为浙江市舶司官员，以蒋洲为正使，陈可愿为副使，并带上曾经跟王直交好的夏正等人渡海赴日。俞大猷还推荐王大海一起前往，主要是看重他懂得驾船航行且熟悉日本地理和道路，可以起到带路人的作用。

经过一路辛苦的劈波斩浪航行，蒋洲一行人顺利地来到日本五岛。刚上岛，就碰到一个穿着高贵华服、身材高大的人带着几个随从过来盘查。王大海提醒蒋洲，带头那人是王直的义子王滶。王滶大声喝道："站住。你们是谁？哪里来的？"

王大海上前一步，说道："小王爷，我是王大海啊！"

王滶定睛一看，确实是王大海，说道："大海，你还活着啊，我还以为你被明军杀死了呢。你带的这几位是谁啊？"

王大海说道："是朝廷的使者。"

王滶惊讶道："使者！"

蒋洲作揖道："王公子好，我是大明国的正使蒋洲，奉命前来宣谕，烦请王公子带我等见下王船长。"

"好吧。跟我来。"

路上，王激把王大海叫过来，问道："大海，我看你小子是不是归顺朝廷当什么官啦？"

王大海说道："嘿嘿，当官倒没有，不瞒小王爷，朝廷不怪我之前干的许多坏事，还让我在军中当了个传令兵，再不用在异国他乡讨生活了。徽王和小王爷本来就是大明子民，若也归顺的话，势必能当大官。"他所说的徽王指王直，王直在五岛自封为徽王。

王激说道："若能这样倒不错。"

王大海说道："可以的。等下蒋大人会具体说的。"

走了段路，看到前方山脚下建有巨大气派的徽式房屋，那王直就住在里面。王激向其义父王直作了禀报，王直得知有朝廷使者前来，出人意料的热情，满面笑容地接见了蒋洲、陈可愿、夏正等人。王直知道使团一路辛苦，赶紧命人设酒款待，并聊聊家乡事，等使团吃饱喝足后才谈正事。

在会客厅里，蒋洲说道："王船主，我和陈大人等受了总督大人的差遣，前来拜访您。总督大人托我向您问好。"

王直抱拳道："感谢感谢！"

蒋洲打算恩威并施，说道："总督大人说您也是一代豪杰，雄霸海上，而您却愿受倭人驱使当贼寇，这是为何？"

王直答道："总督大人误会了，我是为国家驱赶盗贼啊！"

蒋洲听了差点笑出来，只是忍住了。蒋洲说道："你勾结倭寇，杀人抢劫，这是明摆着的事情。你还说自己不是盗贼，这无异于拿着捕鱼工具偷鱼的人，被主人发现后，还狡辩说我不是偷鱼的，是保护鱼的。这连小孩都不会信的。"

"这……"王直自知理亏，一时应答不上来。

蒋洲继续施威道："如果您还执迷不悟，一意孤行，那后果将不堪设想。朝廷将集结各地十万大军对付您，您以区区的几个岛之兵，哪能抗衡？恐怕是以卵击石，自我毁灭。还有倭人十分狡猾凶悍，若哪一天把您以叛贼身份抓了领赏，也不是没有可能。"

"这……"王直不禁冒出汗来。

蒋洲说道："即使您不念及您的前途，难道就不为您的老母亲和妻儿着想吗？"

王直听到这里，十分揪心，立即问道："我的母亲和妻儿不是被官府杀了吗？

蒋洲摆摆手，说道："非也非也。"他拿出王直家属的亲笔信交给王直。原来，在来之前，为了体现招抚诚意，胡宗宪命人将王直的家属从狱中释放出来，让其家属写信劝降王直。

王直读了信，知道家属无恙，高兴起来："原来我母亲和妻儿都活着，太好了！"

夏正说道："老船主，我来之前见过您家人，他们确实好好的，您放心。"

蒋洲开始施恩，说道："总督大人还给您家属送去一笔丰厚的财礼，他们都衣食无忧。您老母亲写信劝你归顺朝廷。总督大人也希望您能够早日归顺。不知您意下如何？"

王直问道："可是，我确实是干了不少对不起朝廷和百姓的事。不过，那是因为俞大猷逼的，才落到今天的地步。请问如果我归顺的话，朝廷会对我怎样？"

蒋洲心想，你竟然怪起俞大猷将军，真会找借口，真是可笑，本来就是你自找苦吃的。但对方已有归顺之意，他就委婉地说道："我们都知道您是迫于无奈才来到日本的，只要您改邪归正，朝廷不仅不会治罪于您，还会为您加官晋爵，您和家属都将享受荣华富贵，这是多好的事啊！能够光宗耀祖啊！"

陈可愿附和道："王船主，这是多好的事啊！何乐而不为呢？"

夏正也跟着说道："就是啊！大好事！"

王直听了满面笑容，说道："嗯，那还不错。"但他也是有心机的，担心中计上当，便说道，"感谢朝廷恩典。若允许我赎罪和通商贸易，我本人愿意归顺。不过，这事太大，不是我一个人能决定，容我跟部下商量商量。你们先到客馆休息吧，到时再找你们。"

蒋洲想想也是，便说道："那好吧。这可是个难得的机会，愿王船长能够好好劝说部下，把握住好机会。我们先告辞了。"

当使团走后，王直立即召集义子王澈、侄子王汝贤和亲信叶宗满、谢和等人商议招抚之事。王直将使团到来以及招抚之事说了下，然后问道："你们愿意接受招抚吗？"

众人面面相觑，不敢直接说出想法，说愿意吧，又担心主人不同意会惹麻烦；说不同意吧，又担心主人愿意，那又违背了主人的意见。倒是王澈见其他人不发言，自己先打破沉默，说道："父王，我觉得招抚之事得慎重，如果朝廷答应的条件令人满意，那倒可以考虑；如果是虚情假意或者给的条件很差，那还不如在五岛当王逍遥自在。"

王汝贤说道："我哥说得对。"

叶宗满说道："近来我们攻打明朝府县受挫，许多将士思乡心切，接受招抚是个选择。但也得慎重考虑，防止朝廷言而无信。"

谢和说道："没错，得慎重。"

王直说道："嗯，我被使者一说，还差点冲昏了头脑。幸好有你们提醒。那该怎么办好？"

谢和回道："今日之举，不可贸然前往。我认为可派遣我们的人，先前往打探，直至确信无疑，才可全师跟进，接受招抚。"

王直点头赞道："如此甚妙。那我就借口让蒋洲宣谕别国，留在日本做人质，澈儿、汝贤、宗满你们带几人跟随陈可愿、夏正回明廷协议条件，如何？"

众人说道："嗯，我们赞同。"

于是，王直让蒋洲留在日本。蒋洲在王大海的陪同下到日本各地会见各地大名，宣谕明廷的政策，让他们管好国人，莫要到大明国劫掠。各大名口头上答应说好。而王滶、王汝贤、叶宗满挑选了几位叫童华、朱尚礼等下属作为通事，协助处理招抚交际往来之事，一起乘船前往大明国。

此时，仍在大明国的辛五郎、徐海、陈东、麻叶等发起新一轮的攻击。一路由门多郎、麻叶率领三千余人，由南直隶海门入侵扬州。一路由田助四郎、陈东率领，由松江入侵内地。一路由辛五郎、吴平率领，从定海出发，入侵慈溪。一路则由徐海亲自率领万余人，从嘉兴沿海的乍浦出发，进攻嘉兴内地的桐乡，最终目的是入侵杭州，野心可谓十分的大。

倭寇的入侵对当地造成严重的破坏，同时也遭遇官兵的奋力抵抗，不少官兵因此殉国。由海门入侵的倭寇遭到同知齐恩率领周师的强力抵抗，被杀百余人，但齐恩及家丁等21人战死，千户沈宗玉、王世臣等也战死。由定海入侵的倭寇遭到省祭官杜槐及其父亲杜文明的顽强抵抗，倭寇毙命数百人，但杜氏父子亦战死。

特别是徐海率领的倭寇，在浙江桐乡附近遭到宋代名将宗泽之后、游击将军宗礼的拼死抵抗，连败三次，被杀三百多人，让徐海产生一种畏惧感，赞宗礼的军队为神兵。然而倭寇并不死心，而是继续与宗礼大战。宗礼在缺乏后援的情况下，弹尽粮绝而战死。

时浙江巡抚阮鹗在桐乡督战，他得知宗礼战死后，便退守在桐乡城内。徐海见机对桐乡城进行围攻。阮鹗亲自督战，带领军民日夜防守，没让徐海攻破城墙。徐海又请陈东前来增援，众倭寇将桐城围成铁桶一般，并架设云梯、云楼、望高台等，将自古攻城之法通通用上。而阮鹗则率领军民用各种防守之法迎战，当倭寇爬上云梯时，军民则纷纷将云梯掀翻，用石头砸敌人，让倭寇无法登城；当倭寇撞击城门时，军民则在城上浇下滚烫的桐油，让倭寇痛得哇哇叫、放弃撞击。倭寇屡次不成功，只能望城兴叹，但就是不撤退，想将城内人困死。

阮鹗十分清楚，城内防守力量不足，粮草也不能坚持多久，这样下去城中军民会弹尽粮绝而死。他写了封求援信，选了个得力的人送信，在深夜用绳子将送信人从城墙吊下，趁倭寇睡觉放松警惕之际逃出重围，终于将信送到了时在杭州的胡宗宪手中。信中极言桐城的危险和军民的困境，请求总督大人派军队支援。

胡宗宪立即调兵，他令俞大猷、卢镗、汤克宽等派兵前往增援。此时俞大猷正在松江抗倭，接到命令后，只能留下部分兵士，让刘邦协、邓城负责带领，继续在松江做好防御，然后自己带上李杜、邓子龙、邵应魁、邓铨、郑履祥等将领和两千多名兵士赶往桐乡。卢镗、汤克宽同样采取这样的做法。而戚继光、谭纶所在的慈溪抗倭形势也十分严峻，都无法抽身援助桐乡。

当俞大猷到达桐乡外围时，发现倭寇兵力甚多，有两万左右，而俞大猷、卢镗、汤克宽手下士兵只有五千多人。虽然其他卫所也来些兵，但他们战斗力差，且怯战，连逼近都不敢，只是远远地看着，差不多就是造个声势、做个样子。

汤克宽说道："俞将军、卢将军，倭寇如蚂蚁一般多，我们硬拼的话恐怕凶多吉少。"

卢镗说道："就是啊！如果有狼土兵在就好了，可惜他们又回去了，我们能用的兵实在是捉襟见肘。俞将军，你说怎么办？"

俞大猷说道："硬拼肯定不行。所谓上兵伐谋，我们可以建议总督大人对徐海进行招抚，我们剿抚并用。总督大人计谋多，我相信可以靠智胜。"

卢镗、汤克宽说道："嗯，说得对，剿抚并用好。"

俞大猷说道："当然，敌人是不会在正盛之际接受招抚的，我们也要给予敌人压力和打击，让敌人愿意接受招抚。我有一计，你们认为可不可以？"于是俞大猷将计策说了下，卢镗、汤克宽均说好。

接下来，俞大猷把实力较弱的卫所兵利用起来，一到半夜，就让他们又是擂鼓又是呐喊造势，响声震天动地。这让敌人十分紧张，赶忙起来迎战，却发现明军并没有来攻击。连续几天这般后，敌人又困又累，但因只见明军造势却不见真正冲杀，因此放松了警惕，哪怕再听到擂鼓也不起来。俞大猷见时机成熟，便让士兵停止擂鼓造势，在一天深夜趁倭寇大睡之际，派军队冲进敌营，到处点火杀倭。而城内的阮鹗见状，也派出兵士进行内外夹攻。徐海这些天来也是精神高度紧张，现在面对这种情况，疲于应付，在部下战斗力下降、防不胜防的情况下，最终付出伤亡一千多人的代价。部下在攻城不进、夜晚受惊、遭到劫营的情况下，士气低落，怨声载道。

明军虽然取得了暂时的胜利，但因为力量有限，没办法一时将敌人击溃。双方继续对峙僵持着。

胡宗宪接到前方战报和俞大猷建议，决定实施招抚诱歼。在跟徐渭、郑若曾、茅坤等幕僚商议后，达成了具体的计策，并一步步付诸行动。

时出使日本归来的使者陈可愿、夏正以及海盗王滶、王汝贤、叶宗满、童华、朱尚礼等都已到了大明。胡宗宪热情接见了他们，特别是将王滶、王汝贤、叶宗满、童华、朱尚礼视为座上宾，安排好酒好菜款待他们，包括江南第一名酒五香烧酒和熊掌、燕窝、鲍鱼、高丽参汤等各式山珍海味。

席间，胡宗宪说道："朝廷招抚王船主是真心实意的，只要你们肯归顺，必当送上享用不完的金银财宝，还会加官晋爵。"说毕拍了拍手掌，这时有部下抬出一个箱子并打开，只见里面装着许多的金银财宝。胡宗宪继续说道，"这些归你们了。这还只是见面礼，如果王船主能够归顺，那给你们的至少是这些的数倍，还可以给你们一大片地，让你们能够安居乐业，且能升官发财。何乐而不为呢？"

王滶看着珠宝两眼发光，乐呵呵地说道："谢谢总督大人！我回去定会好好劝说义父的。"

胡宗宪说道："好，那我们为今后能够一起在大明朝当官干杯！"

"干杯！"

没过几天，胡宗宪又款待王滶等人，再次表达了朝廷招抚的诚意。

席间，胡宗宪提出了个要求："当今徐海等入寇甚紧，望王公子等能够助我一臂之力，协助我军抵抗徐海等，最好是剿除之，如能这样，这算你们立一大功劳，胡某人必定上奏朝廷为你们请功，那你们势必能封更大的官、晋更高的爵。如何？"

王滶有些为难，迟疑了下，心想徐海是自己十分重要的力量，不可自断臂膀，便找个借口说道："这个非我所能办到，须我义父才能定夺。这样吧，我这几天就回去向义父禀报这事。不过，我会让汝贤、宗满、童华、尚礼留下来，总督大人若需要他们帮忙剿除其他小股倭寇，他们一定照办。我建言，最好是对徐海也实行招抚，需要帮忙的话，汝贤、宗满几人一定效劳。"

胡宗宪点点头，说道："嗯，我是打算招抚徐海，还真需要你们帮忙。"

王汝贤、叶宗满等人应道："一定帮一定帮。"

几天后，王滶先回日本。王汝贤、叶宗满、童华、朱尚礼等则留了下来。胡宗宪对他们进行笼络，再次给予许多的银子，表示只要他们帮忙朝廷做事，尽心尽力游说王直、徐海等人，官府一定不会亏待他们，届时将让他们做官发财。王汝贤、叶宗满、童华、朱尚礼看在如此多的财宝和能当官的分上，表示愿意为朝廷效劳。

当时严嵩的亲信、中书舍人罗龙文因差事也来到杭州。胡宗宪知道他是徐海的同乡和故交，便想让他出面帮忙游说。胡宗宪将罗龙文请来，摆上酒席，说道："含章兄从京城远道而来，因御倭形势紧张，小弟没能及时款待，还望恕罪，恕罪。"

罗龙文经过挫败、被降职，做人风格已有些变化，不敢要大牌，不敢要求高，说道："不碍事，御倭要紧嘛。今日您能款待我，我已十分感激。"

胡宗宪端起酒杯，敬了一杯酒。然后说道："含章兄是抗倭的老手，我还想向您请教抗倭事宜。"

罗龙文说道："请教不敢当。有什么需要帮忙的，我会尽份力就是。"

胡宗宪便把当前倭患严重、明军实力有限的事说了下，表示要招抚徐海，问罗龙文意见。罗龙文表示赞同。

胡宗宪又说道："听说您和徐海是故交，我想请您出面帮忙劝说徐海解决桐乡之围，归顺朝廷。如何？"说毕让部下拿出许多金银财宝，说道，"这些都归您使用，您还需要什么，尽管提就是。"

罗龙文见到财宝，笑了笑，他也想为抗倭做点事，建立功业，以挽回以前抗倭失利的颜面："好说，这事包在我身上。"

胡宗宪又说道："听说徐海有两个爱妾，叫王翠翘、绿珠，您也认识是吧？"

罗龙文说道："是的，她们原来就是我的女人，只是……一言难尽。"

胡宗宪说道："可以的话，想办法跟她们讲道理，多给她们好处，让她们多劝说劝说徐海归降。"

"好的。我来办。"

随后，胡宗宪把夏正、童华、朱尚礼叫来，介绍给罗龙文认识。然后对他们作了具体的行动方案的部署，便让他们一起前往桐乡。

罗龙文一行人到桐乡外围时，放哨的明军对他们作了盘问。罗龙文说明来意后，士兵将他们带到俞大猷帐下。

俞大猷抱拳道："罗大人，诸位一路辛苦。请喝杯水。"亲自倒水给几位喝。

罗龙文一路走来十分口渴,说道:"谢谢俞将军!"便大口喝起水来。喝毕说道:"总督大人决定实施招抚,派我等前来招抚徐海。"

俞大猷说道:"好,那有劳罗大人了。那你们是前往徐海军营吗?"

罗龙文回道:"是的。我和徐海是故交,相信他不会对我怎么样的。"

俞大猷说道:"还是要注意安全。这样吧,我派几位武艺好的兵士护送你到徐海军营。"

便把邓铨、俞丹心、郑履祥叫进来,下令道:"你们选几个兵士,护送罗大人等到徐海军营,务必确保罗大人等安全无恙。"

"遵命!"

罗龙文打量了下邓铨、郑履祥,均是身强力壮、虎虎生威,让人看着就很有安全感,但看了下穿着军装的俞丹心,觉得此人面白清秀、个头又不是那么高大,似乎没那么厉害,但在军营帐下的场合下,自己不敢多问,就欣然接受,并向俞大猷致谢。

稍事歇息后,罗龙文一行人在十位将士的护送下,前往徐海的大营。罗龙文此前并没有直接到过前线,现在看到前方许许多多手持武器、面色凶恶的倭寇,心不由得扑通扑通跳得厉害,双腿有点发软。

俞丹心此前听人家说过关于罗龙文的事,因此在她心目中并不觉得罗龙文形象有多高大,也没有官大一级压死人的感觉,她见罗龙文害怕的样子,故意说道:"罗大人,有本女子给您护卫,您不用害怕。"意思是说,我一个女子都不害怕,你一个大男子更不能害怕。

罗龙文听到"本女子"三个字,特意打量了下俞丹心,确实是女子面容,而且刚才听她声音,也是甜美的女子之音。"俞丹心,原来你真的是女子啊!我在俞将军帐里就感觉你是个美女,就是不敢说。呵呵。"

郑履祥说道:"罗大人,她是个花木兰,武功十分了得。"

邓铨说道："她还是我的未婚妻，武功比我差一点点。"

罗龙文笑道："哈，原来这样，有你们护送，我不怕了。"夏正、童华、朱尚礼跟着笑了起来，他们知道俞丹心是个女子后，十分惊讶，并称赞一对恋人均从军报国，令人敬佩。

很快，罗龙文一行人到了军营门口。守门的倭寇们举着刀大声喝道："你的干吗的？"

罗龙文抱拳说道："我是大明朝的使者，要见你们的徐海将军，麻烦通报一声，就说故人罗龙文求见。"

"好，你们在这等着。"一名守卫快速跑向徐海的营帐。

过了一会儿，只见徐海亲自来到营门迎接。一见面，徐海就跟罗龙文拥抱了下，十分开心的样子，问道："罗兄，多年不见，是什么风把你给吹来了？"

罗龙文说道："徐老弟，多年不见，兄我甚是想念。是朝廷的春风，不仅把我吹来，也要吹给你啊！"

"这是怎么说？"

"到你营帐跟你详细道来。"

"好，有请。"

罗龙文、夏正、童华、朱尚礼进了营帐。邓铨、俞丹心等则全副武装、高度警备地在门口待命。进营帐后，徐海倒了两大碗的酒，端一碗递给罗龙文，说道："大碗喝酒才能表明我们兄弟情深。我先干为敬。"说毕一口闷就喝了下去，说痛快。

罗龙文见状也只好端起来喝了。喝完觉得这酒质量太普通了，只能是勉强喝得下。当然，酒并不重要，关键是要把正事办好。

罗龙文说道："徐老弟，如果能够在阔大的衙门坐着大班椅办事，闲暇之时能够在奢华的宅院喝比这好不知多少倍的美酒，边喝酒边看戏，出门有人抬着轿子，在家则与妻儿过着富贵祥和的生活，你愿意否？"

徐海咧着嘴笑着说道："这太美了，谁都愿意。你的意思是？"

罗龙文说道："我此行就是想帮你享受上这样的生活。而不用在这简陋的营帐喝普通的酒，不用再打打杀杀过着动荡不安的生活，不用再冒着被官府通缉的危险，不用再让翠翘、绿珠担惊受怕。如何？"

徐海说道："呵呵，那当然是好。罗兄你直说吧，要我怎么做？"

罗龙文说道："接受招抚，归顺朝廷。"

"这个……"徐海陷入思索，他想自己的军队被俞大猷、宗礼等打击，战斗力大大减弱，要攻克桐乡又久攻不下，令人骑虎难下，罗龙文说的那些美好生活令人喜欢，接受招抚确实是个值得考虑的选项，可是归顺的话有没有风险呢？"朝廷真的愿意招抚我吗？"

罗龙文说道："我和你是故交，你我的交情你最清楚，我说的话句句都是实话。你听我的绝对没错。"

徐海应道："那是。"

罗龙文继续说道："总督大人说了，你归顺的话，不仅给你官做，还能给你一大笔财物。你等下就可以派个人跟我回去领。"

徐海听了财物，十分感兴趣，出来劫掠不就为了财物吗？他笑了笑，说道："还这样，那真是好。"但是，他还有所犹豫，不敢立即答应派人去取财物。

罗龙文手上还有招数，他想时机差不多了，该亮出来了，便说道："对了，忘了给你介绍下这几位。"他指了指夏正，说道："这位是指挥使夏正，他刚出使日本，从王船主那回来。"又指了下童华和朱尚礼，"这二位是王船主的下属，你认识吧？"

徐海说道："认识认识，童华、朱尚礼嘛。"

夏正、童华、朱尚礼站起来恭敬道："徐将军好！"

徐海回了个礼，说道："你们好，你们见过王船主了？"

"是的。"

夏正说道:"徐将军,刚才罗大人说的话确实句句属实。常言道,识时务者为俊杰,接受招抚是大势所趋,望徐将军抓住时机,不仅可当官加爵,还可享受荣华富贵。不瞒徐将军,王船主也愿意归顺朝廷。他还劝你也早日归顺。"

"啊!"徐海大吃一惊。

童华、朱尚礼说道:"是啊,徽王也愿意归顺朝廷。"

这时童华掏出一封信,说道:"徐将军,徽王有封亲笔信要交给您。"然后将信递给徐海。

其实该信是夏正、童华、朱尚礼几人模仿王直的笔迹写的,写了王直本人接受招抚,指出招抚的好处,同时劝说徐海也接受招抚。

徐海读了后,自言自语道:"原来老船主还真的归顺朝廷了。"

罗龙文说道:"老船主都归顺了。徐老弟可以答应归顺了吧?"

徐海点头应道:"嗯。"

罗龙文暗自高兴,说道:"既然如此,徐老弟可以先撤除对桐乡的围攻了吧。这样才能让朝廷看到你愿意接受招抚的诚意啊!"

徐海说道:"可是我们兵有多路,不是我一个人说了算。"

罗龙文心里暗骂徐海,你怎么就那么不爽快呢?不过他机智地说道:"我们已跟陈东约见了,他同意撤围。现在关键就看你了。只要你同意撤围,总督大人立即给你万两白银。你可以马上派个人去取。"

徐海听到能获得万两白银,相信官府的诚意,说道:"这样啊,那好吧。我派我弟弟徐洪等人跟你们去取白银。不过,请夏正暂留在我这,陪陪我喝酒。如何?"

罗龙文心想,你徐海变得狡猾多了,竟然还要留夏正当人质,但为了大局,他只好委屈夏正了,答应下来。夏正也是个顾大局的人,也愿意留下来。

由此徐海派弟弟徐洪等人跟罗龙文、童华、朱尚礼去见胡宗宪。罗龙文向胡宗宪作了情况报告。胡宗宪热情地接待了徐洪等人，给了他们万两白银。徐海得到财物后，对胡宗宪招抚诚意深信不疑，决定愿撤除对桐乡的围困，让夏正帮忙将该消息告诉给俞大猷，让俞大猷军队让开一条路让他们撤走。俞大猷获知该消息，十分高兴，也十分乐意让开路。不久，徐海率队撤离桐乡，还将之前俘虏的数百名军民释放。

在另一个方位围困桐乡的陈东，听说徐海接见胡宗宪使者后撤围，且不跟他打声招呼，大骂道："这个徐光头，真是太不讲义气了。"

田助四郎得知后，也愤怒道："徐海怎么能接见胡宗宪使者？怎么能撤围？难道他想投降？确实令人生气。"

陈东说道："有可能。那我们也撤吧？"

田助四郎摇摇头，说道："不，不能半途而废。"

陈东"哼"了一声，说道："徐海都撤了，就剩我们这点力量，会被明军'包饺子'的，我决定撤。你不撤的话，是你的事，到时被俞大猷抓了别怪我没提醒你。"

田助四郎又气又无奈："啊……唉……"不撤也不是办法。

第二天，陈东和田助四郎撤围了，退到海岸处随时准备出走。

罗龙文离开军营时还向俞大猷提出个请求，即让邓铨和俞丹心继续陪同他办件事，俞大猷得知事由后欣然答应。

罗龙文让邓铨和俞丹心脱掉军装，改穿崭新的绸缎衣服，还介绍了些情况，教一些话术。他们要去嘉兴沿海的乍浦，拜访两位美女，即王翠翘和绿珠。

在一处不算豪华的房子里，罗龙文见到了王翠翘和绿珠，她们仍然是那么的漂亮，特别是王翠翘，更加夺目艳丽，皮肤依旧那么白皙，身材依旧那么标准，穿着的衣服也是得体好看。

罗龙文喜笑道："翠翘、绿珠，我终于找到你们了。多年不见，我好想你们啊！"他差点就要跟美女拥抱，回味下跟老情人的恩爱，但是旁边还有邓铨和俞丹心，就不敢了。

王翠翘和绿珠看到罗龙文，感到出乎意料，这么多年都没捎个信，怎么突然就找上门来了？回想以前被罗龙文抛下不管的事，心中仍存在怨恨，王翠翘说道："龙文，你想我们，我才不信。对了，你怎么来了？"

绿珠跟着说："就是啊，龙文，我原以为这辈子再见不到你了。"

罗龙文说道："哪里话？想念是千真万确，不然我哪会主动找你们。我这次来，就是想让你们过上太平日子的，还要送你们这些。"

他把一个精美的箱子打开，里面全是漂亮宝贵的金项链、金钗、玉手镯、玉项链等。王翠翘和绿珠看了十分喜欢，加上听到要过太平日子，产生兴趣，便让罗龙文进屋坐，吩咐仆人上茶。

王翠翘看到罗龙文身后还有个年轻英俊的男子和年轻美丽的女子，问道："龙文，这二位是谁啊？"

罗龙文帮忙介绍道："是俞大猷帐下的二位军将，福建人，叫邓铨和俞丹心，陪我一起来的。丹心还被称为花木兰，会打仗，可厉害了！"

王翠翘赞道："俞大猷，我听说过啊！丹心你这么漂亮还会打仗啊！真是佩服！"

俞丹心说道："谢谢翠翘姐夸奖！因为倭患严重，我们为了和平不得已才从福建来到浙直抗倭。早听说翠翘姐国色天香，今日一见，果然如此。绿珠姐姐也是美艳。像你们这么漂亮的，应该做王公贵族的夫人还差不多，最起码也得做达官贵人的夫人吧。"

王翠翘苦笑一声，说道："丹心妹妹嘴巴真甜。可是我和绿珠哪有这个福分？"她心里还想说本以为能做罗龙文的妾，可是后来也没这个福分。

俞丹心说道："有的，机会很快就来了。"

王翠翘说道："哦，不会开玩笑的吧？"

俞丹心和邓铨均说道："是真的。"

罗龙文也说道："确实是千真万确。朝廷现在要招抚徐海老弟，只要徐海愿意归顺朝廷，那么朝廷就给予加官晋爵。你们到时就是官老爷的夫人了嘛。"

王翠翘说道："还有这事！"

俞丹心说道："翠翘姐、绿珠姐，作为女人，我清楚，我们不就图嫁个好郎君，再带娃抱孙，一辈子能过太平日子。但是徐海整天四处进犯打劫，不但可能被朝廷捉拿，而且还会连累到你们，不敢回家探亲，更会影响到以后孩子的前途，无法考功名。如果徐海归顺朝廷，当了官，你们就是官夫人，那生活安逸无忧，孩子还可以考功名，你们享受天伦之乐，多好啊！而且一旦徐海归顺了，倭患平息了，我和邓铨也能沾光，也就不用打仗了，可以结亲过好日子，我则相夫教子，培养孩子考功名，我也就知足了。翠翘姐、绿珠姐也想过这样的生活吧？"

王翠翘说道："那是。这些理我懂。我们何尝不想。那我们要怎么做？"

罗龙文说道："我前些天已跟徐海见过面作了劝说，但还不够，还希望你们也多劝说劝说，相信凭你们的口才和对徐海的恩爱之情，他会听进去的。"

王翠翘说道："好，我们明白，会尽力的。"

绿珠说道："我们会尽力劝说的。"

"好，那拜托你们了。我们先行告辞。"

"吃完饭再走吧。"

"等归顺了以后，我和徐海同朝为官，我请你们吃大餐哈。"

"好。"于是，王翠翘和绿珠跟罗龙文一行依依惜别。

罗龙文走后不久，徐海回到乍浦住宅。王翠翘和绿珠赶紧帮忙为夫君脱去铠甲，亲自上茶，献上美味佳肴，准备好洗澡水和要换的衣服，照顾得无微不至，让徐海感到十分暖心。等到晚上同床共枕时，王翠翘说道："郎君，跟你商量件事。"

徐海说道："什么事？说吧。"

王翠翘说道："你我恩爱多年，可是膝下尚无一儿半女。常言道，不孝有三无后为大，我们生个孩子好吗？"

徐海因为征战，许久没闻过女人味，十分饥渴，喜道："好啊！现在就来造个娃。"边说边拥抱王翠翘，要做那个事。

王翠翘一把将徐海推开，说道："等等，话还没说完呢。"

徐海愣愣地问道："还有什么话？"

王翠翘说道："你有没有考虑过？等我们孩子长大了怎么办？是继续劫掠做海盗遭朝廷通缉，还是学习儒家文化考取功名光宗耀祖呢？"

徐海说道："当然是考取功名光宗耀祖。"

王翠翘说道："可是，你继续跟朝廷作对的话，我们的孩子哪可能参加科举考试啊？而且我们不是漂泊在海上，就是住在小岛或海岸边，以后孩子连读书的地方都没有呢。"

徐海点点头说道："这倒是。"

王翠翘开始抛出正题："听说朝廷要招抚你，我建议还是接受招抚吧，以后你当了官，光宗耀祖，我们过上太平日子享福，岂不是更好？"

徐海说道："嗯，你说得是，我也在考虑这个问题，暂时答应了胡宗宪，这次撤围桐乡就是个表示。如果朝廷不追究我以前的过错，并能让我当五品以上的官的话，我自然愿意归附，只是担心他们言而无信，走一步瞧一步吧。放心，我会让你和我们的孩子过上好日子的。"

王翠翘说道："嗯，那就好。我想只要你表现出十足的诚意，朝廷会以诚相待的。"

"好……"随后徐海与王翠翘亲热起来……

第二天，胡宗宪派出的使者陈可愿和夏正找到徐海。自从徐海撤围桐乡后，胡宗宪看到了徐海归附的诚意，但仍有担心，因为徐海尚没有彻底归顺，兵权仍在手，怕他反悔，故派人继续加以劝说。

徐海热情地接待了陈可愿和夏正。陈可愿将一把宝剑递给徐海，说道："这是总督大人祖传的宝剑，特送给徐将军，以此表明总督大人的诚意。"

徐海乐呵呵地接过宝剑，拔出来看了看，果然是把好剑。他也拿出一把宝刀和一副坚甲，递给陈可愿、夏正，说道："麻烦二位使者把我这把宝刀和坚甲送给总督大人，表明我愿意归顺的诚意。"

陈可愿接了过来，说道："好的，我会跟总督大人传达的。"收毕，陈可愿又说道："总督大人还说，现在有个立功的机会，希望徐将军能够抓住机会，到时候，就会给你世袭官爵。"

徐海听了心动不已："噢，还能世袭。是什么立功机会啊？"

陈可愿说道："就是希望您能够捉拿麻叶和陈东二人。这也可以当作您的'投名状'，能够让朝官看到您十足的归顺诚意，从而获取他们的信任。"

徐海思索片刻，答应道："好的，我明白。没问题。"之所以能够答应下来，是因为徐海跟麻叶、陈东也有矛盾。特别是麻叶，几乎成了徐海的死对头，曾经麻叶抢夺了大量财物，徐海向他提出分一些的请求，但麻叶竟然不肯，这让徐海恼怒不已。后来，麻叶抢了个美女，徐海对该美女十分心动，提出纳妾的请求，但遭到麻叶的拒绝，徐海更加生气，恨不得宰了他、夺了美女。而与陈东，也存在利益和意见不同等矛盾。一旦捉拿他们，既可以消解心头之恨，又可以戴罪立功，简直是一箭双雕。

陈可愿、夏正走后，徐海便开始谋划如何捉拿陈东、麻叶二人。经过深思熟虑，终于想到了个计策。

一天，徐海设宴招待麻叶，在酒里下药，让麻叶喝后不省人事，将其绑了立即交给胡宗宪。麻叶醒后破口大骂徐海："徐光头，你太不讲道义，竟然用这种下三烂手段擒我，你不仁别怪我不义，老子不会饶过你的……"

胡宗宪获得麻叶后，十分高兴，认为多了一颗棋子。他并没有严厉刑罚麻叶，而是加以善待和劝说诱惑，让其戴罪立功。麻叶表示愿意戴罪立功。胡宗宪让麻叶写封信给陈东，劝说陈东率军攻打徐海。麻叶答应了，很快就按照胡宗宪的意思写了封信。

胡宗宪拿到信后，并没有将信交给陈东，而是派人送给徐海过目。徐海看了信十分感激胡宗宪的恩典，同时对麻叶和陈东都更加怨恨。

不久，徐海又邀请陈东前来赴宴，说是商量下一步劫掠机会，席间让埋伏在侧的部众冲了出来，将陈东擒拿。陈东大骂："臭光头，快放了我，不然你会后悔的。"

徐海蔑视道："死到临头还嘴硬。"然后将陈东献给胡宗宪。

胡宗宪得到陈东后，又开始做文章。他让陈东写信给他的余部，说自己已被徐海设计擒拿，徐海还要消灭他们，命令他们赶紧拿起武器，行动起来，乘机向徐海攻击。陈东余部看到信后，义愤填膺，立即向徐海部发起攻击，致使两败俱伤。

而胡宗宪得知后，在偷着乐。如今敌人内部变得混乱不堪，实力在下降，而自己将坐收渔翁之利。他再次派出使者陈可愿和夏正继续劝说徐海，要其彻底归附。但是徐海仍不放心朝廷是否能给他官做，提出要当面与胡宗宪谈谈。陈可愿不敢自行拿主意，便回到胡宗宪处禀告，胡宗宪同意面谈。

面见胡宗宪时，徐海不敢单独前往，生怕有变，便带了数百部众前往，吓得周边百姓纷纷闭户不出。胡宗宪早早在大门外等候，热情地接待了徐海，又是上好茶，又是说着好言好语，让徐海感到放心。

徐海问道："胡大人，我想向你确认下，我归顺的话，朝廷能否宽恕我并给我官做？真当官的话，是几品的官？"

胡宗宪知道自己已经从被动转为主动，态度也有所转变，他笑了笑，说道："我当然可以宽恕你，会向朝廷奏报让你当官，五品以上的官。只是赵文华大人认为你罪大恶极，一时不肯宽恕你，说你要得到宽恕的话，须斩杀更多的倭寇立功赎罪。"

徐海心里咯噔一下，"啊"了下，但听到可以立功赎罪，便说道："那好吧，我回去立功赎罪。"

于是，徐海离开了总督衙门。回到乍浦后，带领部众攻击陈东余部，双方各有损伤。

然而，倭寇中有一个人发现了形势的严峻，赶紧出来阻拦。此人就是辛五郎。一天，他率领门多郎、田助四郎等数百名部众突然闯入徐海的住处，一个个拿着刀，凶神恶煞的样子，这些人瞬间把院子填满，把大门守住，还在屋外严严实实地围了一圈。

徐海看着辛五郎及部众全副武装的样子和气势汹汹的阵势，猜想对方是不是要捉拿他，而自己的住处只有数十名部下防卫，要打也打不过，故感到不寒而栗。他迎上去恭敬道："将军，您怎么突然来了？请到客厅喝碗酒吧。"

辛五郎瞪了眼徐海，说道："喝酒倒不敢，我怕像麻叶、陈东一样酒后被你绑了送给明军，不过喝茶倒可以。"然后大步地走向客厅。

徐海明白辛五郎所指，有些惭愧，但又不敢顶撞，赶紧吩咐仆人上茶。在房里的王翠翘和绿珠见此阵势心提到嗓子眼儿，感觉空气都要凝固一般。可以说跟随徐海后，见他经常打打杀杀的，让人担心安全问题，且住所不定，没能安居乐业，真是让人焦心。

辛五郎喝了口茶，说道："徐老弟，你最近是不是脑子犯糊涂了？说，为什么要捉拿麻叶和陈东？"

徐海支支吾吾地回道："这个……他们跟我有……有矛盾。"

辛五郎说道："有矛盾就把他们献给胡宗宪！我听说你是接受胡宗宪的招抚。是吗？"

徐海连忙摆摆手说道："没有，没有，没有这回事。"

辛五郎说道："你就不用骗我了。我想跟你说的是，你被胡宗宪骗了，只是你还蒙在鼓里。徐将军，我和你是多年的老朋友了，我不愿你上当，才会推心置腹地跟你说，我也是为你好，希望你能听进去。你想想，你和麻叶、陈东自相残杀，双方实力都受损，最后受益的是谁？不就是明军吗？你们国家有句古话，说鹬蚌相争渔翁得利，我相信你比我更清楚这个道理。一旦你的部众都被杀死了，你还去归顺朝廷，那么朝廷还会给你官做吗？绝对不可能，肯定是把你绑了关进死牢再斩首示众。我说的没错吧？"

门多郎和田助四郎跟着说道："是啊，徐将军，你可不能上当，否则你会后悔的。"

辛五郎继续说道："如果你还执迷不悟的话，那么就别怪我无情，我会将你关押起来，当然，我不会惩罚你，而是给你时间反省。徐将军，被我关押总比被明军关押好吧？你要选哪条路，由你定。"

徐海被辛五郎这么一说，觉得很有道理，加上被辛五郎武力所逼，不答应也得答应，他说道："多谢将军提醒，我听你的就是。"

辛五郎拍了拍徐海的肩膀，笑道："这就对了嘛，不愧是我的老朋友。来我们干一杯。以后我们好好干，一起发财。"

"好，一起发财。"

随之，辛五郎与徐海商议起劫掠的行动计划，徐海不断点头说好。

辛五郎感到十分满意，过了一会儿就走了。

辛五郎走后，王翠翘和绿珠来到徐海面前。绿珠说道："郎君，刚才真是吓死我了。我们好担心你。"

徐海说道："没事没事。"

王翠翘说道："郎君，刚才的话我们也听到了，你真的要听从辛五郎的话吗？不接受招抚了？"

徐海说道："被辛五郎一说，我犹如醍醐灌顶，你们想想，我在实力下降的情况下归顺朝廷结果难料，怕被抓了。"

绿珠说道："我想起《水浒传》的故事，宋江等人被招安后，下场也不怎么样。"

徐海说道："就是。况且我现在兵力不足，违背辛五郎命令的话，也是不行的。权衡之下，还是跟辛五郎干吧。"

王翠翘一脸忧愁，叹息一声："唉，真没想到事情这么复杂。"

徐海说道："你们放心，我会让你们过上好日子的。等我实力强大了，也像王船主一样找个地方当王，让你们当王妃，享受荣华富贵。"

很快，辛五郎和徐海就开始出动劫掠。这让生灵遭受涂炭。

胡宗宪获悉后，立即召集俞大猷、卢镗、汤克宽、谭纶、戚继光、彭翼南、彭荩臣等部署抗倭事宜。值得一提的是，为了增强兵力，胡宗宪请湘西的彭翼南、彭荩臣再度率土兵来到浙江抗倭。

胡宗宪说道："诸位将军，徐海抚后被辛五郎鼓动又叛，现今已经没有招抚的余地了，当前敌人正在平湖繁华地区大肆劫掠。诸将听令，务必要对敌人全力合围剿灭，俞将军为主帅，率所部和土兵从东面进行攻击，谭将军、戚将军率军从北面进行攻击，汤将军从东面进行攻击，卢将军从海上进行拦截。"

诸位将军齐声说道："遵命！"

明军迅速集结出发，各路大军按部署赶往平湖，将倭寇围住。倭寇外树栅栏数重，内掘深壕自守，但是由于之前倭寇互相内斗，实力已经下降。

俞大猷做战前动员："将士们，消灭倭寇，在此一举，望尔等奋勇杀敌，建功报国！"下令击鼓进攻，明军声势如虹，气势高涨，向倭寇冲了上去。

邓子龙、邵应魁、邓铨、郑履祥等将领十分骁勇，身先士卒；士兵们深受鼓舞，奋勇杀敌。倭寇很快就招架不住。适逢大风突起，俞大猷见势下令放火焚烧敌人营垒，倭寇们被烧得哇哇惨叫，辛五郎见势不妙，放弃了抵抗，下令撤退，于是众倭寇纷纷夺路而逃。

徐海也开始撤退，跑了一段路后，他想到了在家里的王翠翘和绿珠，赶紧往住处跑去。此时的王翠翘和绿珠还在房里悠闲地喝着茶，突然看到徐海急匆匆地闯进来，心里有种不祥的预感，问道："郎君，怎么了？"

徐海气喘吁吁地说道："赶紧走！明军要来了。"

"走！家里的东西怎么办？"

"除了珠宝，其他都不要了。"

于是王翠翘、绿珠快速拿起金银珠宝的箱子就跟徐海往外走，看到明军已经杀了过来。徐海带着女人往海岸跑，想那里会有船，可以往大海逃，那就安全了。

到海岸时，发现平坦的沙滩处均有明军，他想到一个地方，便往一座名为陈山的山爬去。俞大猷已发现了徐海的踪迹，跟着追上山来，将徐海三面包围起来，只剩靠海一侧无法围住。

俞大猷喊道："徐海，你逃不掉了，赶紧投降吧。"

徐海看了看山脚的海岸处，有一艘小船停在那里，那是他以前就准备好的，但是从山上到停船处有约十米高的悬崖，徐海要拉王翠翘和绿珠跳下去，但王翠翘和绿珠看了看悬崖，不敢跳。

此时，明军阵中走出一个人，此人就是俞丹心，她走上前喊道："翠翘姐、绿珠姐，我是丹心，你们可别冲动，劝劝徐大哥投降吧，官府会善待你们的。"

王翠翘点点头，然后流着泪对徐海劝说道："郎君，我们归顺明军吧。"

徐海说道："不行，现在哪还有归顺的机会，被明军抓了肯定是死。与其死在明军手里，还不如冒险乘船逃走，还有生还的机会。这样吧，我先下去。你们就慢慢爬下来，我在下面接你们。就这样定了。"

随即，徐海一跃跳到海里，当他站起来要接二位女人时，发现她们已经被明军抓住了。徐海赶紧爬上船，此时，明军拉弓射箭飞向徐海，徐海胸口中箭，血流如注，人缓缓倒下，掉到海里。王翠翘和绿珠呼天抢地喊道："郎君，郎君……"

就在不远处的海岸，辛五郎逃到海岸欲夺船而逃时，刚好撞上守候在此的卢镗。此时的辛五郎已是穷寇，根本打不过明军，只好束手就擒。

此战歼敌数千人。俞大猷以平徐海之功，升署都督佥事（从二品）。

此战后，倭寇残部纷纷逃往海岛。起初胡宗宪命其他将领予以收拾，但屡屡受挫。最后，胡宗宪命俞大猷剿灭该敌人。俞大猷在大雪纷飞之夜发起攻击，并准备许多干草纵火焚烧倭寇营寨，让倭寇无法抵御，四散逃窜。俞大猷取得大捷。此战斩首一百多人，焚死数百人。俞大猷因此功升都督同知（正二品）。

战后，王翠翘和绿珠被带到衙门软禁起来。当时，因为打了大胜仗，赵文华、胡宗宪十分高兴，大摆庆功宴。席间，胡宗宪强令王翠翘出来跳舞助兴，酒酣之时，还当众调戏王翠翘，让王翠翘感到非常羞愧。酒醒以后，胡宗宪为了掩饰宴席上的失态，遮人耳目，便把王翠翘赏赐给下级将官，但王翠翘并不情愿。

一连串意外的事变，让王翠翘心态失衡，想着徐海对她的好，想着现今遭遇，她感到万念俱灰。一天深夜乘人不备，她来到陈山悬崖处，此时风呼呼地刮，汹涌的海浪不断拍打岸边的礁石，王翠翘满脸泪水，口中念着："郎君，翠翘我跟你来了。"然后纵身一跃跳到大海里，结束了自己年轻的生命。明军和百姓得知后，感慨万千。

随后，赵文华、胡宗宪将俘虏的辛五郎、麻叶、陈东及徐海首级进献京师。嘉靖皇帝大喜，隆重举行告庙大礼，并好好奖赏功臣和将士。其中赵文华升为工部尚书，调回京城工作；胡宗宪加官为右都御史，并获赠诸多金币。嘉靖皇帝还夸严嵩知人善任，运筹有方，立了大功。严嵩因此也十分开心，并夸胡宗宪真有才干，不辜负他的期望，为他长了面子。由此严嵩更加得势，简直是如日中天。

# 第二十二章　诱歼王直

王滶离开明国回到日本后，不顾旅途劳累，带着喜悦之情立即前往所谓的徽王府拜见义父王直。

王滶行了个礼，说道："儿臣拜见父王。"

王直迫不及待地问道："滶儿，你终于回来啦！此行见到胡宗宪了没？朝廷的招抚诚意如何？"

王滶站了起来，回道："见到了。胡宗宪对我们十分热情，不仅给我们大量财物，还许诺可以通贡互市，体现出十足的诚意。"

"那不错。他还说什么没？"

王滶回道："他还说不仅可以免父王罪，还能加官晋爵。对了，我此行特意拜访了父王的家人，他们确实均已出狱，现住在一处阔大的宅院，过得挺好的，请父王放心。"

王直听了喜形于色，说道："是吗？那就太好了。那你认为可以接受招抚吗？"

王滶说道："儿臣认为可以。不过出于谨慎，还是要多派兵去为好，可驻扎在舟山岛的岑港，那里易守难攻，万一有变，我们也有个退路。"

王直说道："你说得对。而且我们还有徐海、陈东、麻叶许多兵将在东南一带，谅他胡宗宪不敢对我们怎么样。"当时王直还不知道徐海等已经被抓。

经过充分考虑，王直决定前往浙江准备接受招抚。

为了此行，他充分做好准备工作。帮助蒋洲跟日本部分国主达成协议，让日本国主答应归还被掠人口，派出使者一起前往，并备方物入贡；准备了许多艘的战舰和商船，购置了大量的火炮器械，精壮骁勇倭寇数千人。

万事俱备后，王直择了个吉日，顺着季风，率领船队浩浩荡荡向浙江舟山进发。

嘉靖三十六年（1557）十月初，王直等人到达舟山岑港。岑港位于舟山岛的西北部，此地岸上山峦峭立，海环其外，入口仅容一船进入，别无他路，简直是一夫当关万夫莫开。此外，从该港到大陆近，要进内地方便；一旦有变，要逃离到大海也容易。正是有这些优点，故有不少倭寇聚集于此。

到达后，王直放还了掳掠的人口，并让一起随行的蒋洲、王大海先行到大陆，向明军通报。

到大陆后，王大海看到了一处军营悬挂着写有"俞"字的旗帜，料定俞大猷在里面，便走近询问，果然如此。俞大猷接见了蒋洲、王大海，笑逐颜开，问道："看到你们回来，我十分高兴。你们辛苦了。此次出访收获如何？"

蒋洲将说服王直归顺以及向日本各国宣谕、放归人口等情况描述了一遍，然后说道："王直已到岑港，请求通贡互市和归顺当官。不过带来了数千倭寇，加上之前就在岑港聚集的倭寇，估计目前至少有万人；王直还带来大量战船、火炮、武器。俞将军，你看怎么办？"

俞大猷吃了一惊："啊！还这样。这陈兵列武的，叫什么归顺吗？兹事体大，我们赶紧向总督大人禀报吧。"

于是，俞大猷和蒋洲骑上骏马，向总督衙门飞奔而去。胡宗宪见到蒋洲回来了，为之高兴；听到王直愿意归顺，亦大喜。不过得知王直要求通商互市并带来大量倭寇事，他一时犯难了，问道："俞将军，我想听听你对这事的看法，说说吧。"

俞大猷说道："我认为倭患仍未彻底解决，倭寇劫掠本性难移，故全面开放通贡互市时机尚不成熟，不过倒可以先小范围试一试，成功则继续，不行则暂停。至于招抚王直一事，现王直势力还挺强大，拥有万余众，且武器精良，只怕难以彻底招抚，我有两个担心，一是担心王直不会真心愿意归顺，二是担心其部众不会愿意跟着归顺。总之，我个人觉得剿抚并用为好，抚可继续抚，但我们的军队也不得不防备啊！"

胡宗宪点头道："嗯，英雄所见略同，哈哈。"

俞大猷说道："部堂大人，兹事体大，还是将此事上奏朝廷吧，让朝廷定夺为好。"

胡宗宪说道："没错。我马上安排人起草奏疏。对了，我准备调戚继光、卢镗、张四维等将领率军队前来，共同配合俞将军您，你们要共同扼守水陆要塞，一者以防倭寇进攻大陆，二者要堵住王直逃跑的水关。"

"遵命！"

拟好奏疏后，胡宗宪派人以八百里加急的速度上报朝廷。严嵩看到奏疏后，思虑片刻，意识到事情的重要性，便赶往西苑向皇上禀报此事，将奏疏交给太监李芳，李芳又将奏疏交给皇上。

嘉靖皇帝看了奏疏，说道："倭寇海盗狼子野心，朝贡互市暂不可开，让胡宗宪相机投谋擒剿，不许疏虞。"

"遵旨。"

严嵩退出西苑后，立即将皇上的旨意传给胡宗宪。胡宗宪得到皇上的旨意，思虑深深，本来他一心是主张招抚的，现今皇上要相机投谋擒剿，却不提抚字，如此看来，就要参照擒拿徐海之事了。但是，自己已经派人招抚王直，如果让王直得知朝廷要擒剿之，那之前的努力则付诸东流，还可能激怒王直进行新的一番侵略，那后果不堪设想。考虑这些后，胡宗宪决定保密，不对任何人提皇上的旨意。

接下来，胡宗宪实行两手抓，一手继续抓招抚工作，一手则调派军队做好防备。由此，浙直沿海一带气氛陡然紧张起来。一方面，沿海百姓不久就得知王直带来大量人马，他们为此十分担心。其实百姓明白胡宗宪跟王直许诺开放互市不过是场骗局，因为朝廷从来就没有向百姓宣传过，一旦让王直得知实情，恐怕其又会因互市不成而直接劫掠。就连当地的富商赵德美等人，他们虽然十分期盼与王直等人进行经商贸易，听到王直请求互市消息后一度像打了鸡血一样兴奋不已，但是经过打听，朝廷根本没有下达过同意开贡互市的告令，故十分失望，也感到形势不妙。另一方面，明军针对性很强地调兵遣将，王直很快就探知了，他不禁怀疑起朝廷的招抚诚意。

经过与亲信商议，王直决定采取两项行动，首先他写了封表明自己愿意投诚、希望互市和想当指挥使之官的书信，派亲信谢和带着古董、名字画和珠宝前往京城，向严嵩、严世蕃父子行贿，恳请严氏父子协助。后来，财物是被收了，但严嵩没能改变皇上的旨意，钱算打了水漂。与此同时，王直派王潋前往胡宗宪处了解情况。

胡宗宪听到下属禀告王潋求见，立即放下手头事务，来到门口接见王潋，笑容满面地说道："王公子，好久不见，终于把您盼来了，我昨晚做梦还梦到您会来，不料果然如此，老夫真是高兴。"

王潋看到胡宗宪十分和气的样子，心情放松下来，行礼回道："是吗？多谢总督大人挂念！总督大人能够出门迎接小弟，小弟真是荣幸之至。"

"这是应该的。里面请。"

到会客厅后，胡宗宪吩咐上好茶，说道："这可是顶级的西湖龙井，请品尝。"

"多谢多谢！"王潋喝了两口，说道，"柔润醇香，果然是好茶。"

胡宗宪也喝了口，说道："确实如此。王公子，欣闻您义父已到舟山，准备归附朝廷，老夫十分高兴。这里面少不了王公子您的劝说，老夫得感谢您！"

王潋说道："不客气。只是有件事我感到纳闷，我们都已准备归顺，可是总督大人为何派俞大猷陈兵待我们？"王直、王潋屡次被俞大猷打败，最怕俞大猷了。

胡宗宪笑了笑，说道："误会，天大的误会。我们调兵不是针对你们的，只是防范其他倭寇的，现今知道是你们来准备招抚，我可以把俞大猷调到其他地方。"

"此话当真？"

"当真。我立马下令。"于是胡宗宪叫来传令官，下达命令，让俞大猷调离宁波，让传令官速速前往传达。王潋见此情景，相信胡宗宪的诚意。

这时，有部下来到大堂禀报："禀报大人，义乌前来进剿倭寇的队伍已到。请大人指示下。"

王潋听了吓了一跳，不会吧？还调派其他地区的军队前来进剿！但是，胡宗宪说道："已经不用了，让他们回去吧。"

"遵命。"

过了一会儿，部下又来到大堂："禀报大人，苏州前来进剿倭寇的队伍已到。请大人示下。"

胡宗宪同样说道："不用进剿了，让他们回去吧。"

"遵命。"

随后，部下相继禀报有其他地方的军队前来。胡宗宪均让他们回去。王潋开始很惊心，但很快就放下心来。对胡宗宪的诚意更加相信。

聊着聊着，眼看到午饭时间，胡宗宪又安排美味佳肴宴请王潋，并把夏正、童华、朱尚礼也叫来，他们一边吃饭一边帮忙劝说王潋，纷纷说朝廷招抚诚意十足，敬请放心。

饭后，胡宗宪又拉着王潋来到他的寝室。王潋觉得寝室是私人场所，外人哪能随便进入？因此不敢。不过胡宗宪说没事，都是好朋友了，何必在意这些。

王潋便放下拘束来到胡宗宪的寝室，王潋发现这里挺宽大的，其中一侧摆着张大桌子和几张椅子，桌面上摆放着不少书籍和文稿；另一侧则摆着张床，被褥收拾得整整齐齐的。胡宗宪请让手下上茶，两人边喝茶边聊。

聊了阵子后，胡宗宪说有点困，先小睡会，请王潋自便。胡宗宪刚躺下一会儿，就似乎睡着了，打起鼾来。王潋没事干，又以为胡宗宪睡着了，就斗胆看了看桌面上的文稿，发现是胡宗宪写给朝廷的奏疏，内容竟然是有关招抚自己的义父王直的，提出了请求朝廷开贡互市，请求朝廷接受王直的归顺，予以加官晋爵。这下，王潋深感胡宗宪的诚意。胡宗宪假寐"醒"来后，请王潋在他的床上休息。王潋说不敢，他要早点回去劝说义父早日归顺。胡宗宪见盛情难却，就答应了，并一直送他到门口。

王潋回到岑港后，立即把在总督衙门所见所闻向义父王直陈述一番。王直说道："这么说，胡宗宪诚意十足。"

王潋说道："我认为是这样。父王要不要当面跟胡宗宪谈谈？"

王直犹豫道："这个……我再考虑考虑。"

王潋说道："我还打听到一个消息，辛五郎、徐海已经被朝廷擒拿处决了。"

王直大吃一惊："啊！他们失败了！我原以为可以依靠他们的实力抵御明军，现在我们孤立无援了。"

王潋说道："我们有一万多人马，不怕明军。而且胡宗宪已把俞大猷调走，还把增援的明军也劝返。"

王直说道："虽然如此，但胡宗宪要调他们来也是件容易的事。所以形势不妙，还得慎重。"

"还是父王明鉴。"

送走王溦后，胡宗宪仍不放心，觉得劝降力度仍然不够大，与幕僚商议之后，又作出一个决定，即在王直家人上做文章。

他派夏正前往王直家人的住处。到那后，夏正说明了事由，请他们帮忙劝降。王直家人受了胡宗宪的恩待，十分乐意做此事。王直母亲爽快地说道："夏大人，您要我们怎么做，尽管说，我们按您说的办就是。"

夏正微笑道："那就好。我想让王澄（王澄即王直的长子）帮老夫人您写封血书，劝王船主归顺。"

老夫人说道："可以。那就辛苦澄儿了。"

王澄说道："我长大了，没问题。"

于是王澄咬破手指，开始写血书，陈述其祖母的意思，说明胡宗宪非常善待他们家人，期待儿子早日归顺，以求全家人幸福团聚，写得情真意切。写完之后，还让老夫人按上红红的手印。

随后，夏正与王直的表兄方大忠带着血书，连忙前往岑港面见王直。方大忠将血书呈给王直，说道："表弟，这是姨妈的血书，写给您的，请您过目。"

王直接过读了读，喃喃道："娘，您的意思儿子明白。儿也想早日与您团聚啊！可是……"

方大忠感到疑惑不解，便问道："表弟，您还有何顾虑吗？我说还是早日归顺朝廷吧。"

王直冷冷道："我娘我儿还有表兄你，真是愚昧，朝廷之所以不杀你们，就是因为我还在，我若归顺，恐怕你们也就不能幸免了。"

方大忠说道："表弟，您过虑了吧？"

在一旁的王澈也说道："父王，应该不会的。"

夏正"哼"了一声，站起来说道："王船主，我和您是至交了，我就打开天窗说亮话。您说他们愚昧，我说您愚昧才对。您想保全家人以及开市求官，但是您不归顺的话怎么可能达到这个目的呢？您带着大量人马和武器，口头说是归顺，可是谁会相信呢？不过，我有个建议，您可以前去总督衙门面见总督大人，因为您有大量兵马驻扎在此，谁敢扣留您呢？现在正是归顺的最好时机，您归顺的话，朝廷很可能封你官职，您就可以与家人团聚，安稳过日子了。"

王直被这么一说，觉得有道理，开始动摇起来了。沉思片刻后，他又问道："夏老弟，请教您下，我听说徐海原本也是要归顺的，可是朝廷为何要处决他呢？"

夏正答道："这是一码归一码的事。徐海原本是要投降，朝廷都准了，但是他后来受倭寇头领辛五郎的鼓动而反叛，所以大明军队无奈只好予以擒拿。而王船长您现在不一样，辛五郎不在了，您在这里是老大，您说了算。不过，丑话说在前头，如果王船主也像徐海一样抚而又叛，那大明军队同样会进行清剿，大明军队是有这个实力的，那么到时您归顺的机会就没有了。当然，我们不愿看到这个局面发生。"

王直笑了笑，说道："那是，那是，我可不是那样的人。"他越来越觉得夏正说得有道理，自己确实被打动了，心想："当年汉高祖赴鸿门宴，他本是当皇帝的命，因此不死。那我就学学汉高祖，前往总督衙门接受招抚。纵使胡宗宪假意引诱我，但我有军队在此，他又能奈何得了我？"

于是，他说道："好，那决定归顺。麻烦夏老弟您带上我的澈儿一起去总督衙门，您向总督大人禀报下该事，澈儿则与总督大人谈好归顺具体事宜和日期，等确定了，你们再来告知我，如何？"

终于说通了，夏正松了一口气，高兴道："行。王船主这就对了。"

于是夏正带着王滶前往总督衙门。胡宗宪见王滶回来了，再次热情接待，得知王直愿意前来归顺，满心欢喜。双方顺利谈了相关事宜，定了日期。随后，夏正与王滶、叶宗满、王汝贤、童华等再次来到岑港禀报。

王直决定前往总督衙门受降。但是在出发前，王直仍然感到忐忑不安，为防范万一情况发生，他想到了退路，采取了几项措施。

他把王滶、叶宗满、王汝贤叫来，说道："滶儿，等下你帮我选一百名武功最好的兵士，届时陪同我前往。"

王滶回答："遵命。"

王直又说："到时宗满、汝贤也陪我去，滶儿你则留在岑港，假如有变，你全权负责带兵事宜，相机而动。"

要出发的时候，夏正高高兴兴地做好了带路的准备。不料，王直把他叫住了，说道："夏老弟，你近来老是奔波太辛苦，此行你就不必去了，你就跟王滶留下，好好休息。我让宗满、汝贤、童华陪同就行。"

夏正深感意外，愣愣地问："这……"王直的话听起来很好听，但他很快就明白了，其实王直是要他留下来做人质，他一时执拗不过，只好接受了。

胡宗宪这边也着手做好准备工作，一方面安排人员做好接待准备工作，另一方面做好防备工作。他派人把俞大猷叫来，俞大猷风尘仆仆地赶来，问道："部堂大人，找末将来请问是有军务吗？"

胡宗宪说道："是的。王直即将来受降，俞将军听说了没？"

俞大猷回道："听说了。"

胡宗宪说道："我上次让你调离宁波是一时之需，但彼一时此一时，这次等王直到了总督衙门后，你要迅速率军队到达前线，也要把戚继光、谭纶、张四维、刘显等能将都用上，占领各要塞，断了王直的退路，同时防备岑港的倭寇有异常举动。对了，届时王直还带一批人马陪同前来，为防万一，你调一千名士兵让卢镗负责指挥，在总督衙门周边一带做好防卫。"

"遵命！"

胡宗宪问道："俞将军，依你之见，这次招抚能成功不？"

俞大猷说道："有部堂大人精心谋划，招抚王直本人十拿九稳。但我有其他方面的担心，不知当讲不当讲？"

胡宗宪说道："但说无妨。"

俞大猷说道："我有两个担心。其一，我听到一些官员反映，他们对王直前来受降感到恐慌，有的表示反对，我担心他们的举动会对招抚产生影响。其二，王直虽然接受招抚但并未让他的部众全部投降，他们的实力仍在，我就担心他们的部众不服而生变。毕竟这次跟剿灭徐海不同，剿灭徐海时我们不断施计让他们自相残杀而消耗实力，但此次王直部众实力并没受到削减。"

胡宗宪说道："嗯。你说的我也想到过。本来我是想让王直带他的部众全部投降再遣散他们的，但一时难以做到，只能走一步看一步吧。所以我们要做好两手准备。防御的事就有劳你了。"

"没问题。那我先告辞。"俞大猷行了个礼便转身离开。真是来也匆匆，去也匆匆。

胡宗宪回了个礼，看着俞大猷远去的背影，对其充满期望。

王直一行人终于朝着位于杭州的总督衙门进发了。出发时，天气晴朗，蓝蓝的天空飘着朵朵美丽白云。王直看着白云，说这是祥云，预示此行必然顺利。一行人走到半路时，不料天空出现不少乌云，突然一声惊雷响起。王直说道："不好。"便停下了脚步。

叶宗满说道："徽王不必担心，这像是总督大人欢迎您的礼炮。

我们抓紧赶路吧，总督大人在等我们呢。"

王直转忧为喜，说道："说得对。"

王直一行人快到的时候，有个明军士兵骑马奔来，驻足后下马问道："请问哪位是王船主？"

王直说道："我就是。"

明军士兵说道："总督大人派我告知您，总督大人在城门口等候迎接您。"

王直听了大喜，他想胡宗宪竟然在城门口迎接他，可见其诚意，他说道："知道了。多谢！"

再走近后一看城门，果然城门大开，一群人正在等候。

到城门的时候，胡宗宪迎了上来，王直赶紧下了马。胡宗宪作了个揖，满面笑容道："本官胡宗宪欢迎王船主到来！"

王直回了个礼，说道："王某感谢总督大人恭迎！"

"里面请。"

胡宗宪带着王直前往总督衙门。城里的百姓看到一大群倭寇进城，吓得纷纷躲进屋里，关起门来保平安。但也纳闷，为何胡宗宪跟倭寇相安于好，于是私下里议论起来，很快就知道原来是王直到总督衙门投降来的。一传十，十传百，无论是官员还是百姓很快就都知道了这个消息。

在总督衙门，胡宗宪让仆人端上最好的茶，并十分友好地与王直会谈。胡宗宪说道："王船长，我们盼星星盼月亮，终于把您盼来了。您可是我们的贵客啊！我这茶可是顶级的'大红袍'，是从数百年龄茶树采摘的，本来是上贡皇室的，我花重金买了点，平时我舍不得喝，现泡上让您这样的贵客品尝。"

王直喝了一口，说道："果然是好茶，太感谢总督大人了！"

胡宗宪说道："王船长能够主动归顺，真是英明之举，能够减少多少干戈啊，这可是朝廷之福、百姓之福啊！"

王直说道："这离不开总督大人的鼎力相助。还望大人向朝廷多帮王某说些好话，让朝廷能够赦免王某之罪，让王某当个一官半职。"

"这个没问题，包在我身上，我会向朝廷上疏帮您争取的。"

座谈一番之后，胡宗宪让属下摆好宴席，上山珍海味和美酒款待王直。还叫来几位绝色美女跳舞助兴。王直看得两眼发光。

胡宗宪还款待了王直带来的其他人员包括兵士，让他们喝得酩酊大醉。而在总督衙门，卢镗带领的士兵则全神贯注地做好守卫工作。

接下来的几天，胡宗宪均热情款待王直，让王直吃最好的美食，喝最好的美酒，看最好的美舞，每日耗费数百金。胡宗宪还叫来王直的家人一起参加宴席，让他们团聚，诉衷情，其乐融融，这让王直打消了顾虑，对自己的前途充满希望。

胡宗宪是真心实意要招抚王直，写好奏疏请求朝廷赦免王直的罪，接下来则打算让王直命岑港之兵也投降。然而，不少官员不懂胡宗宪的苦心，他们看到胡宗宪天天耗费重金善待王直，却不对其逮捕，对此感到不解并予以抨击。其中典型的就是浙江巡按御史王本固，他公然反对赦免王直。当时浙直人士还纷纷传言胡宗宪接受王直数十万两金银的贿赂。

消息很快传到朝廷，胡宗宪的做法引起朝官的非议，工部给事中徐浦直接上疏弹劾胡宗宪，说倭寇作乱，地方经费入不敷出，但胡宗宪为招抚王直不惜耗费大量金银，不得不加征税赋，导致民不聊生。嘉靖皇帝便下达谕旨，严令胡宗宪擒剿王直和屯聚在舟山岑港的倭寇。

面对舆论压力和弹劾压力，胡宗宪感到措手不及甚至有些害怕。现在皇上都下旨了，若不听从，那自己很可能会像张经、朱纨一样自身难保。此时，徐渭等幕僚也纷纷建议胡宗宪擒拿王直。胡宗宪不得已，只好改变初衷，趁宴请王直等人让他们喝得晕乎乎之时，命卢镗带兵擒拿王直及带来的兵士，将他们关进监狱。此时王直大感不好，很快酒醒，责问道："总督大人，您这是干吗？您可不能出尔反尔啊？"

胡宗宪说道："王船主，对不住了，我本真心实意要招抚您，让朝廷赦免您的罪，可是朝廷不许，我没办法。只好让您暂在监狱过了。不过我会让您吃好住好的，酒肉不缺。您放心。"

王直骂道："哼，你放屁。"但此时已成人家刀俎上的鱼肉，无可奈何。

后来，嘉靖皇帝下旨，指出王直背华勾夷，罪孽深重，令予以枭首示众。而叶宗满、王汝贤有功，待以不死，发边卫充军。

就这样，祸患东南沿海多年的巨寇王直被歼灭了。然而倭患并未因此而平息，由于其在岑港的部众仍在，在随后的时间里，他们给明王朝带来诸多的麻烦。

# 第二十三章　竟遭逮捕

在岑港的王滶得知义父王直被逮捕后，懊悔不已，气急败坏，发誓要报仇。被当作人质的夏正也得知了这一消息，他深感自己处境十分危险，于是找到一艘小船偷偷逃跑，不料却被倭寇察觉，被追赶抓回。

王滶双眼瞪着夏正，怒道："夏正啊夏正，你的一派胡言，害得我们好苦啊！"

夏正说道："这也不是我所预料的。"

王滶说道："我要杀了你祭旗，为我义父报仇。"

夏正面无惧色，大义凛然地说道："要杀要剐随便你。但是我奉劝你们最好早点投降，不然你们终究会覆灭的。"

王滶冷笑道："还要我投降，当我是傻瓜啊。对不住了，夏大人。"随后命令部下残忍地杀害了夏正。

夏正就这样为国捐躯了。

王滶虽然扬言要报仇，但以自己目前的实力，尚不敢主动地向杭州大举进攻，而且他也获知朝廷下令让各路明军前来征剿。由此，他开始做防守反击准备，首先命部下到沿海地区老百姓家里进行劫掠，获得尽量多的粮食；还联络其他部的倭寇，引来门多郎、田助四郎部众来到岑港，增强实力，联合对抗明军。

胡宗宪得知夏正被杀，十分伤心，朝着岑港的方向呼喊道："夏正啊！本官对不住您！我们会为您报仇的！"

　　嘉靖三十七年（1558）二月，胡宗宪下令调遣各路明军进军擒剿岑港之寇，他本人亲自坐镇总督府中军都司指挥战斗，决定水陆联合作战。水军方面，南路由一位名为任锦的将军负责率军进攻，北路由一位名为李泾的将军负责率军进攻，而俞大猷则率船队负责南北之间往来策应。陆兵方面，分三路进攻，南路由戚继光负责率军进攻，北路由一位名为杨伯桥的将军负责率军进攻，东路由一位名为周官的将军负责进攻。

　　岑港位于舟山岛的西北，这里地形险要，山径崎岖狭隘，易守难攻。战斗打响，明军先是以火器杀伤敌人，随之陆兵各路开始冲锋。北路兵相对比较顺利，杀敌甚多，踏着敌人的尸体较快地突入敌阵，然而南路和中路兵由于地理上不占优势，加上战斗力不强，难以突破倭寇防线，未能如期实现三路会合。如此导致北路兵孤军深入，处境十分危险。敌人趁势加大力量对北路兵进行重点打击，让北路兵败退下来。就这样，明军第一轮攻击以失利告终。

　　接下来明军继续发起攻势，然而几次进攻都无效。到三月时，天公不作美，风雨交加，山洪骤发，溪涧涌溢，敌人在山上筑堤围水，待明军进攻时，决堤发水，致使不少兵被大水冲死。

　　战局陷入胶着状态，明军连续两个月都无法实现突破。敌人也死伤不少，王滶也在想办法，派人出去寻求增援，获得成效，新倭纷纷到来。辛五郎的弟弟辛六郎也到来，扬言要为哥哥报仇。俞大猷水师对到来的倭寇进行打击，尽量不让他们进入岑港，但仍然让一部分倭寇上了岸，而未上岸的倭寇则跑到台州一带进行劫掠。台州告急，于是胡宗宪下令戚继光驰援台州抗倭。

　　临走前时，戚继光找到俞大猷，说道："俞将军，我接到部堂大人命令，要前往台州抗倭，特来向您辞行。"

　　俞大猷说道："现在这里正需要你，调你离开实在不合适。"

戚继光说道："我也想在这灭了寇盗再走。可是军命如此，身不由己。这里就靠您和各位兄弟了。说实话，这仗太难打了，是我从军以来经历过最艰难的仗。我们要赢得胜利，还要付出努力。"

俞大猷感慨道："是啊，我也没想到仗这么难打，敌人会如此顽抗。您有什么好办法？"

戚继光回道："我认为最好的办法就是继续围困敌人，不给他们补给的机会，估计不久敌人粮食耗尽，到时我们就容易收拾他们了。不过话说回来，当时不要轻易逮捕王直，等招降了王潋再逮捕就好了。"

"是啊！那祝您台、温御倭顺利，早日归来。"

"好。告辞。"

随后，胡宗宪下令明军围困敌人。戚继光前往台州抗倭较顺利，不久就回到舟山，准备与俞大猷联合作战，但没想到温州又遭到新倭劫掠，戚继光再次离开舟山赶往温州增援。

朝廷密切关注着岑港之战，从皇上到官员不反思过早逮捕王直的后果，不管敌人的顽强，也不管战斗的艰难，他们只是纳闷为何仗打了几个月都没打赢，因此有点失去耐心。朝廷下诏，以岑港倭寇未平，夺总兵俞大猷、参将戚继光等职级，限一个月内荡平倭寇，若过限无功，将逮到京城问罪。

胡宗宪接到诏令，有些紧张起来，于是组织明军再次强攻。俞大猷和戚继光被处分有点冤枉，因为俞大猷并不负责整个战斗的指挥，戚继光因为被调走，没有参与战斗全过程。但是军令如山，他们二人没有怨言，合力对敌人发起强势攻击。

而敌人方面由于缺粮，食不果腹，实力大不如前，面对明军的攻击，开始处于下风。王潋与门多郎、田助四郎、辛六郎商量起来。王潋因吃不饱，面黄肌瘦，他略显疲惫地说道："各位将军，明军反攻，我们又缺粮，形势不妙。你们说怎么办好？"

满脸脏兮兮的门多郎说道："守着这个孤岛，没有意义，我说还是逃吧。"

田助四郎说道："对，我们不能等死，逃出去还有活路。"

辛六郎问道："那要逃哪里去？"

门多郎回道："外面那么大，不怕没落脚点，可以逃到温州、福建、广东。"

王澈说道："你们说得好，我也正有此意。留得青山在，不怕没柴烧。那我们有序地往舟山岛东岸撤退，再乘船逃走。"

在深夜时分，王澈组织队伍趁着夜色开始撤退，到海岸后驾船驶向大海。明军探哨发现了敌人逃跑，立马报告俞大猷。俞大猷立即让戚继光、刘显、戴冲霄率陆兵到岸边对尚未登船的敌人进行打击，自己则率水师对逃往大海的敌人进行追击，也击沉了敌人几艘船。然后继续追击时，海上突然刮起大风，大海顿时波浪滔天，且风越刮越大，俞大猷的船只差点撞到礁石上。

此次战斗有点仓促，俞大猷没有准备远征的粮米，加上自己为浙直总兵，得守卫好浙直，在没有接到胡宗宪命令的情况下，他不敢贸然全军远征。他派把总张四维继续追击，张四维率船队追至福建北部海域，杀了十几名倭寇，因北风阻击，直至第二年才回到浙江。

俞大猷没料到倭寇竟然会逃那么远，一直逃到福建。倭寇给福建带来祸害，福建沿海开始告警。俞大猷是福建人，他也不希望该情况发生。

倭寇在福建为非作歹，不仅给福建人民带来痛苦，还给俞大猷带来莫大的麻烦。

福建人南京御史李瑚以及浙江巡按王本固、南京给事中刘尧海等纷纷上疏弹劾胡宗宪纵倭。朝廷派人到浙直开展调查。面对该情况，胡宗宪始料未及，开始惊慌起来，怎么办？如果自己承担责任，那么很可能被朝廷处分免职甚至被定罪。他可不想这样。考虑再三后，他决定狠狠心，将责任推卸给俞大猷等人。于是他上疏朝廷说道："总兵俞大猷、参将黎鹏举，防御不早，邀击不力，纵之南奔，播害闽广，失机殃民，宜加重治。"

嘉靖皇帝看到奏疏后，勃然大怒，命巡按御史将俞大猷和黎鹏举带到京城讯治，并夺俞大猷世荫。

俞大猷感到郁闷至极，自己许国以来，大小百余战，擒斩敌人数以万计，不料一着不慎，前功尽弃。

而黎鹏举也感到很冤。黎鹏举祖籍安徽合肥，生于福建，任职过泉州卫千户、汀漳守备，现为福建北路参将。他在抗倭战斗中屡立战功，被称为"忠勇将军"。此次倭寇到福建后，黎鹏举与参将尹凤、镇东卫指挥秦经国统领的明军会合，歼敌于福清海口，击沉倭船二十余艘，斩首四百余级，让倭寇溃逃，想进犯福州城的企图没有得逞。不料倭寇太多，他一时没法全部肃清，现今还在继续作战中，就被胡宗宪诬陷为防御不早、邀击不力，而遭到逮捕。

俞大猷被逮捕的消息如惊雷响起，很快就在军、士、农、工、商中传开了。

俞大猷的部下纷纷赶来，为之鸣不平。此时的俞大猷着青衣，面容憔悴。而朝廷派来的缉拿官差在外面等候。邓城怒目圆睁，愤愤道："大哥，朝廷是不是瞎了眼？怎么可以逮捕你？我反对，我要跟那昏聩的皇帝说理去。"

李杜、邓子龙、邵应魁、邓铨、郑履祥等人也是义愤填膺，纷纷说道："就是。"

俞大猷说道："大家不得无礼。相信皇上会英明决断的。我走后，你们要听从总督大人的安排，不得违抗命令。否则麻烦更大。知道吗？"

邓子龙说道："就是胡宗宪嫁祸于你的。我恨不得好好教训他一顿。

大哥，现在倭寇去了福建，那我们也回福建吧？"

刘邦协说道："就是，我早就想回福建了。我此前就担心志辅会出事，不料果然如此，真是伤透了老夫的心。唉……"

俞大猷说道："刘师父、各位兄弟，你们要回去我没意见，但要向总督大人禀报，获得同意。军队绝对不能散，还得齐心奋战，回福建后，竭力杀敌御倭，保家卫国。刘师父，你是军队的教师，德高望重，这件事就有劳你了。"

"好的。"

就在此时，门口走来两个人，一位是戚继光，一位是谭纶。戚继光和谭纶走进来后，紧紧握着俞大猷的手，无语凝噎，过了许久才哽咽道："志辅兄，真没料到会这样。"

俞大猷说道："感谢你们来看我！我无法继续抗倭了，以后抗倭大业就有劳二位了。"

谭纶说道："我相信朝廷会明辨是非的。我也会写信给朝中的官员，让他们竭力相救。我相信志辅兄会没事的。"

戚继光说道："是的，志辅兄光明磊落，众人皆知，您会没事的，我还想跟您继续携手抗倭呢。"

俞大猷说道："但愿如此。官场潜藏着风险暗流，你们今后也要小心谨慎。"

"嗯，会的。"

俞大猷又对谭纶、李杜说道："子理、思质，我想拜托你们一件事。"

谭纶、李杜应道："什么事？尽管说。"

俞大猷深情道："我此去京师，生死未卜。拜托二位帮忙照料我家人。"俞大猷家人前几个月刚从泉州搬到宁波居住，但因为俞大猷老要打仗，并未与家人团聚多少时日，此行北京后就更难团聚了，也没法照顾家人，只好求好友帮忙。

谭纶、李杜应道："会的。请放心。"

听到"生死未卜"四个字，此时此刻许多人流下伤心的泪水。常言道男儿有泪不轻弹，但此情此景，连勇猛的武将们也禁不住伤心落泪起来，大家真害怕俞大猷被逮捕进京后会发生不好的结局。

这时门口又进来一个人，大家一看，是徐渭。徐渭来到俞大猷面前，说道："俞将军，让您受委屈了。我此次来看望您，是有两个意思，其一是受部堂大人委托看望您……"

还没等徐渭把话说完，邓城就插话怒道："他胡宗宪是黄鼠狼给鸡拜年，不安好心吧？哼。"

俞大猷说道："藩国，不得无礼。文长莫见怪，请继续说。"

"没事。部堂大人说对不住您，他感到十分后悔，他已向严阁老写信，请求宽恕您。其二是我个人的意思，发生这事我深感遗憾，俞将军是我见过的最好的将军，我期望朝廷能够明鉴，祝福您能够平安。"

"谢谢！"

浙直的各界人士知道俞大猷是个好官、清官，没什么积蓄，听说其被逮捕，在感到震惊和惋惜的同时，还纷纷捐金相助。如溧阳一位叫史际的人一次就赠送五百金。此外，谭纶、戚继光等也纷纷捐赠。这样俞大猷共筹到数千金。这为俞大猷在京城能够向严嵩打点疏通关系发挥了一定作用。从中也折射出当时官场之腐败。

朝廷派来的缉拿官差催促时间差不多了，要上路了。俞大猷被迫戴上木枷，带领外面。众多的百姓听说了此事，纷纷前来送行，有送馒头的，也有送鸡蛋的，等等，把路堵得水泄不通。

众人纷纷说道："俞将军保重。"

俞大猷十分感动，说道："多谢父老乡亲！"

也有百姓向官差求情，说俞大猷是个好官，朝廷可不能冤枉好人啊！只是官差一句话都不说。

这时，后面有人高声喊道："请慢。"

众人纷纷朝声音方向看去。俞大猷也转过身一看，原来是妻子陈佩兰、儿子及侄儿来了。

陈佩兰扑了上来，失声痛哭，边哭边说道："夫君，这是怎么了？你不能走，我不让你走……"

俞大猷说道："佩兰，是我对不住你们。你不要难过，我已托付子理和思质照顾你们，你有什么事就找他们俩，你也要坚强起来，把孩子带好。"

小儿子俞咨皋眼泪涟涟，问道："爹，你什么时候回来啊？"

俞大猷说道："好儿子，莫哭，爹会回来的。你要听娘的话，快快长大，好好做人。"

然后又对俞咨荣、俞丹心等家人交代话语，劝说他们要坚强，照顾好自己照顾好家人，同时服从指挥，杀敌报国。

众人看了听了纷纷感动得落泪。官差又催促赶路，俞大猷只好与大家依依不舍地告别。执手相看泪眼，竟无语凝噎。

满地落叶堆积，满街忧伤弥漫，这次第，怎一个愁字了得。

此去京城路途遥远，邓城十分担心俞大猷路上的安全。他看过《水浒传》，知道林冲、武松在羁押的路上险被人残害，为此，他决定学鲁智深，带上行囊和武器，一路跟随其后，加以保护，直至京城。从中可见邓城与俞大猷情谊之深。

嘉靖三十八年（1559）七月，俞大猷到了京城，被关进诏狱。他被逮捕的消息很快在朝官中传开。大家知道俞大猷是抗倭名将，战功赫赫，且品德高尚，因此众多正直人士展开营救行动。

刚到京城时，俞大猷便将众人所赠的金银交给邓城，交代他务必找到内阁次辅徐阶。邓城领命，经一路打听，终于找到了徐府。

徐阶听管家说有俞大猷的部将到访，立即接见。邓城向徐阶作了个揖，说道："末将邓城拜见徐阁老。"

徐阶说道："邓将军一路辛苦，请坐。"

邓城并未入座，而是扑通一声跪了下来，深情地说道："恳请徐阁老救我大哥俞将军，他可是忠心耿耿，一心报国。"

徐阶赶忙将邓城扶了起来，说道："志辅也是我的爱将，请放心，我一定会想办法救他的。"

"那就拜托徐阁老了。"说完，将众人捐赠的金银交给徐阶，让他能够打点疏通关系。并将俞大猷所写的事情经过交给徐阶。徐阶答应了下来，他自己也出了些钱放到一起。

送走邓城后，徐阶思考起该如何救俞大猷。他明白要救俞大猷，关键得说服严嵩，让严嵩帮忙通融。而要说服严嵩，他自己没有把握，但想到了一个更加适合的人，此人就是锦衣卫首领陆炳。

陆炳，字文明，浙江平湖人，其母是嘉靖皇帝的乳母，他从小就入宫中，与嘉靖皇帝关系甚密，获得皇帝的器重而掌锦衣卫事，势倾天下。而且陆炳跟严嵩关系颇密，两人曾合计除掉一些大臣，严嵩也对陆炳敬畏几分。但是，陆炳也保护过不少官员，其对俞大猷十分敬佩。

徐阶乘轿急急忙忙来到阔气的陆府。陆炳知道徐阶是高官，赶紧到门口迎接，将他请到客厅坐，吩咐仆人上好茶。寒暄一阵后，徐阶说道："常言道，无事不登三宝殿。老夫本次前来贵府，是有一事相求。"

陆炳笑了笑，说道："是不是营救俞大猷事？"

徐阶说道："正是。陆大人真是料事如神，老夫佩服。当前俞将军正关在诏狱，还望陆大人加以照顾，别让他受皮肉之苦。俞大猷是个抗倭名将，杀倭无数，保了家卫了国，战功赫赫。朝廷需要这样的能将，百姓也需要这样的能将，可不能因为遭受冤枉而损失一员大将啊！"

陆炳说道："徐阁老，我了解俞将军，十分敬佩他的为人。我是浙江人，他为保护我浙江百姓赴汤蹈火，立下汗马功劳。我已安排属下关照好他，不会受苦的。他所谓的罪名我了解过了，其实就是'莫须有'。营救这个忙，我帮定了。"

徐阶听了心里暗喜，说道："那老夫先谢了！"然后让下属递上一个箱子，说道："这是各界人士为营救俞将军而捐赠的两千五百金，望陆大人能够交给严阁老，让他出面帮忙。当今三法司许多都是他的人，如果他肯帮忙，那案子就好办了。"

陆炳说道："明白，只是严嵩胃口大，这样吧，我也拿出一千金，一起交给他。我明早就去严府找严嵩帮忙。"

"如此甚好。多谢陆大人！有劳您了。那老夫先告辞。"

"好，我送您。"


陆炳确实将俞大猷之事放在心上，思考着如何营救，一个晚上都没怎么睡好。

第二天天刚蒙蒙亮，陆炳就迫不及待地赶往奢华豪气的严府。守门人见是陆炳来了，知道他权势大，于是笑脸相迎，说道："大人真早！只是阁老和小阁老尚在睡觉呢。"

陆炳说道："我有要事要见阁老。麻烦禀报一声。"

"好的，那您先到客厅等候下，我去禀报。"

陆炳在客厅等了许久，严嵩、严世蕃父子才走出来。其中严嵩由一位年轻美女之纤手托着他的老手缓步走来，而严世蕃还打着哈欠，揉着眼睛。陆炳站起身来，恭敬地作揖道："陆某拜见阁老、小阁老。"

严嵩说道："文明老弟，今天怎么这么早啊？"

严世蕃说道："我们都还在睡觉呢，还没睡够呢。"

陆炳说道："抱歉打扰了。我昨晚焚香卜筮，说今天早上拜见阁老、小阁老，必定能答应我的请求，只好早起打扰了。"

严嵩问道："哦，那你说是为何事而来？"

陆炳回道："是为俞大猷之事而来。"

严世蕃"哼"了一声，轻蔑道："你何必庇护俞大猷呢？俞大猷厚交徐阶而不孝敬我们父子，罪有应得。"

陆炳说道："这是误会。我也了解过，俞大猷之所以将《论柘林用兵十难》寄给徐阶，是因为徐阶是松江人，而他所陈述的是松江事。俞大猷知错了，故托我向阁老、小阁老说明情况，还托我将这些交给阁老、小阁老，当弥补过错。常言道，宰相肚里能撑船，还望阁老、小阁老见谅。"

陆炳将装有金子的箱子打开，严嵩、严世蕃看着金光闪闪的金子，估算至少有数千金，便转怒为喜。

严嵩说道："嗯，原来是这样，那就好，常言道，大人不计小人过，我们就算原谅俞大猷了。"

严嵩、严世蕃父子终于答应了请求，陆炳感到心中一块石头落地，拱手说道："那我替俞将军致谢了！我先告辞了。"

俞大猷被关押在狱中，头发蓬乱，衣衫褴褛，虽然没受皮肉之苦，但也是饱受煎熬，他不知道朝廷会对他如何处置。

过了些时日，官员们陆续来到狱中慰问他，包括内阁次辅徐阶、锦衣卫首领陆炳、工部尚书欧阳必进、兵书尚书杨博、刑部尚书郑晓等。还有御史们也来慰问，对他说道："公之功高，明主所知，必从宽贷。即有不测，我台官当不畏诛谴，为上言之。"

这让俞大猷宽心不少，看到了希望。在俞大猷被审问时，左都御史周延告诫手下，不得向俞大猷索要钱财，不得刑讯逼供。

俞大猷在狱中还写了《恳乞天恩辨明下情将功赎过疏》呈上，描述了当时海战经过："臣彼时仍欲自行穷追，但思臣职任浙、直总兵，自有地方重寄。一则沈家门遁向东南，即系福建海界，非奉军门号令，不敢擅离；一则臣原无奉令，预给远追行粮，不能前进；一则时值冬月，北风猛急，波涛之中，一蓬南向，瞬息越境，何日可归？一则时正交春，贼必乘风复犯本境，合回定海整兵防御。臣有此四者，是以遵照谭副使手本内事理，行令张四维带领原给银米、兵船，前去穷追，俱呈报军门知会迄。"并提出自己的愿望，"如蒙伏皇上怜臣平日血战功多，察臣从何故违节制，准臣自赎，仍乞发臣有事边方立功，庶捐犬马之躯，图报圣恩。臣无任激切，吁天哀恳之至。"

皇上看到俞大猷的奏疏后，对其产生怜悯之情，他也知道俞大猷是个能将，朝廷需要这样的能将作贡献。加上严嵩、徐阶、陆炳等大臣纷纷建言宽恕俞大猷，让他立功赎罪。最后，皇帝下旨，让俞大猷前往大同，在塞上立功。此外，将黎鹏举也释放了，让他回福建御倭立功。

消息传到邓城、李良钦、刘邦协、邓子龙等将士及俞大猷家人耳朵，大家终于长舒一口气。

邓城手舞足蹈，高声喊道："大哥终于没事啦！哈哈！大哥没事啦！"

然后奔走相告，与众人互相拥抱，激动得热泪盈眶，感慨这些日子真是太不容易了。

俞大猷的妻子陈佩兰也是喜不自胜，抱着儿子流下开心的泪水，说道："郎君终于没事了！你爹平安了！感谢皇天有眼、皇上开恩！"

这些日子她吃不下，睡不着，现今终于能够吃顿好饭，睡个好觉了。

## 第二十四章　严嵩覆天

俞大猷到大同后，他没有职务，主要是辅佐大同巡抚李文进开展工作。其间，他阐述北边防御兵略，制造战车，创建车兵营，助力明军取得御虏大捷，对巩固边防产生重大影响。

俞大猷在大同约一年后，其泉州同乡、时任湖广总督的黄光升看中俞大猷的才干，基于湖南一个叫镇筸的地方出现紧急情况，他向朝廷推荐俞大猷到镇筸任职。朝廷同意，任命俞大猷为镇筸参将，署都指挥金事。虽然此职务比他之前的浙直总兵低，但总算有职务了。

在离开大同前往南方任职途中，俞大猷路过河南嵩山少林寺，便进寺探访。少林寺住持和众僧人知道俞大猷大名，纷纷围了过来。

俞大猷早听说少林寺有神传长剑，有意看看僧人剑术如何。技艺精湛的僧人便纷纷展示自己的武艺。

但是俞大猷看过后，对住持说道："少林寺以剑技闻名天下，但传久而出现错误，真诀皆失矣。"

住持说道："惭愧。俞将军可否示以真诀？"

于是俞大猷舞了一阵剑术，让众僧叹为观止。

住持说道："实在佩服！俞将军能否教授僧众真正的剑术？"

俞大猷说道："剑术不是旦夕就可领悟学会。这样吧，大师可派两名僧人跟我南下征战并学习，不知愿意否？"

"好！"

最后，挑选了两名技艺精湛、名为宗擎和普从的僧人跟随俞大猷南下征战，其间俞大猷谆谆教诲，传授技艺。

宗擎、普从学得剑术真诀，并在抗倭中立功。后来他们将真诀传回少林寺，让众僧也掌握剑术真诀。可以说，俞大猷为我国武术的传承和发展也作出了贡献。

俞大猷到镇筸后，有效完成任务。不久，他又被朝廷任命为南赣参将，主要是广东的张琏聚众作乱，影响粤赣闽三省交界一带。俞大猷率军成功擒拿张琏，遣散其余党，并注重做好善后之策，建立州县，实行教化。后来，朝廷批准设立平远县，促进当地长治久安。

嘉靖四十一年（1562），俞大猷因功升为协守南赣汀漳惠潮副总兵。

其间，不可一世的严嵩集团终于迎来危机，开始分化瓦解直至覆灭，这也应了那句话：善有善报，恶有恶报，不是不报，时候未到，时候一到，一切全报。

先遭报的是严嵩义子赵文华。

赵文华起初死心塌地地愿做严嵩的走狗，但当他不断升迁后，觉得自己翅膀长硬了，便想绕过严嵩自求发展。而最好的办法就是博取皇上的宠信。他经过冥思苦想，决定不跟严嵩打招呼而向皇上进献百花仙酒。

进献时，说道："皇上，臣觅得由百花精华酿成的仙酒，臣师严阁老服之而长寿，臣特献给皇上，愿吾皇万寿无疆。"

嘉靖皇帝知道严嵩确实长寿，现已活八十岁了，原来是喝了仙酒，他本人一直追求长生不老，因此对此感兴趣："是吗？那快呈上来。"

赵文华把包装十分精美的百花仙酒交给太监，太监交给皇上。皇上命太监打开酒瓶，自己先闻了闻，感到酒香扑鼻。他先让太监试喝，证明无毒后，自己也喝起来，觉得味道甘美，让人神清气爽，由此表扬了赵文华，这让赵文华心花怒放。

过了两天，当严嵩觐见嘉靖皇帝时，嘉靖皇帝说道："严阁老，你好小气啊，家里藏着百花仙酒只顾自个享用，也不献给朕品尝。"

严嵩一脸茫然，自己都没听说过什么百花仙酒啊，更没喝过啊，他说道："皇上，臣未喝过百花仙酒，犬马之寿诚不知何以然。"

皇上笑了笑，说道："还不承认？赵文华明明说你喝了百花仙酒故如此长寿。"

严嵩明白了，原来是赵文华搞的鬼，他吞吞吐吐道："这……恭祝皇上万寿无疆！"

严嵩回到家后，气急败坏，他立即将赵文华招来，伸着手指头，指着赵文华的鼻子，怒气冲冲道："赵文华，你怎么不先告诉我，就把什么百花仙酒进献给皇上，皇上今天还责备我吝啬，搞得我不明所以，十分难堪。原来是你想出风头、想争宠，是不是？"

赵文华自知翅膀还不够硬，还是畏惧严嵩，便扑通一声跪了下来，哭泣道："义父，是我不好，我知错了。请义父惩罚。"跪地久久不起来。

"哼。"严嵩甩甩袖子，不理赵文华，走开了。

看到严嵩不肯原谅自己，赵文华十分害怕。怎么办？此后，他拿着诸多的金银财宝贿赂严嵩的妻子，表明自己知错了，请求她出面帮忙。严嵩妻子便对严嵩进行劝说，然后让赵文华再跪拜致歉，如此才获得严嵩的谅解，只是心中难免留下疙瘩。

赵文华任工部尚书后，接到一项任务，负责建造西苑新阁，但是工程未能如期完工。

一日，嘉靖皇帝登高，看见西长安街建有又高又气派的新楼，便指着那里问太监道："那是谁的宅啊？"

太监陈洪回道："是赵尚书新宅。"

另一位太监李芳则说道："工部大半木料被赵尚书运回家修建私宅，其根本无暇修建西苑新阁，故导致工期拖延。"

嘉靖皇帝听说后十分气愤，不过这次没有深究。

不久，因发生火灾，嘉靖皇帝要求工部加紧修建正阳门楼。赵文华却挪用工程款项，又以资金短缺为由导致工程不能如期完成。嘉靖皇帝更加恼怒。且他还听说赵文华在东南视师时贪赃纳贿，因此打算逐之。

嘉靖皇帝对严嵩说道："修建门楼延迟，文华似不如昔。"

严嵩回道："文华此前南征，因此致疾，臣建议增侍郎一人专督此工。"他这样回答虽为赵文华找了借口，以掩盖责任，但也体现对赵文华失去信任、放弃任用、另找他人替之的意思。嘉靖皇帝从之。

事已至此，赵文华只好上章称疾，请求赐假静养旬月。嘉靖皇帝批准了，让他回籍休养。这也相当于让其弃官。朝臣们获悉后，纷纷相贺。可见，赵文华多么不得人心。

赵文华想，虽然自己没有了权力，但能够回家安享晚年也是可以接受的，自己的家产和钱财不少，还能够过上不错的日子。

但是，嘉靖皇帝觉得未定赵文华的罪，感到怒无所泄。恰逢赵文华之子锦衣千户赵怿思以斋祀停封章日请假送父，嘉靖皇帝对斋祀十分痴迷和重视，因此大怒，罢黜赵文华为民，戍其子赵怿思卫边。赵文华受此打击，感到十分郁闷，因此致病。

一天，他用手揉腹部，不料导致腹裂，脏腑都流出来，立即就死了。

后来给事中罗嘉宾等核军饷，发现赵文华侵盗军饷达十万四千两。皇帝下诏要其家人偿还，直至万历十一年偿还不到一半，有官员上疏请求皇上予以赦免，但神宗不许，要求继续偿还，还将赵文华另一个儿子赵慎思戍于烟瘴地。

唉，真是一人造孽，殃及子孙。

接下来，严嵩、严世蕃父子也迎来危机。

严嵩、严世蕃自知树敌太多，且对裕王也多有得罪。他们心里也明白嘉靖皇帝虽老是吃仙丹求长生不老，但这是不可能的，一旦嘉靖皇帝驾崩，裕王登上皇帝大位，那自己就没有好日子过了。

为此，他们必须谋求后路。因此，他们密谋拥立景王当皇太子，还花重金收买皇帝左右，希望让皇帝废立裕王，改立景王为接班人。

不过，很快就梦碎了。突然有一天，嘉靖皇帝下旨，说景王府已建多年，景王应当遵照祖宗大制，及早到封地去。景王府在湖北安陆，这意味着景王要离开京城这个政治中心，基本就不可能当皇太子。

严世蕃知道后，万分愕然，竟然不敢相信这是真的。但当景王遵旨前往封地后，他们不得不相信这是现实。

本想谋求的后路就此流产。严嵩只好继续抱紧嘉靖皇帝的大腿。然而，这个大腿接下来也不好抱了，开始渐渐失宠。

嘉靖四十年冬季的一个晚上，嘉靖皇帝与美人在西苑玩弄烟火，不慎失火，导致嘉靖皇帝所住的永寿宫也被火烧。大火之后，嘉靖皇帝暂住玉熙殿，这里狭小潮湿，嘉靖皇帝颇不满意。

有大臣建议修复永寿宫，也有大臣建议皇帝迁回大内。嘉靖皇帝未作定论，而是询问严嵩的意见："严阁老，你有何意见？"

严嵩知道皇帝喜欢住西苑，而不喜欢住大内，便说道："当下三大殿正在修建，工急费繁，库藏不足，固暂不宜修复永寿宫，臣斗胆建言皇上暂住南宫。"

嘉靖皇帝听后大为不悦。因为他认为南宫是不吉利的地方，当年英宗被蒙古也先俘虏放回后，景帝将其软禁于此。他说道："南宫乃逊位受锢之所，且欲幽朕吗？"

严嵩意识到犯错了，不禁冒出大汗。

嘉靖皇帝转而询问次辅徐阶："徐阁老，你认为该怎么办好？"

徐阶觉得机会来了，他要趁此获取皇上信任，并动摇严嵩地位，便以十分忠诚的样子说道："皇上乃九五之尊，居住玉熙殿如同露宿，臣子于心不忍。臣建议以三大殿余料为材料，由工部尚书雷礼主持施工，臣愿加以督办，臣之子徐璠也愿为营造之事尽绵薄之力，百日之内即可完成。"

嘉靖皇帝听了大悦，说道："徐阁老所言极是，朕甚为欣慰，就依你说的办。"

经过加班加点辛勤修建，工程果然如期完工。这与此前赵文华老是工程延期形成多么鲜明的对比啊！

嘉靖皇帝十分高兴，举行迎恩大典，并奖赏有功之臣，徐阶加官少师、兼支尚书俸、荫一子中书舍人；雷礼加太子太保、荫子入国子监读书；徐璠晋升太常寺少卿；而严嵩仅加禄米百石。

由此，徐阶渐渐受宠，而严嵩渐渐被皇帝冷淡。严嵩、严世蕃父子感到忧心忡忡，眼看皇上的大腿抱不了了，那就转向抱徐阶的大腿吧。

他置办丰盛的酒席请徐阶，并打出两家联姻牌。席间，严嵩让子孙们包括嫁给严世蕃儿子的徐璠之女，跪拜在徐阶面前，装作十分恳切的样子说道："嵩旦夕死矣，恳求徐公不计前嫌，今后多多关照我的子孙。"

面对这突然一幕，徐阶十分惊讶，一时不知如何是好，过了一会儿才回道："严阁老何出此言？过虑啦，您还是首辅，我还是次辅，我愿为您效劳。"

回答得很委婉，其实没有正面答应。

而严嵩还以为徐阶同意了，说道："多谢！"

徐阶回想起夏言当了首辅还被严嵩拉下致死，还想到朱纨、张经、王忬、杨继盛等忠臣被严嵩陷害，可见其心狡邪，怎可对其同情和关照？况且现在严嵩还是首辅，其势力仍大，其党羽遍布朝廷，万一严嵩重新得势，又会重新咬人，故千万不可掉以轻心，务必想办法让皇上早日驱逐严嵩、严世蕃父子，让他们彻底趴下，这样才能让人真正的放心。

经过深思熟虑，徐阶想到了一个办法，决定与道士蓝道行合作。

蓝道行精通道术，经徐阶推荐，被皇上召入西苑。由于他能够预见吉凶祸福，每次扶乩所得"仙语"很符合皇上的意愿，故获得皇上的信任。

一次，徐阶将蓝道行请到家里，摆上酒席宴请他。蓝道行问道："徐阁老这么客气地宴请我，敢问是有何事呢？"

徐阶说道："是有要事相求。就不知您是否愿意帮忙。"

蓝道行说道："我能够获得皇上的任用，全凭徐阁老的举荐，此恩我铭记在心，还没来得及报答。徐阁老有什么事，尽管吩咐便是。"

徐阶说道："当今奸臣严嵩当道，陷害忠良，祸乱朝纲，人人恨不得为国锄奸，只是苦无机会。现今我想到一良策，只是需要您的帮忙。您可愿帮忙否？"

蓝道行说道："我也痛恨奸臣严嵩，我愿意帮忙。只是我一个道士能做什么呢？"

于是徐阶将计策跟蓝道行说了一番，蓝道行不断点头说好。

由此，一场好戏拉开大幕。

有一天，严嵩有密札欲呈给嘉靖皇帝。徐阶获知后，立即将此事告知蓝道行。蓝道行来到嘉靖皇帝修道处，装作紫姑神降临的样子，对皇上说道："天灵灵地灵灵，紫姑神降临，紫姑神显灵，今日有奸臣奏事。"

嘉靖皇帝痴迷道术，对"仙语"深信不疑，只是纳闷谁是奸臣呢。

过了一会儿，果然有太监送来密札，打开一看原来是严嵩送的。

由此，嘉靖皇帝把严嵩划到奸臣行列中。

又一日，嘉靖皇帝请蓝道行扶乩。蓝道行又装作神明附身的样子，口中念念有词，传达神明之意。

嘉靖皇帝以很诚恳的样子问道："请问神仙，今天下何以不治？"

蓝道行答道："贤者不竟用，奸者不退耳。"

皇帝问道："谁为贤，谁为奸？"

蓝道行答道："贤者如辅臣阶，奸者如严嵩、严世蕃父子。"

皇帝说道："吾亦知严嵩、严世蕃父子贪婪腐败，可是玉帝为何不杀之？"

蓝道行回道："玉帝若杀之，将倍增用之者罪责，故弗杀之，而交汝处置。"

这些话不过是蓝道行灵机编造的，但嘉靖皇帝当作真的仙语，他想既然玉帝将诛杀严氏父子的大任交给我，那我就要听从玉帝之命。

蓝道行扶乩之后，很快就派人将此消息告诉徐阶。徐阶得知后，立即开展下一步行动。

晚上时分，他找来任御史的得意门生邹应龙，要其办件大事。之所以找邹应龙，主要是看重其为人爱憎分明、刚正不阿，对严党腐败十分痛恨。曾经，邹应龙看到严党胡作非为而徐阶却保持沉默，因此心里憋着一股闷气，他来到徐府对徐阶说道："徐阁老，严党祸国殃民，你作为内阁次辅，竟未批评一句，对严嵩百依百顺，外面的人都说你是严嵩的一个小妾而已。"

如此说话算是十分刻薄的挖苦和讽刺。不过，徐阶也不生气，依然保持沉默。

邹应龙更加生气了，提高嗓门道："难道严氏父子杀害夏言、张经、杨继盛等忠臣之事，你忘了吗？"

徐阶终于发话了："绝对未忘，我是在等待时机。届时时机成熟，你愿帮忙否？"

邹应龙明白了，回道："若能诛杀严氏父子，让我上刀山下火海我都愿意。"

现在时机终于成熟了，徐阶找来邹应龙后，轻声细语地将蓝道行扶乩之事告诉他，然后说道："接下来的事就要靠你去做了。"

"好。要我怎么做？"

"你现在就起草奏章，弹劾严嵩、严世蕃父子。"

于是，当夜邹应龙就提笔洋洋洒洒地写了《贪横荫臣欺君蠹国疏》，列举了严氏父子败坏朝政、贪赃枉法的种种罪行，指出严氏父子贪婪无度，大肆受贿，导致政以贿成，官以赂授，凡四方大小之吏莫不竭民脂膏，剥民皮骨，如此民安得不贫，国安得不竭？并请求皇上罢其官、治其罪。写完后，徐阶过了目，觉得可以。很快就将这奏疏呈给皇上。

如是以前，嘉靖皇帝看到这种弹劾奏疏，往往不以为然。但时过境迁，此时看着这份奏疏，不由得回忆起近来严嵩的效忠大不如前，体会着玉皇大帝嘱其诛杀严氏父子的乩语，于是心一横，下旨逮捕严世蕃及有关人犯，而对严嵩则念其大力支持玄修之功，不忍对其逮捕治罪，只是令其致仕，罢相还乡。

严氏父子及党羽听到这个消息就如遭五雷轰顶。刑部侍郎鄢懋卿、中书舍人罗龙文、刑部侍郎叶镗、大理寺卿万宷等人纷纷赶到严府，与严氏父子、严世蕃八个儿子齐聚一堂开散场前的最后一次会，众人犹如热锅上的蚂蚁惶恐不安，现场没有茶水伺候，没有美女相陪，气氛显得异常怪异。

严世蕃说道："爹，你说怎么办？我们不能坐以待毙吧？"

鄢懋卿、罗龙文等党徒跟着说道："是啊！不能坐以待毙，严阁老想想办法。"

严嵩长叹一声，说道："唉，怪我小看徐阶了，被他的隐忍所骗，没想到他不鸣则已，一鸣惊人。真是知人知面不知心。"

叶镗说道："是啊！徐阶太可恶了。据说是他买通蓝道行这个臭道士伪造'仙语'蒙骗皇上，皇上才会下旨处置我等。"

　　大理寺卿万寀说道："我也听说此事。我们何不向皇上揭发他们欺君之罪？"

　　严嵩问道："那你们可有证据？"

　　"这……那倒没有，只是听说。"

　　严嵩说道："叶镗、万寀你们回去后可以想想办法搜集证据，或者想想有什么办法揭发他们。"

　　"好。"

　　严世蕃说道："爹，皇上已下旨逮捕我等，估计锦衣卫的人很快就来了，我急啊，我可没时间等叶大人搜集证据，我可不想入狱。爹你能不能向皇上求情，说不定皇上念你效忠他几十年的分上，会放我一马。"

　　严嵩爱子心切，只好死马当活马医，说道："好吧，我试试。"

　　于是严嵩前往西苑求见皇上，当值的太监见严嵩来了，知道他已被罢官，因此爱理不理。好在严嵩准备了银子，往太监手里一塞，太监才勉强答应向皇上奏报。

　　等了许久，太监终于出来了，说皇上同意见他。严嵩心想，皇上还肯见他，说明还是在乎他的，说不定会有转机。当严嵩老态龙钟地挪着步子，见到皇上时，动作有些艰难地跪拜下来，装作十分恳切的样子说道："臣严嵩叩见皇上。"

　　嘉靖皇帝问道："严嵩，你有何事啊？"

　　严嵩说道："臣年老体衰，自知应当致仕让贤。只是臣之子世蕃虽然有罪，但恳求陛下开恩，免治其罪。臣不胜感激。"

　　嘉靖皇帝哼了一声，不耐烦地说道："严嵩啊，朕念你力赞玄修二十余年，一贯忠勤，故已加优处，又何必救作恶多端、不忠不孝之子？"

　　"这……"严嵩被说得面红耳赤，惶恐而哑口无言。

　　"好了，朕还有事。你回去吧。"说毕，嘉靖皇帝便走开了。

严嵩只好悻悻离开，感到天昏地暗头也晕。他也体会到了什么叫人间冷暖。

很快，严世蕃及若干儿子还有罗龙文等党羽就被逮捕入狱，他们也尝到了坐牢的滋味。经法司审理，最后判决严世蕃流放粤西雷州；罗龙文也流放广西偏远卫所，他想自己在歼灭徐海时还立过功，可是朝廷觉得其功太小、过太大，流放免死就算便宜他了；严世蕃儿子和其他官员有的被流放，有的削职为民，有的在狱中审问时就被吓死了。

严嵩罢官，严世蕃被流放，朝野欢庆，有人还燃放鞭炮庆贺严党玩完了。

然而严嵩并不甘心就此玩完，严党的余威仍在。严嵩虽然回到江西，但他的心还念着京师，念着皇上，希望皇上有一天会重新召用他。他时不时地上疏，向皇上问安，还进献奇珍异品，且还获得皇上下诏奖赐，这让他兴奋不已、蠢蠢欲动。

在京城的党羽鄢懋卿、叶镗、万寀等仍担任着官职，他们自然不愿坐以待毙，做着垂死挣扎，伺机开展反击。他们花重金买通皇帝身边的太监和宠妃，让他们帮忙向皇上揭发蓝道行伪造"仙语"的罪行。皇上得知后，勃然大怒，派人将蓝道行逮捕入狱，由刑部、大理寺、都察院"三法司"审理。

其间，刑部侍郎的鄢懋卿、叶镗和大理寺卿万寀来到阴暗潮湿的狱中。穿着光鲜官服的鄢懋卿对衣衫褴褛的蓝道行说道："蓝道行，你好大的胆，竟然敢诓骗皇上，这可是欺君之罪，死罪啊！"

蓝道行瞥了他们一眼，就扭转头，对他们不屑一顾。

鄢懋卿又说道："但是我们可以给你一条生路，只要你说出这是徐阶指使你干的。活路就在眼前，你愿不愿意说？"

蓝道行啐道："除贪官是皇上的本意，我是遵照皇上旨意除严党，这与徐阁老何干？"真是有胆有骨，确是好道士。

叶镗骂道："你这个臭道士，死到临头还嘴硬。"

"哈哈……"蓝道行大笑，"死到临头的是你们。"

叶镗说道："你若不反悔，那我们就判你死罪，让你下地狱。"

蓝道行说道："那我就成仙了。哈哈。"

鄢懋卿等没有办法，只好失望离开。不久，就判蓝道行死罪，等待秋后问斩。然而还没问斩，蓝道行就在狱中被严党迫害致死。

严党的行径令朝官忧心忡忡，大家担心他们东山再起，再拼命咬人，那就惨了。

工部尚书雷礼、因弹劾严嵩建功而升任通政司参议的邹应龙也为此万分忧虑，他们来到徐阶府上，找已经升任内阁首辅的徐阶商量对策。雷礼说道："徐阁老，你可知道，蓝道士被严党迫害致死了。"

徐阶表情充满忧伤，说道："蓝道士是个好人，我对不住他，我虽身为内阁首辅，却没能力救他。我内心感到无比痛苦。"

邹应龙说道："要怪得怪严党，是他们害了他。这也说明严党势力仍然不可小觑，徐阁老可得想办法铲除严党势力啊，不然一旦他们得势，就会大肆报复。"

徐阶的儿子徐璠也在一旁，说道："是啊爹，我们可得警惕，他们上次就要蓝道士指使你是主谋，不仅觊觎你的首辅位置，还想置你于死地啊！"

徐阶说道："这我知道。我正筹划着。这样吧，你们去联络更多的御史，找到鄢懋卿、叶镗、万寀等严党之徒的罪状，一个个弹劾他们。如何？"

雷礼、邹应龙说道："嗯，好主意。我们这就去办。"

雷礼、邹应龙立即开展行动，号召御史们弹劾严党。御史林润、郑洛等积极响应。

林润，福建莆田人，秉性刚直，以敢于直言闻名朝野。他弹劾刑部侍郎鄢懋卿向属吏索要，行贿送礼以钜万计，滥受民间诉讼，勒索富人贿赂，设置酒宴聚会，每年花费达千金，虐待杀戮无辜之人，怨声载道，苛敛财物，几乎导致激变等。御史郑洛则弹劾大理寺卿万寀与鄢懋卿朋奸黩货，大肆受贿，欺压百姓等。不久，鄢懋卿和万寀就被罢官，后来被戍边。

此外，还有刑部侍郎叶镗、兵部侍郎魏谦吉、工部侍郎刘伯跃、南京刑部侍郎何迁、右副都御史董威、佥都御史张雨、应天府尹孟淮、南京光禄卿胡植、南京光禄少卿白启常、南京太常卿掌国子监事王材等数十人，先后遭罢官或贬谪。

值得一提的是，胡宗宪也遭到弹劾了。不少大臣认为，胡宗宪是由严嵩义子赵文华的举荐且依附严嵩而获得屡屡升迁的，故将他划到严党中。南京给事中陆凤仪以胡宗宪贪污军饷、滥征赋税、党庇严嵩等罪上疏弹劾，指出胡宗宪在剿倭时大肆花钱，在财政收入不足的情况下，便向百姓增收赋税，还指出他虚造军队人数，将军饷给贪污了，同时用巨款向严嵩行贿，等等。

太监李芳将奏疏放到皇帝面前，嘉靖皇帝看了看，顿时勃然大怒，斥道："胡宗宪真是胆大妄为，传朕的旨意，悉数罢免胡宗宪一切职务，将其逮捕入狱。"

李芳回道："遵旨。"然后就去传达旨意了。

胡宗宪获知被罢官且要被逮捕，心想该来的终于来了，想着自己建过的功和干过的坏事，心里五味杂陈。他知道自己的靠山严嵩已经倒台，自己再无力抗衡，只能听天由命。

胡宗宪被关押一段时间后，一天嘉靖皇帝突然想起了他，问李芳道："李芳，胡宗宪现在怎样？"

李芳回道："他正在狱中关押呢。"

嘉靖皇帝问道："李芳，以你之见，你觉得胡宗宪该被治罪吗？"

"这个……"李芳吞吞吐吐不敢言。

"你尽管说你的真实想法，朕不怪你。"

"是。臣以为胡宗宪不同那些奸臣，他是切切实实尽心尽力御倭、报效朝廷，立的功劳挺大的，成功歼灭了辛五郎、王直、徐海等寇盗。虽然依附严嵩，做了一些不当之事，但他有时也是不得已而为之。"

嘉靖皇帝说道："嗯，他确实很难，他能做到这样子已经很不容易了。胡宗宪不是严党，他升职都是朕要用他，与严嵩无关。当初因捕获王直而封赏他，现在如果要加之罪，今后谁还肯为朕做事啊？让他回籍闲住就好了。李芳你速速去传朕的旨意。"

"遵旨。"

由此，胡宗宪被释放，回到了徽州府绩溪县龙川故里闲住。

此时的严嵩已在老家江西分宜县闲住，原本他可以闲适地过着晚年生活，游游山、玩玩水、养养鸟、钓钓鱼、作作诗，谨慎做人，低调做事，当个隐士，以此老有所终。但是他身闲不住、心静不下来。凭着当过首辅，动不动摆出宰相威风对地方官员呼来喝去。凭着自己敛下的巨额财宝，依然养着许多的家奴，而且家奴仍然作威作福，动辄欺压甚至暴打百姓，百姓到袁州府告状，但官府畏惧不敢受理，将诉状转给严嵩，严嵩竟然不管束家奴，还怒骂告状的百姓。特别是严嵩依旧纵容儿子严世蕃，不思悔改，最终引火烧身，把自己给玩完了。

严世蕃原本被流放到粤西的雷州充军，但他走到粤北的南雄后就不再往南走了，而是往北走，私自逃回分宜老家。罗龙文原本被流放到广西浔州的，但他得知严世蕃逃了仍安然无恙后，于是学起"榜样"，从戍所逃走，跑到分宜找严世蕃，两人臭味相投，聊得十分火热，经常合谋东山再起之事。

一次，袁州府又接到百姓控告严府家奴的诉状，知府大人为此感到头大，他知道严嵩对此类诉讼不在意，故不想亲自呈达，而是便派掌管诉讼刑狱的推官郭谏臣前往严府。

郭谏臣，苏州人，为人刚正不阿，毅然自为，不随风气。他接到任务后，便前往严府。到严府时，发现这里十分热闹，有千余工人在修建楼台亭阁，一派繁忙的景象。现场还有几个监工模样的人，对工人指手画脚，喝来骂去，甚至挥鞭打人。郭谏臣心想，严嵩都被罢官了，儿孙被充军了，竟然还兴师动众大兴土木，真是不消停、太高调。

正当郭谏臣这看看、那看看的时候，一侧传来训斥的声音："喂，喂，你是谁啊？你看什么看？这是施工重地，闲人不得入内。"

郭谏臣一看，原来在一侧的亭子里有个穿着绸缎衣服、长得颇胖的人在训话，旁边还有几个随从在服侍着，端着盘瓜子给那胖子吃。

郭谏臣作揖道："本人是袁州府推官郭谏臣，我不是闲人，是有公干来贵府。敢问阁下尊姓大名？"

那人的随从冷冷道："你这推官真是目不识人，连我们丞相的远房亲戚、相府的二管家都不认识。"

二管家说道："我姓严，名赖，陈推官莫不是来递交什么诉状吧？"

对方猜得真准，估计是司空见惯了。

郭谏臣回道："正是。"

他想到，诉状里控告的正是严赖，控告其强抢民女。他想，已被罢官的严嵩还被人尊为丞相，真是可笑；连远房亲戚都这么嚣张，真是可恶。

严赖说道："那些刁民想控诉我们，哼，做白日梦。你这推官就少管闲事，不然我会让兄弟们将你推出去的。"

郭谏臣怒道："严赖，你也太狂妄了吧，你要知道大明是有王法的。"

严赖哈哈大笑起来，说道："你这小小的推官也敢跟我说王法，我在京师的时候，那些大臣都对我低三下四的。你这推官，算个屁。"

郭谏臣怒目道："你……"

不料，严赖竟然在地上捡起一片瓦砾，忽地朝郭谏臣掷来。郭谏臣没有防备，头被击中。严赖的随从也纷纷捡起瓦砾掷来，边掷边说道："快滚快滚。"

郭谏臣只好退后几步，遭此羞辱，满腔怒火，但又无处发泄，只能隐忍着。

这时，路过这里的严世蕃和罗龙文听到嘈杂声，便前来看个究竟，问道："怎么回事？"

严赖及随从见主人来了，赶紧低着头，大气不敢出，低三下四的样子，严赖回道："小阁老，罗大人，是前面这位擅闯相府，左顾右盼，我们把他喝住了。"

郭谏臣一看二位来人，果真是严世蕃、罗龙文。他在京城时见过他们，故认得，只是他们不认识郭谏臣这样的小官。他感到十分吃惊，严和罗不是戍边了吗？怎么会在这里？还穿着崭新高贵的衣服，吃得油光满面的，浑然不见罪犯落魄的样子。他料想，他们肯定是私自逃回来的。

郭谏臣用手按着出血的额头，昂首挺胸地说道："你们可不能血口喷人，我可不是擅自闯进来的，刚才是经过大门守卫同意才进来的，只是府邸太大，一时迷了路。严公子，我是严州府推官，奉知府大人命，特来转达诉状一事。不料，却遭到你家奴的打骂。"

严世蕃也不责备家奴，只是淡淡地问道："是什么诉状？"

郭谏臣此时已不想把诉状交给严世蕃了，免得控诉的百姓遭他们报复，他说道："诸多百姓控诉你们家奴欺压百姓。望你们好好管教家奴，不要为非作歹，不然不会有好果子吃的。话我已转达，告辞。"

"不送。"

郭谏臣扭头离开了，他十分愤怒，不过这次也算有收获，见到了出人意料，让人感到荒唐、震惊的事，心想一定要揭发他们的罪行。

不久，御史林润正好到袁州府公干。郭谏臣知道林润弹劾过严党，是个爱憎分明、敢于直言的好御史，便于晚上时分来到驿馆找林润，说道："林大人，我是袁州府推官郭谏臣，有件事想向您禀报。"

林润客气道："郭大人请坐。"然后倒杯水给林润喝，"有何事尽管说。"

于是郭谏臣将严府所见所闻和收集到的严氏父子罪状向林润作了报告。林润说道："你的报告很有价值。严氏父子真是胆大妄为。明日你带我去严府查探下如何？"

"没问题。"

第二天，林润来到严府实地查看，果然如此。他还进一步了解到严氏父子侵占土地、欺压百姓、强抢民女等罪行。他奋笔疾书，写成了一篇弹劾奏疏，写了严世蕃、罗龙文种种罪行，如不思悔改，反怀怨恨，蔑视国法，不赴戍所，私自潜逃回来，招集恶少，横暴乡里，夺人财产，讼冤官司动以百计；诽谤时政，动摇人心，以建造府第为名，聚众数千人练兵谋反，勾结倭寇、北虏谋叛等。

奏疏呈到皇上面前，皇上看了大怒，特别是看到聚众谋反字眼，十分敏感，于是下旨将严世蕃和罗龙文逮捕进京问罪。

严世蕃得知消息后，想潜回戍所，但林润、郭谏臣早有防备，在他们要出门的时候，将他们捕获。

百姓听到严世蕃被抓了，欢欣鼓舞，囚车所过之地，不少民众赶来，扔臭鸡蛋、烂叶子什么的，让他尝尝受苦的滋味。

严世蕃、罗龙文被逮捕进京后，三法司进行案件审理。严世蕃还利用在京的党羽，设法让三法司在拟写罪状时，将迫害杨继盛、沈炼的罪状写在前面，因为杀杨继盛、沈炼是皇上同意的，皇上看到后会觉得不以为然，说不定大事就化小了。

三法司果然中计，他们将草拟的罪状交给徐阶裁定时，徐阶一眼就看出了问题，说道："若这样写，严世蕃肯定继续活着。你们想要他死还是要他活？"

已升任刑部尚书的黄光升回道："严世蕃害人无数，其死都不够抵罪。"

徐阶说道："那就改。要把聚众谋反、勾结倭寇北虏谋叛写在前面。"

"明白。"

嘉靖皇帝看到了三法司审理结果，对严世蕃如此严重的罪行，大感震惊，最后下诏批准，以"交通倭虏，潜谋叛逆"为主罪，判处严世蕃、罗龙文死刑，立即处斩。严嵩包庇有罪，乃为"逆本"，因此削职为民，并被抄没家产。

顺便交代下，罗龙文的家也被抄，还坑害了胡宗宪。原来，御史在翻阅罗龙文有关书信时，意外发现自拟的圣旨一道，罗龙文供出是胡宗宪自拟的。假拟圣旨可是大罪。皇帝闻听此事后大怒，对胡宗宪降旨问罪。于是胡宗宪又被逮捕入狱，他虽然递交了万言的《辩诬疏》，但迟迟没有结果，他无法忍受，自杀身亡。隆庆时，朝廷为其平反，并录平倭功勋。万历时，追谥襄懋。

严世蕃、罗龙文听到要被立即斩首，还不是秋后问斩，因此大声痛哭，追悔莫及，只是世上没有后悔药。斩首当天，许多百姓纷纷到西市观看，有的边喝着小酒，有的还带来庆贺的鞭炮。时辰一到，两人人头落地。众人叫好，鞭炮声顿时响起。猖狂几十年的严世蕃就此下地狱，终于遭到恶报。

严府不可一世的家奴也被逮捕审理，而那些仆人早就如鸟兽散。严府家产被查抄，计黄金三万二千九百两，白银二百多万两，还有不计其数的珠宝、古董、字画、房屋、土地等，总资产折算后大约相当于白银四百万两，真是富可敌国。这些钱最后还是收归国有，被充作军饷或官用，所占的土地退还，字画、古董等收到皇宫内库，避免流失。

此时的严嵩已经八十六岁了，他没有了家人陪伴，没有了房子居住，没有了家财享用，也没有了家仆照顾。虽然皇帝没处他死刑，但可以说让他生不如死。以前过着奢靡生活的他，现在只能住在庙里，连填饱肚子都成问题，到村里乞讨，没人理他，有理的也是唾骂几句，最后他只好前往坟墓找祭品充饥。

一年后，他在贫病交加中凄凉地离开人世。而且，他被后人载入《明史·奸臣传》，遗臭万年。

# 第二十五章 福建抗倭

嘉靖四十一年底，朝廷任命俞大猷为镇守福建总兵官，将他调离南赣回到福建抗倭。主要原因是福建倭患严重，从福建沿海北部的宁德到南部的泉州、漳州，到处遭受倭寇侵犯；特别是兴化（今莆田）府城竟然被倭寇攻陷，这可是天大的事，震惊朝野。嘉靖皇帝下旨务必全力增援福建，迅速歼除倭寇。作为刚任首辅不久的徐阶，感到压力巨大。为此，朝廷着手调兵遣将抗击倭寇。

在此之前，当倭寇窜到福建后，一批爱国志士纷纷投入到抗击倭寇的战斗中。

俞大猷师父李良钦率地方百姓和族中弟子抗击倭寇，组织武会，传习棍法，提高作战能力，为保卫地方安宁立下汗马功劳。

欧阳深父子、周冕父子、黎鹏举、薛天申等本地将领也率军在泉州、漳州一带抗击倭寇，连破倭贼。尤其是欧阳深，他爱民如子，号令严明，秋毫无犯，作战勇猛，有胆有识，每次作战均身先士卒，突至阵前，奋勇大呼，部下乘之，贼皆披靡。因屡次建功，他被朝廷授予福建都指挥佥事。

抗倭名将戚继光率戚家军从浙江赶到福建抗倭，打了几个漂亮的胜仗。在宁德横屿之战中，斩首三百四十九级，俘虏几十人，烧死溺死敌人无数，解救被虏百姓八百多人；在福清牛田之战中，戚继光趁夜色奇袭盘踞在牛田的倭寇，斩首六百多级，解救被掳的百姓九百多人；

在莆田林墩之战中，戚继光指挥军队痛击倭寇，赢得大捷，歼敌两千余人，解救百姓两千多人。正是戚继光屡战屡胜，重挫倭寇，这让倭寇视戚继光为老虎，闻之胆寒。

然而，戚继光军队由于几个月来不断行军、连续作战，伤病达一半，疲惫不堪，因此需要休整和补充兵员。于是，戚继光趁倭情好转，便班师回浙江，想待休整一阶段和招募到新兵后，再返回福建作战。

倭寇和海盗们听说戚继光要离开福建，兴奋不已。他们蠢蠢欲动，聚在同一艘船上商量下一步行动计划。辛六郎发话道："戚老虎要走了，这对我们是个机会，你们说下一步我们要去哪劫掠好？"

王激说道："确实是个机会。宁德一带已被我们劫掠过，泉州、漳州有欧阳深在抵抗，也不好惹。"接着他朝着吴平、曾一本问道，"吴平、一本，你们是福建本地人，对福建清楚，你们认为下一个目标去哪比较好？"

吴平说道："我也觉得闽北没什么财宝可劫了，闽南抵抗势力大，不去为好，我倒觉得闽中的兴化府城可以作为我们的下一个目标。"

曾一本也跟着说道："我也这样认为。"

门多郎、田助四郎、王激异口同声地问道："为何？说说理由。"

吴平说道："兴化是富庶之地，文明昌盛，有钱人多，且防卫力量较弱。"

曾一本补充道："对，而且离大海近，要进要退都比较容易。"

其他几人均点点头："嗯，有道理。"

辛六郎说道："好，那就这么定了，我们准备向兴化进发。"

做好准备后，倭寇调派六千多人朝兴化府城进犯，一路势如破竹，很快就逼近兴化府城。

兴化府最大的官——同知奚世亮接到探报说有好几千名倭寇进犯，大惊，他自知现有不多的兵力不足以抗击如此之多凶残的倭寇，于是一方面立即派人前往福州向福建巡抚游震得禀报，请求派兵增援；另一方面赶紧将城门关闭，以守为主，组织军民打好保卫战，明军和城中百姓纷纷上城墙迎敌，其他百姓则提供后勤保障，输送弓箭、石头、桐油等。

倭寇多次强攻后，均没能得逞，反而在军民的还击下，死伤不少人。他们对攻城一时没有更好的办法，便将城墙紧紧围住，再伺机而动。

福建巡抚接报后，迅速行动，一方面奏报朝廷请求增援支持，另一方面就近向任广东总兵官的刘显求援。

时刘显所部主力被派到江西平定地方暴乱，他身边只有兵士七百多人，他日夜兼程地带着这些人马前来增援。因兵力单薄，人马疲困，只好在距城三十多里的迎仙寨驻扎下来，并开始在当地招募新兵，以增强兵力。

辛六郎、王漖等听到刘显到来且在招募新兵的消息后，开始商量对策，合谋后想到了个计策，便把本地籍的下属王大狗、王二狗、李大牛、李小牛叫来，王漖问道："大狗、大牛、二狗、小牛，据我所知，你们应该是本地人吧？"

"是的。"

"那好，有项任务交给你们。办完重重有赏。"

"将军，请问是什么任务？"

"明军刘显部在迎仙寨募兵，你们去参加，被招募上后，记得打探明军军情，然后你们选个人速速来报，记得不可泄露你们的身份。"

"遵命。"

王大狗、李大牛等人领命，前往刘显那参加募兵，因他们是本地人，会讲本地话，因此没被怀疑，加上身强体壮，果然被录用。

为了与兴化府城的军官取得联系，刘显写了一封信，然后派八名士兵前去府城送信。

不料，几位奸细探知了该消息，王大狗立即跑步赶往辛六郎和王澉帐下，抢在刘显送信兵之前，便将该消息向头领作了报告。

辛六郎和王澉几人合谋了下，便作出了个决定。他们派兵士在半路上伏击了八名送信的明军，将其杀害，搜出信件。

阅读了信件后，王澉说道："刘显竟然想联络城内官兵要包夹我们，幸好截获了信件，不然就麻烦了。"

辛六郎问道："有什么对策吗？"

王澉说道："我们可将计就计。"然后向辛六郎、田助四郎等说了一番，他们点头赞同。

于是王澉将信件作了伪造，特别是加了"今夕且息铃柝，我有所谋"等句，意思是今晚要将巡逻用的铜铃和木柝给停息了，因为我有谋略，需要这样。并让几名倭寇换上绣有"天兵"字样明军服装，带着伪造的信件来到城下，朝城上军兵喊话说自己是刘显派来送信的。

城上的官兵本来就热盼救兵到来，一看来者是明军模样，故未加细问就让假扮的"明军"进城了，收了信件交给同知奚世亮。

奚世亮并不识刘显笔迹，读了信后露出笑意，说道："援兵终于来了，这下我们有救啦！"然后命人今晚将警报解除，不要敲打铃柝。由此，众人放松了戒备，许多人多天来都没睡好觉，这次就呼呼大睡了。

然而，有几个人却没有睡觉，而是密切关注城中情况，暗藏杀机等待深夜来临。他们就是冒充明军的八名倭寇。

到了半夜，他们来到城门处，出其不意地将守城门的士兵给杀了，迅速地将城门打开。原先包围城墙的众多倭寇也已做好了准备，像潮水般涌进城里，大开杀戒，到处放火。而明军没有做好准备，面对突如其来的变故十分慌乱，虽然奚世亮尽力组织官兵进行抵抗，但寡不敌众，效果甚微。有的官兵选择了逃跑，但奚世亮坚决不跑，而是与敌人抗争到底，直至战死。就这样，兴化府城被阴险狡诈的倭寇攻陷了。

倭寇在城内无恶不作，犯下累累罪行。他们像野兽般见人就杀，致使军民死亡一万多人，城内尸横遍野；他们将诸多百姓掳走，导致百姓流离失所，苦不堪言；他们对妇女进行侮辱奸淫，有不少妇女痛骂倭贼或为了不被侮辱而自杀身亡；倭寇大肆搜刮金银财宝、锦绮、字画古玩等，这让百姓财产遭受重大损失，积累多年的财富毁于倭寇之手。

倭寇主要意图是劫掠财物，他们将财物搜刮干净后，觉得没什么可捞的了，并担心明军会来围剿，于是主动撤出兴化府城，朝东边大海方向退去，在一处叫崎头堡（位于今莆田秀屿区埭头镇）的地方结巢。

福建巡抚游震得获知兴化府城陷落，大惊失色，心想这下惨了，自己作为福建主要负责人，对此事件难辞其咎。他一方面赶紧向朝廷奏报，请求调派俞大猷、戚继光率军速速增援兴化；另一方面调动在福建内的军队赶往兴化增援，当时在泉州守卫的都指挥佥事欧阳深也赶往兴化。

欧阳深接令之后，立即集结部将周冕、周岳镇、薛天申、欧阳枢及一千名兵士。有同僚提醒他说倭寇人多势众、凶残无比，且倭寇与内奸勾结，敌友难分、防不胜防，最好找个托词别去。欧阳深说道："身为国之将领，岂可贪生怕死？事急不往，非义也！"为了一方百姓，欧阳深已将个人生死置之度外。

欧阳深到兴化境时，先是屯兵与贼对垒。当倭寇弃城后，欧阳深进城安抚百姓，看到家破人亡的人间惨状，对倭寇万分痛恨。这时欧阳深接到福建巡抚游震得命令，命其率师追击倭寇。其时，俞大猷、戚继光兵马尚未到，但游震得立功心切，恨不得打个大胜仗以补兴化府城陷落之过。

欧阳深奉遣追击倭寇。当欧阳深率军追到半途，遇到数百名倭寇，他下令道："将士们，前面就是犯下累累罪行的倭寇，大家冲啊，为死难的百姓报仇。"他自己骑着骏马挥着大刀带头冲杀，瞬间将数名倭寇头颅搬家。他的儿子欧阳枢也是十分勇猛，挥舞长枪连续刺死数名倭寇。周冕、周岳镇父子以及薛天申等将领带领兵士冲锋陷阵、奋勇杀敌。经过一阵厮杀，没多久就斩敌首百余级，真是让人解恨。其他倭寇看招架不住便开始逃跑，而欧阳深则率军乘胜追击。

不料，就在此时，倭寇大部队四下蜂拥来援，足足有万余人，很快就将欧阳深一千人的部众团团围住。敌众我寡，战况急转而下。

部将周冕对欧阳深说道："欧阳将军，赶紧撤吧。"

薛天申也说道："欧阳将军，你率人马赶紧突围吧。我来负责断后。"

欧阳深说道："你们率兄弟们从敌人较弱的西侧突围，我来断后。"

"这……将军，我们来断后。"

欧阳深说道："我有檄令在身，带头而退，非忠也。你们听命令。快。"

周冕、薛天申含着泪十分不情愿地应了句："遵命。"

话音刚落，欧阳深父子又开始迎敌，连杀数名倭寇。

战斗从上午打到晚上，此时明军已经筋疲力尽、伤亡不少，而倭寇却十分气盛。欧阳深连续砍杀，但被上百倭寇围攻，连战马也被刺死，他本人弃马仍挥刀搏杀，最终身中两枪，其中一枪是要害部位，但他不顾伤痛，又手刃二贼，真是气贯长虹，最终血洒河山、为国捐躯。欧阳枢也是伤痕累累，满身是血，直至战死之前仍然杀了数名倭寇垫背，心想要死也值了。

周冕、周岳镇父子和薛天申在突围时，也遭遇大阻力。倭寇已派人将薄弱处堵住，不让明军突围出去。周冕、周岳镇、薛天申与兵士们等浴血奋战，最终英勇殉国。此战死难明军数百人，特别是数名将领阵亡，可以说是损失巨大。但他们奋勇杀敌的事迹激发了明军的斗志。

基于战事失利，朝廷将游震得罢官，任命谭纶为福建巡抚，要求谭纶集结好各路军队，坚决打赢对倭寇的攻坚战。同时，天子悼欧阳深，谥封昭毅将军，赐立祠祭祀，给棺殓费，荫子孙世袭指挥佥事。

俞大猷得知欧阳深战死，十分悲痛，亲撰《祭欧阳东田都阃文》，祭奠好友欧阳深。他和欧阳深少小同读书，报国志趣相投，如今好友成仁取义，他发誓要为好友报仇，好好杀倭。

俞大猷回到福建后，由于手头兵力不足，故先在漳州招募刚勇善斗、重义轻生的新兵六千人，稍加训练后，便赶赴兴化，他的兵力达一万多人，且邓城和儿子、邓子龙、邵应魁、伍端等将领也跟随作战。而戚继光已被朝廷升任为福建副总兵，他在义乌征得壮士一万多人，一边行军一边操练，尽快抵达兴化。刘显原在江西的军队也到达兴化，加上招募的新兵，他的兵力也达一万多人。

而倭寇在战胜欧阳深军队后，继续往东边大海方向进发，并占领了海边的平海卫城。平海卫背倚朝阳山，面向平海湾，三面临海，是闽中门户之一。卫城用石块砌成，坚固高大，但由于卫城官兵缺乏战斗力，加上数量有限，面对密密麻麻的倭寇，没多久就败下阵来，平海卫城被倭寇攻陷。倭寇准备在此作休整后，然后出海逃跑。

此时，谭纶也来到了兴化前线，他召集俞大猷、戚继光、刘显和福建按察司副使汪道昆等开会，进行作战部署。俞大猷见到知己谭纶时，说道："抚台大人，真没想到，我们能够在此见面，再次并肩作战。"

谭纶说道："志辅兄，我和你的交情你我知道，就不必如此客气，叫我子理就好啦。国家有难，倭寇欺人太甚，我等能够共同抗倭，既是朝廷需要，也算是有缘分。眼看倭寇占领了平海卫，我担心让他们逃跑了。倭寇犯下累累罪行，我们务必要他们血债血偿，可不能让他们轻易跑了。我们有三万多人马，对付一万多倭寇务必确保胜算。诸位将军说说此仗要怎么打好？"

戚继光说道："对，债还没偿，绝不能让倭寇跑了。依我之见，我们可以三面包围倭寇，我当中哨，负责正面攻击，俞将军、刘将军为左右哨，从两翼攻击。如何？"

刘显、汪道昆均说道："我赞成。"

俞大猷说道："策略可以，不过还是让我负责中哨吧，你们俩负责左右哨。"

戚继光有些急了，说道："志辅兄就不要跟老弟抢任务啦。"

谭纶说道："你们别争了，我说还是戚将军为中哨，俞将军、刘将军分别为左右哨。"

既然上司都发话了，几位将军便服从了，说道："遵命。"

接着俞大猷又说道："不过三面攻击还不稳妥，这只是陆上攻击，不能漏掉大海这一面，应该四面合围，避免倭寇夺海而逃。而且我建议在海岸布置栅栏，多派军队严加值守。同时，要充分发挥水师作用，让水师在海上日夜巡逻，发现倭寇下海就予以重击，发现倭船靠近就予以打击。"

其他将军纷纷点头道："嗯，好主意。"

谭纶说道："好，那就这么办。各路人马迅速就位，做好各项战前准备。"

第二天凌晨三时，谭纶下令发起总攻。战鼓"咚咚咚"擂响，顿时各路明军按既定方案发起冲锋，炮火声、呐喊声震天动地，火光照得大地如同白昼。

原本呼呼大睡的倭贼们听到声音纷纷惊醒，迅速爬起来，查看究竟。王激来到辛六郎帐下，说道："将军，明军发起冲锋，阵势不小，据报是俞大猷、戚继光联手来攻。我们赶紧逃到大海吧，不然就来不及了。"

辛六郎说道："啊！不会吧？俞龙戚虎都攻来啦！那还了得，那赶紧逃，记得把金银财宝带上。"

门多郎、田助四郎等听了俞大猷、戚继光来了，也暗呼不好，惶恐起来。

当倭寇们来到东侧要下海岸时，发现海岸一夜间已被栅栏围了起来，许多明军正举着刀守在那里，海上还有诸多明军大船在那待命，而自己准备的船已经不知去向。

辛六郎骂道："八嘎八嘎。"其他倭寇也慌了起来。

邓城挥舞着偃月刀，呼呼生风，刹那间就让十几名倭寇上西天，便杀边解恨道："敢杀我们欧阳兄，让你们也上西天吧，不，是下地狱。"

邓子龙也是憋着一股气，奋力杀敌，不时说道："看你们还敢不敢杀我们百姓，让你们也尝尝被杀的滋味，血债血偿。"

邓铨、邓钟、俞咨荣、俞咨益也不甘示弱，杀死一名又一名倭寇。普从、宗擎二位僧众跟随俞大猷学得剑法真诀，他们挥舞着剑，让倭寇眼花缭乱，忽地就脖子中剑，鲜血汩汩流出，人缓缓倒地而亡。

还有俞大猷招募的漳州兵和戚继光招募的义乌兵十分彪悍勇猛，奋力拼杀，占据上风。

倭寇见势不妙，纷纷朝海岸逃跑，想突破栅栏，但遭到早已等候在那的明军沉重打击，侥幸跑到大海的倭寇，又被明军水师收拾，或者游到半途体力不支溺水身亡。

不过，还是有几个人逃跑了，即吴平、曾一本及若干亲信。他们比较狡猾，在万分紧急之际，换上之前获得的明军服装，迷惑了明军，然后突破防线，找到小船，朝大海成功逃脱，以后继续勾结倭寇滋事，给朝廷造成不小的麻烦。

辛六郎、田助四郎、门多郎、王澈几个首领也想逃跑，但是没能成功，此时俞大猷、戚继光、刘显已经冲上前来，拦着他们逃跑的去路。

俞大猷朝王澈等说道："王澈，众倭寇，你们逃不掉了，赶紧投降吧。"

王澍和辛六郎、田助四郎、门多郎互相看了看，说道："要我们投降没那么容易。"于是几人举起倭刀杀了过来。

俞大猷、戚继光、刘显、邓城拿起兵器一对一迎战。

现场成了高手对决，俞大猷跟王澍对决，戚继光跟辛六郎对决、刘显跟田助四郎对决，邓城跟门多郎对决。现场刀光剑影，寒光闪闪，打斗得异常激烈，而兵士们则在一旁助威。

虽然倭寇们杀气腾腾，力求拼死一搏、绝地反击，但是俞大猷、戚继光、刘显、邓城几人武功盖世，渐渐地倭寇首领处于下风。

在打斗过程中，王澍的刀不经意间就被俞大猷夺走，而俞大猷的剑刹那间就架在他的脖子上，他只好束手就擒。

戚继光与辛六郎经过厮杀，将辛六郎打得招架不住，吐出血来，爬不起来，眼看没有胜算，辛六郎挥刀想自我了断，但戚继光偏不让他这么容易死掉，将其刀打掉，然后让部下生擒之。

刘显经过几十回合大战也生擒了田助四郎。

邓城偃月刀比倭寇还厉害，硬生生地将倭刀砍断，然后偃月刀就架在对方脖子上，并生擒之。

战斗持续两个多时辰就结束了，明军取得平海卫大捷，斩敌两千多人，溺死或坠崖的倭寇不计其数，还有数千人投降，另有被掳的数千百姓得到解救。

特别是生擒了辛六郎、田助四郎、门多郎、王澍等倭贼首领。

俞大猷和戚继光来到平海卫城城墙上，两人紧紧握起手，相视后会心一笑。

此时太阳已经升起，黑暗已经过去，天蓝蓝的，海蓝蓝的，树青青的，景色是那么的美。明军欢呼胜利，百姓也欢欣鼓舞，纷纷送来吃的喝的犒劳官兵。

谭纶拟了捷报以八百里加急的速度呈奏朝廷。嘉靖皇帝乐开了花，特意来到太庙将这好消息告诉列祖列宗，并下旨将擒拿的倭贼首领押到京师斩首，对有功之臣进行升迁和奖赏。

徐阶也十分开心，终于歼倭成功，感觉如释重负，身为首辅的他也觉得自己脸上有光，也感谢谭纶、俞大猷、戚继光等将领效命建功。其他朝臣均十分高兴，奔走相告，互相庆贺，一派喜气洋洋、精诚团结的样子。

# 第二十六章　倭患平息

　　平海卫大捷后，在福建的倭寇主力基本被肃清。但是，闽广交界一带特别是广东倭患仍然存在。朝廷命总兵官俞大猷负责清剿这些倭寇和海盗。

　　时吴平、曾一本逃到广东潮州、惠州一带，勾结那里的旧倭和新倭以及暴动的矿徒、农民，兴风作浪，不断侵犯城镇乡村，杀人劫掠，致使当地形势十分严峻。

　　正当俞大猷在帐下研究作战对策时，伍端来到帐下，说道："俞将军，有件事我想跟您商量下。"

　　"何事？请讲。"

　　伍端说道："那些暴动的矿徒、农民首领不少是我以前的部下，我想去招抚他们，我有信心说服成功。"

　　俞大猷喜道："是吗？那太好了。那有劳于你了。你要小心，多带些人去。"

　　"好的。多谢俞将军！"

　　之后，伍端果然招抚成功，说服矿徒和农民不仅划清与倭寇、海盗的界限，还加入抗击倭寇、海盗的行列。

　　一天，俞大猷帐下又进来一个人，声音响亮道："俞将军！末将汤克宽奉命前来报到。"

　　俞大猷一看是汤克宽，欣喜不已，走上前来，拍了拍他的肩膀，笑道：

"武河,几年不见了,你终于来啦!这些年过得可好?"

"还好还好。官职没升迁,干的还是老本行,就是抗击倭寇,倒是人老了不少哦。"汤克宽风趣道。原来他被调到广东任参将,负责抗击广东倭寇,这次奉命率军前来协助俞大猷抗倭。

俞大猷大笑:"哈哈。彼此彼此。你来了就好了。我们要给倭寇重击,早日清除倭寇,可以让你升职和转行。"

"哈哈。借您吉言,但愿如此。"

随后,俞大猷集结大军包括汤克宽所率队伍和伍端所招抚的队伍,对潮惠一带的倭寇发起攻击。值得一提的是,伍端所率队伍纪律严明,秋毫无犯,作战勇敢,发挥了重要的作用,狠狠地打击了倭寇。明军或擒或斩倭寇两三千人。

吴平见倭寇纷纷被清剿、矿徒被招抚,自己一时势单,因此也想接受招抚。他和亲信曾一本商量此事,征求他的意见,问道:"曾老弟,有件事想跟你商量下,眼下我们势力不足以对抗明军,向俞大猷提出接受招抚意愿如何?"

曾一本说道:"大哥,你可记得王直、徐海接受招抚的下场?"

吴平犹如醍醐灌顶,喃喃道:"是哦,接受招抚结果也难料,可是硬拼也不是办法。"吴平思虑片刻,又说道:"不然这样,我们假装接受招抚,以此换来缓兵的时间,我们再暗中增强实力、另图大计,等我们翅膀足够硬了,爱干吗就干吗,明军也奈何不了我们。你觉得如何?"

曾一本说道:"嗯,此计可行。大哥真是高明。"曾一本边说边竖起大拇指夸赞。

两人达成一致意见后,吴平便写了封请降书,派人送给俞大猷。俞大猷想,现在吴平势穷,招抚吴平的话,能够避免劳师动众,不失个好办法,哪怕他真的抚而又叛,那明军也有能力对付。于是他将此事向上呈报，获得批准。

俞大猷在诏安梅岭玄钟所城接受吴平的请降。明军将士在两旁整齐站立、全副武装、十分威严，俞大猷端坐中间，吴平则带着曾一本等部属前来，将兵器上交。俞大猷说道："吴平，皇恩浩荡，朝廷接受你的请降，遣送你回诏安四都老家，遣散你的部属，各自回家安生乐业。不过丑话说在前头，若你今后还敢为非作歹，那我们就不客气了，必将拿你是问。"

吴平连连说道："不敢不敢。感谢感谢！"

然而，吴平却口是心非。他表面接受招抚，实际仍贼心不改。在此后的日子，他招揽旧部和亡命之徒，创办武场，日习兵事，还造战舰百余艘停泊在诏安梅岭港湾中，企图举事。

常言道，世上没有不透风的墙。吴平的举动被明军侦知。新任福建巡抚汪道昆命俞大猷、戚继光部署兵力，将吴平剿除，以绝后患。俞大猷建议保守机密，不让吴平知悉，明军先做好准备，再消灭吴平水军，使其不能逃遁。

然而，明军在调兵遣将时，还是过早暴露了自己的意图，并让吴平得知了该消息。吴平立即将家属和金银财宝搬到船上，然后逃到闽粤交界的南澳岛上，在岛上筑土堡木城，在岛北岸名为宰猪澳的地方立栅，企图长期占据此岛作为大本营，并四处劫掠。

朝廷下令闽广两省联合调派陆兵、水兵，由俞大猷、戚继光统领，对吴平进行围剿。俞大猷率领自己的老部将和广兵及战船三百余艘，戚继光集结兵士万余人和战船三百余艘，于半夜时分来到南澳海域，悄悄地将宰猪澳合围起来，并派兵船对南澳岛其他澳口进行扼守，以防敌人逃脱。

凌晨时分，天刚蒙蒙亮，明军对宰猪澳吴平所建立的水寨发起攻击，战鼓雷鸣，旌旗猎猎，硝烟四起，喊杀声、火炮声、海浪声、风刮声交织在一起，场面令人惊心动魄。在睡梦中的吴平惊醒，来到寨前查看，看到海上密密麻麻的明军战船和兵士，着实吃了一惊，但他还是想搏一搏，站到一个大石头上指挥，下令部众顽强抵抗，不让明军攻进来。此时明军战船纷纷靠岸，兵士们登陆冲杀进来，将栅栏推倒。双方挥舞着兵器互相拼杀，血肉横飞，战斗打得十分激烈。

随着时间推移，战场形势发生变化。俞大猷、戚继光指挥有方，明军人多且奋勇拼杀，渐渐占据上风，突入寨内。吴平部众抵挡不住，开始四处逃窜，有钻到山林的，有爬到船上的，也有投水的。

曾一本见势不妙，对吴平说道："大哥，快逃吧，不然就来不及了。"

吴平说道："我心不甘啊！"曾一本说道："留得青山在，不愁没柴烧。"

"好吧。"

于是吴平带领人马开始逃窜，来到名为深澳的港湾，杀败在那里扼守的明军，此时跟随的部众仅剩八百多人，他们乘几十只船驶向大海。

俞大猷、戚继光知道吴平逃到大海了，命令水师追击，击沉了十几艘敌船。吴平见明军紧紧跟来，十分危险，对曾一本说道："曾老弟，这样下去不是办法，我们可能全军覆没。这样吧，我们分头撤，我往潮州陆地方向撤，你往南边大海撤，这样可以分散明军兵力。到时若有机会再聚集。"

"好的。"

就这样，吴平登陆往潮州内地逃窜，一直逃到山区的凤凰山。俞大猷部将汤克宽和戚继光部将李超进山攻打，但不利。不料，吴平在山区转一圈后，又跑到海边，夺船往南逃。俞大猷命汤克宽率水师予以追击，一直追到安南境，将吴平歼灭。

曾一本则逃过一劫，此后他收了吴平残部，继续兴风作浪，攻掠澄海县，执知县张滫；攻掠潮州府，杀数千人；甚至还进攻广州。后来，俞大猷通过造高大如楼的福船，调派福兵和广兵，连战连捷，生擒曾一本，横行多年的海上巨盗终于被消灭了。

嘉靖四十五年（1566）十二月十四日，老是修道吃仙丹祈求长生不老的嘉靖皇帝没能实现长生不老，在五十九岁之际就驾崩了。很快遗诏发布。遗诏是徐阶、张居正等人起草的，说道："朕以宗人，入继大统……本惟敬天勤民是务，只缘多病，过求长生，遂致奸人乘机诳惑，祷祠日举，土木岁兴，郊庙不亲，朝讲久废，既违成宪，亦负初心……皇子裕王可即皇帝位，勉修令德，勿过毁伤……"

因此，裕王朱载垕顺理成章地登上皇帝大位，是为隆庆皇帝。而徐阶继续任内阁首辅。

此时还在南方的俞大猷一次路过师父李良钦家乡同安东孚村，在李杜的陪同下，便特意拜访师父。此时的李良钦已头发花白，但其天天锻炼，仍然神采奕奕。俞大猷关心地问道："师父，您身体可好？"

李良钦回道："师父身体还好。志辅啊，你长年征战，剿灭倭寇海盗，为百姓带来太平，师父有你这样徒儿，真是感到高兴。你也要注意身体。"

俞大猷说道："会的，多谢师父夸奖。师父您在抗倭上也作出了不可磨灭的贡献啊！"

此时，已主动退伍在家的王大海听闻俞大猷来了，也赶过来会见，俞大猷问他现在靠什么生活，他含糊地说做点小生意。

李良钦儿子李海平说道："俞兄，现在海洋没有了倭寇海盗，一片太平，可是朝廷还没有开放海禁，这让我们靠海吃海的百姓如何是好。听说新皇帝已经登基了，您能否建议朝廷放宽海禁，照顾照顾我们这些沿海百姓。"

王大海说道："不瞒俞将军，现在在月港又热闹起来了，做生意的人不少，把货物运到那里不愁卖，我也在那卖德化瓷器，洋人喜欢得很。现在那里没有倭寇，都和平经商。"

李杜问道："大海挺有生意头脑啊，赚得怎样？"

王大海回道："还好，能过个好日子，靠这个盖房子娶媳妇养娃啦。只是朝廷没有明文允许，我们心里怕怕。若朝廷真能明文同意，那我们心就安了。"

李杜说道："俞大哥，我觉得现在放宽海禁时机成熟了。"

俞大猷说道："嗯，你们说得很有道理。我会向上反映的。"

此后，俞大猷写信给新任福建巡抚涂泽民和在朝任兵部左侍郎兼任右佥都御史的谭纶反映开放海禁一事，获得他们的认可。

在京师紫禁城里，一天凌晨五点时分，官员们开始进入皇宫，经过鸣鞭、奏乐等礼仪后，隆庆皇帝到达御门，坐上御座，左右文武两班大臣齐头并进步入御道，行一拜三叩之礼，随之早朝开始，进入奏事环节。

隆庆皇帝发话道："诸位爱卿，今日有何事要奏？"

谭纶预咳一声，迈步出班，到御前跪下，说道："启禀皇上，臣谭纶有事要奏。当今倭寇海盗已被清剿，海洋回归太平，臣建言放宽海禁，重启对外通商，变私下贩卖为公开贩卖，可先在福建漳州府月港试行开放，并以月港为治所，设立海澄县，设立督饷馆，负责管理私人海外贸易并征税。如此百姓有营生，朝廷也能有收益，可谓一举两得。"

隆庆皇帝说道："其他爱卿可有意见？"

大臣们纷纷说道："臣附议。"

隆庆皇帝又问徐阶："徐阁老，您的意见呢？"

徐阶说道："此举利国利民，臣也赞同。"

隆庆皇帝说道："嗯，准奏。但朕要补充一点，倭人狼子野心，害人不浅。务必对其严加防范，禁止与倭人通商，所有出海船只不得前往倭国，若私自前往，则以通倭罪论处。"

"遵旨！"

一事奏完后，任神机营副将的戚继光轻咳一声，迈步出班，到御前跪下，说道："启禀皇上，臣戚继光有事要奏。臣恳请皇上为被严嵩陷害的夏言、朱纨、张经、王忬、杨继盛、沈炼等大臣平反。他们可是有功之臣，只是被严嵩构陷致死。"

说完后，众大臣将领不禁私下纷纷议论起来。

隆庆皇帝问道："诸位爱卿有何意见？"

谭纶说道："臣附议。"

其他大臣纷纷说道："臣附议。"

徐阶也说道："臣附议。"

隆庆皇帝说道："朕也深知他们是有功之人，朕早些年就想救他们，可是严党一手遮天，朕心有余而力不足，看着他们被害，朕也痛心。为他们平反，合情合理。朕准奏。"

"谢主隆恩！"

由此，夏言、朱纨、张经、王忬、杨继盛、沈炼等大臣获得昭雪，并被载入史册，各地百姓还建祠纪念这些功臣。

很快，朝廷正式宣布解除海禁，开放月港，允许民间私人对外贸易，史称"隆庆开关"。民间私人的海外贸易获得了合法的地位。无数的商船纷纷涌入月港，繁荣的贸易极大地刺激了国家经济的发展，当时全世界生产的约占总量三分之一的白银流入了大明。

隆庆四年（1570），已六十八岁的俞大猷还奉命前往广西维护地方安宁；万历二年（1574），已七十二岁的俞大猷任后军都督府佥事，又调京营负责训练兵车；万历六年（1578），以老疾三次请求致仕，获得皇上恩准。

万历七年（1579），俞大猷回到泉州家中，与家人团聚，家人喜不自胜，亲戚朋友纷纷前来拜访。

此时俞大猷的家已是儿孙满堂，十分热闹。弟弟俞文猷和儿子俞咨荣、俞咨皋均在军中建功立业。侄女俞丹心已跟邓铨成婚，家庭和睦，其乐融融。

万历八年（1580）五月，俞大猷得了一场病，其间经治疗虽有好转，但身体一直十分虚弱，八月二十六日不幸与世长辞，享年七十七岁。赠左都督，谥武襄。

俞大猷青史留名。《明史》评价道："大猷为将廉，驭下有恩。数建大功，威名镇南服……大猷负奇节，以古贤豪自期。其用兵，先计后战，不贪近功。忠诚许国，老而弥笃，所在有大勋。武平、崖州、饶平旨为祠祀。"